rororo sport
Herausgegeben von
Bernd Gottwald

Harald Krämer

Das EUROSPORT Tour-de-France-Buch

rororo
Rowohlt

With a little help from my friends ...
Mein besonderer Dank gilt Barbara Lux und Serge Laget (*L'Equipe*), meiner ‹French Connection›, Fritz K. Heering, Pauline Krämer-Gundermann, Helmer Boelsen und der Zeitschrift *Tour*.

Veröffentlicht im Rowohlt Taschenbuch Verlag GmbH, Reinbek bei Hamburg, Juli 1998

Redaktion Fritz K. Heering
Umschlaggestaltung Peter Wippermann/
Jürgen Kaffer, Büro Hamburg
(Foto: Bongarts)
Gesetzt aus der Minion und ITC Kabel
PostScript, QuarkXPress 3.32
Gesamtherstellung Clausen & Bosse, Leck
Printed in Germany
ISBN 3 499 19476 7

Inhalt

EIN DENKMAL FÜR HENRI DESGRANGE

1903: Wie alles anfing

Die Geburt der Tour de France war, wie die Archive der *L'Equipe* belegen, untrennbar mit dem Skandal verquickt, der Frankreich in den Jahren der Belle Epoque erregte und polarisierte: die Dreyfus-Affäre. Die Staatskrise wurde ausgelöst durch die Verurteilung von Alfred Dreyfus, Hauptmann der Artillerie und Attaché im Kriegsministerium, dem im Dezember 1894 wegen «Komplizenschaft mit einer ausländischen Macht», präziser: wegen Hochverrats zugunsten Deutschlands, der Prozeß gemacht wurde.[1] Nach einem dürftigen Indizienprozeß wurde der jüdische Offizier schuldig gesprochen und nach seiner Degradierung im Hof der École Militaire im Februar 1895 auf die Teufelsinsel vor Cayenne in Guayana verbannt – dorthin, wo früher Leprakranke interniert worden waren. Mit Dreyfus' Deportation nahm das Verhängnis aber erst recht seinen Lauf. Als bekannt wurde, daß die konservativ-antisemitische Front auch vor windigen Expertisen, gefälschten Aussagen und gekauften Plädoyers nicht zurückgeschreckt war, kippte die Stimmung im Lande zugunsten der *Ligne dreyfusarde.* Dreyfus' Schicksal hielt Frankreich zehn Jahre lang in Atem – bis am 12. Juli 1906 das Kassationsgericht das alte Urteil aufhob und den Offizier endlich rehabilitierte.

Pierre Giffard, Chefredakteur der mit täglich 80000 verkauften Exemplaren größten französischen Sportzeitung *Le Vélo*, hatte sich auf die Seite derer gestellt, die – wie Emile Zola und Anatole France – auf eine Revision des skandalösen Prozesses drängten. Zum großen Gegenspieler Giffards avancierte der Journalist und ehemalige Radrennfahrer Henri Desgrange, der zusammen mit dem Fahrradkonstrukteur Adolphe Clément und anderen Anti-Dreyfusianern das Konkurrenzblatt *L'Auto-Vélo* gründete, das am 16. Oktober 1900, während der letzten Tage der Weltausstellung in Paris, zum ersten Mal erschien. Preis: 5 Centimes. Giffard hetzte seinem Nebenbuhler in der Konkurrenz um die Gunst der sportbegeisterten Massen umgehend einen Plagiatsprozeß an den Hals und zwang ihn, auf das «Vélo» im Namen seiner Zeitschrift künftig zu verzichten. *L'Auto* also – ein miserabler Auftakt für den Chefredakteur eines Blattes, das sich intensiv um den Radsport zu kümmern gedachte. Aber Desgrange nahm den Fehdehandschuh auf. Mit einem prestigeträchtigen Coup gelang es ihm, die Organisation des Langstreckenrennens Paris–Brest–Paris zu übernehmen: Er köderte die Organisatoren mit dem Vorschlag, für den Gesamtetat aufzukommen und exklusiv in *L'Auto* über das Rennen zu berichten. Von nun an hieß es: Gelb contra Grün! Giffard und Desgrange wußten, daß nur eine der beiden Sportzeitschriften überleben würde: die auf grünem Papier gedruckte *Le Vélo* oder die gelbe *L'Auto.*

Desgrange und Giffard
L'Auto und Le Vélo
Gelb und Grün

Zum Glück für Desgrange hatte sein Mitarbeiter Geo Lefèvre eine zündende Idee. In ihrem Büro in 10 Rue du Faubourg Montmarte konfrontierte der sechsundzwanzigjährige Journalist («der Kleine») seinen Chef mit einem verwegenen Plan, der zunächst nur Gelächter auslöste: Lefèvre wollte das von Giffards *Petit Journal* ausgerichtete Langstreckenrennen Bordeaux–Paris (572 Kilometer) durch ein Radrennen ganz anderen Ausmaßes in den Hintergrund drängen: eine Rundfahrt durch ganz Frankreich. Nach stundenlangen Kontroversen über finanzielle und organisatorische Modalitäten (Etappenlänge, Zeitnahme, Ruhetage, Versorgung, Unterbringung der Fahrer) war Desgrange Feuer und Flamme. Seinen Finanzchef Victor Goddet bereitete er schonend darauf vor, daß auf ihr Budget weitere Belastungen in nicht unerheblicher Höhe zukämen. Im *Restaurant Zimmer* am Boulevard Montmartre wurden schließlich einige Gläschen auf das Gelingen eines abenteuerlichen Unternehmens getrunken, das nach den Olympischen Spielen und den Fußball-Weltmeisterschaften zum drittgrößten Sportereignis der Welt avancieren sollte.

Eigentlich hat die Tour de France noch einen zweiten Vater: den Franzosen Joyeux, einen eher mäßigen Straßenrennfahrer. In einer Zeit, die nach strapaziösen Rundfahrten geradezu gierte, brach er am 12. Mai 1895 von Paris aus auf eine 4500 Kilometer lange Fahrt quer durch Frankreich auf, um die als Weltrekord geltende Marke des Amerikaners Windle zu übertreffen. Gegen alle Widrigkeiten und Rückschläge von Desgrange immer wieder zum Weiterfahren ermuntert, erreichte Joyeux 19 Tage später, am 30. Mai, wieder Paris. «Joyeux fuhr als Einzelfahrer auf einem ‹kettenlosen› Fahrrad mit unförmigen, schweren Reifen auf schlechten Straßen über Strecken, die man heute keinem Rennfahrer mehr zumuten würde. Ein echter ‹Gigant der Landstraße›!» [2]

2428 Kilometer über Stock und Stein

Am 19. Januar 1903 wurde in *L'Auto* eine «Tour de France» annonciert, ein Radrennen über die unerhörte Distanz von 2428 Kilometern mit den Etappenzielen Lyon, Marseille, Toulouse, Bordeaux, Nantes und Paris. Als Preisgeld wurden insgesamt 20000 Francs ausgelobt, davon 3000 für den Sieger.[3] *Le Vélo* war diese Nachricht ganze elf Wörter wert; auch den Initiator und Ausrichter des Rennens «vergassen» Giffards Redakteure ihren Lesern mitzuteilen. Am 13. Juni, zwei Tage vor Ablauf der Meldefrist, hatten endlich genügend Fahrer ge-

1,62 Meter groß, 61 Kilo schwer und unendlich stolz: Maurice Garin, Sieger der ersten Tour de France 1903

meldet – aber erst, nachdem Desgrange mit einem flammenden patriotischen Appell auch die letzten Zweifler und Zauderer bearbeitet hatte. Vor allem die finanzielle Attraktivität des Unternehmens für die Fahrer, die ja immerhin Frau, Kind und Arbeit für mehrere Wochen den Rücken kehren mußten, hatte er in glühenden Farben beschrieben. Für das Preisgeld konnte man sich und seine Lieben immerhin mit umgerechnet 7500 Kilogramm verproviantieren …

Insgesamt 60 Fahrer wurden an diesem historischen 1. Juli 1903 gegen drei Uhr morgens vor dem Café Le Réveil-Matin in Ville-Neuve-St.-Georges bei Paris von Monsieur Abran, dem Starter, auf die lange Reise geschickt. Mit Josef Fischer, dem Gewinner von Paris–Roubaix 1896, befand sich auch ein Deutscher unter ihnen. Während Desgrange als Directeur général die Redaktion in Paris hütete, um journalistisch das Menschenmögliche in Bewegung zu setzen, raste sein getreuer Adlatus – in Personalunion Renndirektor, oberster Zeitnehmer, Zielrichter und *L'Auto*-Chefreporter – zum Bahnhof, um den Frühzug nach Lyon noch zu erreichen. Dort wurde der Troß beziehungsweise das, was nach 467 Kilometern von ihm noch übrig war, nach rund 18 Stunden erwartet. Über die gesamte Strecke waren Posten verteilt, die Zwischenstände und Zeiten umgehend per Telegramm Desgrange melden mußten. Oft waren die Telegramme recht dunklen Inhalts wie das folgende: «4.12 Uhr morgens. Vor dem Café de la Seine in Melun warten hunderte von Menschen gespannt auf das Kommen der Tourfahrer. In der Ferne werden die schwachen Lichter eines Automobils sichtbar. Das müßten die Begleitfahrzeuge sein. Tatsächlich, wenige Minuten später huscht das geschlossene Feld der Fahrer vorbei. In der Dunkelheit ist niemand zu erkennen …» Ausgestattet mit solch luftigen Informationen, verfaßte Desgrange in *L'Auto* seine epischen Reportagen über den ‹heldenhaften Kampf verwegener Männer auf den Straßen Frankreichs›.

In detaillierten Anweisungen waren die Fahrer auf heikle Stellen hingewiesen worden, beispielsweise auf der 2. Etappe von Lyon nach Marseille: «Die kurvige Abfahrt von Bourg-Argental ist sehr gefährlich. Wir bitten um verstärkte Aufmerksamkeit in dieser Gegend. In Annonay gibt es eine gefährliche Kurve, die beleuchtet sein wird. Prüfen Sie Ihre Bremsen, und machen Sie nicht zuviel Lärm beim Durchfahren der Stadt!»

Als klarer Favorit galt Hippolyte Aucouturier, der im selben Jahr bei Paris–Bordeaux mit seinen Gegnern Katz und Maus gespielt hatte. Nach einem schweren Sturz erreichte er Lyon blutverkrustet und mit riesigem Rückstand. Dagegen gewann er die zweite und dritte Etappe überlegen und sah schon wie der sichere Sieger aus – bis zu seiner Disqualifikation. Aucouturier hatte vierrädrigen Verlockungen nachgegeben, das heißt, er hatte sich von einem Auto ziehen lassen … Es gelang dem umsichtigen Lefèvre, immerhin 21 der 60 «Titanen der Landstraße» mehr oder minder wohlbehalten nach Paris zurückzubringen, wo ein begeistertes Publikum den Sieger Maurice Garin und die anderen Abenteurer empfing. Der nur 1,62 Meter große Garin, Sohn italienischer Einwanderer aus dem Val d'Aoste, gewann das Rennen mit dem Rekordvorsprung von 2:49:45 Stunden.

«Der ganze Mann ist Spannung. Alles in diesem Gesicht spricht von großer Willenskraft.» (Kurt Stöpel über Henri Desgrange)

Trotz aller organisatorischer Pannen hatte Desgrange sein Hauptziel erreicht: die Verkaufsauflage von *L'Auto* schnellte während der Tour de France von 30 000 auf 65 000 Exemplare hoch – eine Brüskierung Giffards, dessen *Le Vélo* ins Trudeln geriet und bereits Ende 1903 vom Markt verschwunden war. Anders als Giffard enthielt sich Desgrange strikt jeder politischen Parteinahme. «Seien Sie als Leser entweder für oder gegen etwas. Aber erwarten Sie nicht von uns, daß wir uns mit Ihnen darüber auseinandersetzen.»

Mit seinem scharfen Instinkt für die unsteten Sympathien der Massen wußte Desgrange, daß das Schicksal seiner Zeitschrift ab jetzt auf Gedeih und Verderb an das Schicksal der Tour de France geknüpft war. Und offenbar mußten der *Grande Nation* Dramen und Sensationen noch ganz anderen Kalibers als 1903 geboten werden, um sie in den Bann des sportlichen Spektakels Tour de France zu ziehen. Bereits ein Jahr später sollten die Gelüste des Publikums bestens bedient werden …

ALS IN DEN PYRENÄEN NOCH DER BÄR LOS WAR

Geschichten aus der Geschichte der Tour de France

1904 Die zweite Auflage der Tour de France war mehr ein mafioses als ein sportliches Spektakel, geprägt von einer Fülle höchst merkwürdiger Vorkommnisse. Henri Cornet schlief auf dem Rad ein und stürzte in den Straßengraben. Wie sich später herausstellte, hatten «wohlmeinende Helfer» dem Ahnungslosen eine vergiftete Hühnerkeule gereicht. Jean Fischer erkrankte an einem typhusähnlichen Durchfall, ausgelöst durch ein Abführmittel. Dortignac wurde von einem Hautjucken am Rücken schier in den Wahnsinn getrieben: Juckpulver im Renntrikot. Zerschnittene Bremszüge, angesägte Rahmen, defekt geschlagene Lichtanlagen: Dies waren nur einige der zahllosen Sabotageakte, die das Rennen zu einer Farce verkommen ließen – inszeniert von skrupellosen Trainern, Betreuern, Fahrern und Zuschauern. Schließlich mußten auch noch die ersten vier der Gesamtwertung disqualifiziert werden: Maurice und César Garin, Pothier und Aucouturier. Sie hatten eifrig Landkarten studiert und zeitsparende Abkürzungen ausgetüftelt. Ein Stück Eisenbahnfahren hier und da kann ungemein zeitsparend sein. Eine bestechende Idee, wären die vier nicht einfältigerweise einem pfiffigen Jungen am Bahnhof über den Weg gelaufen … So wurde Henri Cornet zum Sieger gekürt – vier Monate später. So lange brauchten die ehrenwerten Herren der Jury, um das Rail&Fly-Quartett zu disqualifizieren.

Ein Aufschrei der Empörung über dieses Stelldichein der Skandale ging durch Frankreich. *Eigentlich* eine einzige Blamage, aber besser üble Nachrede als gar kein Gerede, fand Desgrange.

1905 Die Schiebereien und Attacken nahmen noch bizarrere Ausmaße an. Kistenweise verstreute der fanatisierte Mob auf Frankreichs Straßen Schuhnägel, frei nach dem Motto: Laßt 1000 Reifen platzen. Die Tour wurde zum Unterhaltungsknüller, und immer mehr Franzosen griffen zu der auf gelbem Papier gedruckten *L'Auto*, um das Spektakel aus erster Hand präsentiert zu bekommen. Mit dem Ballon d'Alsace, dem elsässischen Belchen, war zum ersten Mal eine Bergetappe in die Tour aufgenommen worden, die René Pottier gewann. Einer der neuen Etappenorte war Metz. Die nach dem Krieg 1870/71 Deutschland zugeschlagene lothringische Garnisonsstadt durfte ab 1910 nicht mehr von den Pedaleuren der Tour de France angefahren werden, weil der Reichsregierung in Berlin die Freudenfeste der Bevölkerung von Metz (mit Marseillaise und Trikolore) zu Recht sehr «französisch» vorkamen. Die Schlagbäume blieben von da an unten.

Louis Trousselier, ein lustiger, unbeschwerter Typ, lieferte sich mit Aucouturier und Dortignacq ein spannendes Rennen. Sie machten alle elf Etappen unter sich aus – Trousselier gewann fünf Etappen, die anderen jeweils drei. «Troutrou» verspielte in einer einzigen Nacht seine komplette Siegprämie von 4000 Francs beim Würfeln.

1907 / 1908 Doppelsieg von Louis Petit-Breton. Anders, als sein Name versprach, war er weder klein noch Bretone und hieß auch nicht Petit-Breton, sondern Lucien Mazan. Man nannte ihn den «Argentinier», weil er einen Teil seiner Jugend in Buenos Aires verbracht hatte. Pomadisiert wie ein Tangotänzer, mit einem akkurat gestutzten Schnurrbart, gebärdete er sich jenseits des Rennsattels als Bonvivant von Rasse und Klasse. Seit 1905 war er mit 41,11 km/h im Besitz des Stundenweltrekords.

1910 Auch in anderen europäischen Ländern verfolgten mehr und mehr Menschen gebannt die Tour de France. Derweil wirbelte Alphonse Steines im Organisationskomitee der Tour mit einem unerhörten Plan Staub auf: Er plädierte dafür, einige der furchteinflößenden Pyrenäengipfel in die Route der kommenden Rundfahrt einzubeziehen. Die Pyrenäenpässe galten damals als unpassierbar. Entweder gab es überhaupt keine Straßen oder nur schmale, holprige Holzfällerpfade. Außerdem wimmelte es im Grenzgebiet zwischen Frankreich und Spanien damals noch von Bären. Als Desgrange die Idee in *L'Auto* zur Diskussion stellte, erntete er vernichtende Reaktionen: Wollt ihr unsere Jungs umbringen? Desgrange rieb sich die Hände und wußte, daß er auf dem richtigen Weg war.

Er schickte Steines nach Perpignan, um in Erfahrung zu bringen, ob die Gipfel von Peyresourde, Aspin, Tourmalet und Aubisque mit dem Rennrad zu bewältigen wären. Mit Hilfe einer Finanzspritze aus Victor Goddets Tresor und der Tatkraft von Monsieur Blanchet, dem Chef des Hoch- und Tiefbauamtes von Pau, zu dem der Aubisque gehörte, brachte er den ersten Teil seiner Mission rasch hinter sich: Bis zum Beginn der Tour würde die Straße über den Aubisque ausgebaut sein. Am Tourmalet aber hätte es Desgranges Emissär beinahe erwischt. Von dem Gebirgsnest Sainte-Marie-de-Campan aufgebrochen, bezwang Steines den schneebedeckten Gipfel zu Fuß, weil sein Chauffeur sich weigerte, weiterzufahren. Er hätte abstürzen oder erfrieren können, Bären hätten ihn zerreißen können. Als das Rettungskommando in Barèges, auf der anderen Seite des Berges, gerade aufbrechen sollte, torkelte Steines, der Bewußtlosigkeit nahe, ins Dorf. Sein historisches Telegramm an die Pariser Tour-Zentrale lautete: «Gut über den Tourmalet gekommen + stop + Straße in gutem Zustand + stop + Keine Schwierigkeiten für die Fahrer.» Bereits am nächsten Tag war die unglaubliche Nachricht in *L'Auto* zu lesen: Die Tour de France 1910 wird über Peyresourde und Aspin, Tourmalet und Aubisque führen – koste es, was es wolle.

Am 21. Juli 1910 war es dann soweit: Showdown in den Pyrenäen! «Octave Lapizes Gesicht war schmerzverzerrt, um den Oberkörper, der in verschwitzten und verdreckten Wolltrikots steckte, hatte er Fahrradschläuche gewunden, eine Motorradbrille in die Stirn geschoben, an den Füßen robuste Stiefel. Mal schob der schnauzbärtige Mann sein eisernes Fahrrad, mal sprang er auf und versuchte, die Pedalen niederzustampfen. Im Tal hatte er das Hinterrad ausgebaut, umgedreht und die Kette auf das größere der beiden Zahnräder gelegt, das für die Steigungen vorgesehen war … Über drei Gipfel hatte sich Lapize mit rasselndem Atem und pochenden Schläfen gequält, hatte wie zwei Tage zuvor seine Konkurrenten hinter sich gelassen und nur deshalb den Gedanken ans Aufgeben verdrängt, weil er diese Wildnis ohnehin verlassen mußte. Und nun standen da die Herrschaften aus Paris. Sie hatten sich diese unmenschliche Schinderei ausgedacht. Obwohl er als erster auch den Tourmalet überquert hatte, so sollte er später erfahren, spendierten sie nicht ihm, dem kommenden Sieger, sondern Gustave Garrigou 100 Franc Prämie; er kam als einziger, ohne abzusteigen, auf den Gipfel. Trotzdem reichten Grimm, Verzweiflung und Erschöpfung Lapizes aus, denen, die 5000 Franc ausgesetzt hatten für den Sieg, die sich weideten an seiner Pein, zuzuschreien: ‹Mörder! Ihr verdammten Mörder!›»[1] Desgrange, der oberste aller «Mörder» in der Tour-Zentrale in Paris, wußte derweil vor schierem Glück nicht, wie ihm geschah. Er verdoppelte, der Schinderei in den Pyrenäen sei Dank, die Auflage von *L'Auto* in diesen Tagen auf stolze 300 000 Exemplare.

«Mörder! Ihr verdammten Mörder!» – Octave Lapize auf dem Tourmalet

Es sollte nicht lange dauern, bis Desgrange Steines erneut losschickte, um ein neues Gebirgsterrain auf seine Tour-Tauglichkeit zu prüfen: den fast 2600 Meter hohen Alpenriesen Galibier, dessen Gipfel in ewigem Schnee liegen.

1911 Auf dem Galibier, dem ersten Alpengipfel, der in den Streckenplan eingebaut wurde, steht das Denkmal Henri Desgranges. Aber nicht dort, sondern beim Anstieg zum Aubisque in den Pyrenäen, ereignete sich das große Drama dieser Tour. Der kleine Pierre Duboc aus Rouen, über dessen zerbrechlich wirkenden Körper sich seine Gegner lustig machten, führte am Tourmalet noch mit riesigem Vorsprung, als ihm jemand eine vergiftete Trinkflasche reichte. Trotz Sturz, Krämpfen und einem riesigen Zeitrückstand fuhr Duboc schließlich weiter. Beim Passieren von Dubocs Heimatstadt Rouen mußte Desgrange zu einer List greifen, um den favorisierten Garrigou, der zu Unrecht als Drahtzieher hinter dem Anschlag auf «le petit Pierre» vermutet wurde, vor den Lynchgelüsten der fanatisierten Menge zu schützen: Garrigou wurde in ein anderes Trikot gesteckt und konnte unerkannt entkommen. Desgrange wütete: «Diese verbohrten Fanatiker! Fünf Jahrhunderte nach Jeanne d'Arc wollten sie in Rouen abermals einen Unschuldigen auf den Scheiterhaufen bringen.»

Im Mittelpunkt einer anderen legendären Episode steht der Luxemburger Ernest Paul, der Stiefbruder des Tour-Siegers von 1909, François Faber. Beide Hünen von Statur, im Feld bekannt als Draufgänger und Tempobolzer, schlugen am Ruhetag in Marseille in einem Hafenlokal über die Stränge. Um nicht Tag für Tag die verhaßten Beefsteaks in sich hineinstopfen zu müssen, gönnten sie sich Unmengen von Muscheln, Langusten und Austern und vergaßen auch nicht, tüchtig mit Weißwein nachzuspülen. In der Nacht schien Pauls letztes Stündlein gekommen; der Priester mit den Sterbesakramenten war schon unterwegs. Aber anstatt zu sterben, rappelte er sich auf, stieg sterbensbleich aufs Rad, kam irgendwie über die Pyrenäen – und belegte in Paris einen respektablen achten Platz im Gesamtklassement. Diese Luxemburger!

1913 Mittlerweile war die Tour *das* Ereignis, das im Juli alles andere in den Schatten stellte: «Im Juli können Regierungen gestürzt werden, ohne daß das Volk davon Kenntnis nimmt, denn im Juli herrscht Desgrange über Frankreich», hieß es. 1913 hätte wohl niemand noch einen Pfifferling auf die Gegner Eugène Christophes (genannt «Cricri») gegeben, als dieser dem Belgier Philippe Thys am Tourmalet 18 Minuten abnahm. Bei der Abfahrt aber brach ihm die Gabel am Vorderrad. Das Verhängnis nahm seinen Lauf. Es war die Zeit, als es weder Materialwagen noch Ersatzräder gab, jeder Fahrer war bei Defekten völlig auf sich gestellt. Fremde Hilfe war nach dem rigorosen Reglement verpönt, und so mußte Christophe nach 14 Kilometern Fußmarsch in einer Schmiede in Sainte-Marie-de-Campan die Reparatur an seinem ramponierten Arbeitsgerät selbst ausführen, wobei ihm die peniblen Rennkommissare noch eine zusätzliche Strafminute aufbrummten: Ein Junge hatte für ihn den Blasebalg bedient. Aber da die Panne ihn sowieso schon vier Stunden gekostet hatte, machte die Zusatzminute auch nichts mehr. Dennoch erreichte «Cricri» Paris noch als ehrenvoller Siebter.[2]

1919 Die erste Nachkriegs-Tour begann mit dem Gedenken an die im 1. Weltkrieg umgekommenen Sieger vergangener Jahre: François Faber, Octave Lapize und Lucien Petit-Breton. Nur 11 der 69 gestarteten Fahrer erreichten das Ziel in Paris – und der glücklichste gewann: der Belgier Firmin Lambot. Denn bis zwei Tage vor Paris lag Eugène Christophe in Front, der respektvoll «le vieux gallois» (der alte Gallier) genannt wurde. Aber bei der vorletzten Etappe zerstoben seine Hoffnungen auf den Sieg, als ihn vor Valenciennes erneut ein Gabelbruch ereilte.

Vor dem Start zur 11. Etappe von Grenoble nach Genf wurde Eugène Christophe als erstem Fahrer in der Tour-Geschichte das Gelbe Trikot übergestreift – sehr zum Leidwesen des Franzosen: «Jetzt können mich meine Konkurrenten schon von weitem sehen. Sie werden alles tun, um mich in Grund und Boden zu fahren.» Ob das begehrteste Leibchen im Radsport seine Signalfarbe

Pleiten, Pech und Pannen – wo bleibt der Materialwagen?

der Tatsache verdankte, daß Desgranges *L'Auto* auf gelbem Papier gedruckt wurde oder weil nur gelbe Textilien nach Grenoble geschickt worden waren: darüber wird noch heute gestritten.

1923 Er war extrovertiert, herrisch und streitlustig: Henri Pélissier, der älteste Sohn einer Sippe von Radrennfahrern. Gegen ihn dürfte der temperamentvolle Hinault ein Waisenknabe gewesen sein. Henri Desgranges Regelwerk mit seinen drakonischen Strafen wirkte wie ein rotes Tuch auf ihn. Aber genau diese Unberechenbarkeit machte ihn ungeheuer populär. Mit seinem Bruder Francis bildete er ein bärenstarkes Duo; ihr jüngerer Bruder Charles wurde später zu einem der erfolgreichsten Sprinter der Tour-Geschichte. In den Alpen war es Henri Pélissier gelungen, einen Rückstand von gut 20 Minuten auf Bottecchia noch wettzumachen. Im überfüllten Prinzenpark in Paris feierten 25 000 begeisterte Zuschauer den Vierunddreißigjährigen bei seinem ersten und einzigen Tour-Erfolg.

1924 Der Italiener Ottavio Bottecchia war im Automoto-Team eigentlich nur als Wasserträger von Pélissier vorgesehen. Aber bereits 1923 hatte er seine große Klasse unter Beweis gestellt. 1924 gelang ihm als erstem das Kunststück, das Gelbe Trikot von der ersten bis zur letzten Etappe zu tragen, was nach ihm nur noch Nicolas Frantz 1928, Romain Maes 1935 und Jacques Anquetil 1961 glückte. Die Pélissier-Brüder sorgten für einen Eklat, als sie nach einem beinahe handgreiflich ausgetragenen Streit mit den Rennkommissaren kurzentschlossen ausstiegen. Nachdem Henri Pélissier bereits am Vortag eine zweiminütige Strafe einstecken mußte, weil er ein gebrauchtes Trikot unterwegs weggeworfen hatte und sich diese Schikane am nächsten Tag zu wiederholen schien, platzte ihm der Kragen. «Was geht es den Kommissar an, ob Sie zwei Trikots tragen?» wurde er von dem berühmten Tour-Reporter Albert Londres gefragt. «Oh, ich könnte zehn tragen, aber ich habe nicht das Recht, mit zwei zu starten und mit einem anzukommen. Wir lassen uns nicht behandeln wie Hunde.» Sprach's, trank mit seinem Bruder und dem mitmeuternden Mannschaftskameraden Maurice Ville im Café de la Gare in Coutances in aller Seelenruhe eine heiße Schokolade – und fuhr nach Hause.

1925 Noch überlegener als im Vorjahr gewann Ottavio Bottecchia, der als erklärter Sozialist zwar in Italien ein «working class hero» war, aber naturgemäß Probleme mit den Sponsoren seines Rennstalls bekam, die er als «kapitalistische Ausbeuter» beschimpfte. Bottecchia fand am 11. Juni 1927 in der Nähe seines Heimatdorfs auf tragische Weise den Tod: Ein Bauer hatte ihn mit einem schweren Feldstein erschlagen, als sich Bottecchia an den Trauben aus seinem Weinberg verging. Auch sein großer Tour-Konkurrent Henri Pélissier starb einen gewaltsamen Tod: Er wurde nach einem Ehedrama von seiner Frau erschossen.

1926 Mit 5745 Kilometern war diese Tour die längste in der Geschichte. Der Belgier Lucien Buysse gewann – es sollte der einzige Sieg in seiner 16jährigen Karriere bleiben. Kurt Tucholsky machte in diesem Jahr in den Pyrenäen Beobachtungen ganz eigener Art: «Zunächst erscheinen wichtige Automobile auf der Bildfläche, werden surrend am Hotel vorgefahren und laden aus: durchwehte und bestaubte Redakteure des *Auto*, des *Sporting*, die hier zu Mittag essen. Sie schreiben auf den plattenbedeckten Tischen. Sehen nur auf, wenn ein Kollegenauto vorbeisaust und über die kleine Brücke haspelt. Eine Stunde Verspätung. Dicke Marktfrauen mit unwahrscheinlichen Popos sitzen auf wehrlosen Meilensteinen, die ‹Poulbots›, wie die jungen Bengels nach dem Zeichner heißen, machen Spektakel, die wichtigen Männer haben jetzt aufgehört, zu frühstücken – und da sind die ersten … Braun vor Dreck, mit ein paar Reserveschläuchen über der Schulter, vor der Lenkstange ein Fläschchen – so kommen sie in recht heiterem Tempo daher. Zwei liegen an der Spitze, dann eine kleinere Gruppe – dann mehr, immer mehr, das Gros … Und dann ist es für eine Weile aus.»

1930 Die Ablösung der Firmenteams zugunsten von Nationalmannschaften war ein kluger Schachzug von Desgrange, der befürchtete, von den finanzstarken Firmen und Industriesponsoren

Tour de France muß sein – aber nicht auf Kosten der Dauerwelle!

immer mehr in die Zange genommen zu werden. Le Tour de France, c'est moi … Mit Nationalteams wurde *die Große Schleife* zwischen 1939 und 1961 und noch einmal 1967 und 1968 bestritten. Daß dieses Prinzip, abgesehen von der Abschaffung der «Diktatur der Firmenbosse», nicht unbedingt mehr Harmonie in die Teams brachte, illustrieren die Feuer-und-Wasser-Paare Bartali und Coppi, Koblet und Kübler oder Anquetil und Rivière. Um die Kosten für die Rundfahrt aufzubringen, fuhr von nun an eine Reklamekarawane dem Troß der Fahrer mit gehörigem Vorsprung voraus: eine ungemein erfolgreiche Marketingidee. Mit einer starken französischen Mannschaft im Rücken gewann André Leducq seine erste Tour. Seine Stärken lagen im Sprint und in tollkühnen Abfahrten, wo er beträchtliche Rückstände oft noch aufholte. Ein Rekord für die Ewigkeit: Acht Etappen gewann Charles, der jüngste der Pélissier-Brüder, davon die letzten vier in Folge.

1934 Es war das Jahr, als mit dem Einzelzeitfahren ein neues Spannungselement in die Tour-Dramaturgie Einzug hielt. Wie schon 1931 hatte der penible Rechner Antonin Magne, die perfekte Verkörperung des radelnden Beamten, die Nase vorn – und wieder stahl ihm ein anderer die Schau, ein Namenloser: René Vietto aus Cannes, der sich noch kurz zuvor als Liftboy in einem mondänen Hotel seine Baguettes verdient hatte. Ganz Frankreich lag diesem erstaunlichen Zwanzigjährigen zu Füßen, der aus dem Nichts kam und doch eine Klasse für sich war. Bei dieser Tour, die anders als in den vorangegangenen Jahren im Uhrzeigersinn absolviert werden mußte, dominierte Vietto in den Alpen: Izoard, Vars, Allos und die Boucle de Sospel nahm er mit spielerisch leichtem Tritt. Aber in den Pyrenäen war ihm dann das Schicksal wenig gnädig gesonnen. Als Magne am Col de l'Hospitalet stürzte und sein Rad zu Bruch ging, überließ ihm Vietto sein Vorderrad und wartete minutenlang auf den Materialwagen. Das gleiche Debakel passierte dem vom Pech verfolgten Duo am nächsten Tag wieder. Nur daß es diesmal Magnes Hinterrad war, das schlappmachte und durch Viettos Hilfe ersetzt werden mußte. Nach einer Aufholjagd über 30 Kilometer konnte Antonin Magne wieder zu seinem ärgsten Widersacher Martano aufschließen und das Gelbe Trikot verteidigen. «Im Straßengraben aber sitzt ein zwanzigjähriger Junge und weint. Er verliert an diesem Tag fast eine halbe Stunde, doch seine Pechsträhne bei der Tour de France hat noch lange nicht aufgehört. Zweimal soll René Vietto noch dicht vor dem Sieg stehen, nämlich 1939 und 1947. Aber er wird ihn nie erringen.» [3]

1936 Der 2. Weltkrieg warf seine Schatten voraus: Weil Mussolinis Truppen Abessinien überfallen hatten, waren die italienischen Fahrer, allen voran Gino Bartali, von der Tour ausgeschlossen. Nach Romain Maes (1935) siegte wieder ein Maes, Sylvère, den sie «Iepe peer» (schlauen Vater) nannten, weil er seine Kräfte im Rennen so umsichtig einzuteilen verstand. Er brachte einen komfortablen Vorsprung von fast 27 Minuten souverän über die Runden, nachdem der Mitfavorit Maurice Archimbaud in den Pyrenäen schwer gestürzt war. Zwei Jahre lang war Maes nicht ins belgische Nationalteam berufen worden, weil er sich einer «Majestätsbeleidigung» schuldig gemacht hatte: Anstatt bei Paris–Roubaix 1933 hinter dem belgischen Star Julien Verwaecke zurückzustehen, gewann er den Klassiker durch die «Hölle des Nordens» lieber selbst.

1939 Wenige Wochen vor dem Ausbruch des 2. Weltkriegs machten Belgier und Franzosen den Kampf um die Krone des Radsports, den Sieg bei der Tour de France, unter sich aus. Mussolini und Hitler unerwünscht: Dieses Verdikt erstreckte sich auch auf die Radasse aus Italien und Deutschland. Nach einer Attacke am Izoard, auf der berüchtigten «Königsetappe» von Digne nach Briancon, wo er 17 Minuten herausfuhr, entschied Sylvère Maes die Frankreich-Rundfahrt noch einmal für sich. René Vietto, der zwölf Etappen das Gelbe Trikot trug, erreichte trotz einer Knieverletzung das Prinzenparkstadion noch als Zweiter.

1947 Nach achtjähriger kriegsbedingter Zwangspause spendierten die Verantwortlichen der Tour de France den Franzosen endlich wieder ihr liebstes Juli-Vergnügen. Zwar lebten Henri Desgrange und sein engster Mitarbeiter Lucien Cazalis nicht mehr, aber Jacques Goddet, der Sohn von Desgranges Finanzchef Victor Goddet, hatte als Directeur Général das Zepter übernommen. Von 1947 bis 1984 waren die Initialen HD auf den Gelben Trikots aufgestickt, in ehrendem Andenken an den 1940 verstorbenen Tour-Gründer. Doch 1985 hatte der Kommerz auch diese Schlacht gewonnen: Weg mit den zwei sentimentalen Buchstaben – hier könnte noch eine weitere Werbebotschaft angebracht werden! Aus *L'Auto* war *L'Equipe* geworden, die zusammen mit der Zeitung *Le Parisien* die Tour ausrichtete. Die logistischen Probleme in dem vom Krieg gezeichneten Land waren immens, aber schließlich gelang es Goddet sogar, Benzin zu besorgen: Er charterte gleich einen ganzen Tanklastzug für den Begleittroß.

Nach achtjähriger kriegsbedingter Zwangspause: The Tour must go on.

33 Jahre war *Le Roi René* (Vietto) mittlerweile, ein echter Veteran, mehrere Knieoperationen hatte er hinter sich – und doch hätte er 1947 die Tour gewinnen können, wäre nicht drei Tage vor Paris ein Einzelzeitfahren zu absolvieren gewesen. Kokainspritzen hatten sein Knie gefühl- und kraftlos gemacht. Eine Flachetappe hätte er mitrollen können, aber kein beinhartes *contre la montre*, und so fiel er vom ersten auf den fünften Platz zurück. Eigentlich hatte niemand Jean Robic, den kleinen Bretonen, auf der Rechnung. An keinem einzigen Tag hatte «Tete de cuir», der «Lederkopf», das Gelbe Trikot getragen. (Nachdem er sich bei Paris–Roubaix einen Schädelbruch zugezogen hatte und auch sonst seinem Ruf als Bruchpilot immer wieder alle Ehre gemacht hatte, fuhr er fortan immer mit einem ledernen Kopfschutz. Er brach sich alles, was an einem Körper zu brechen war – und starb 1980 bei einem Verkehrsunfall.) 146 Kilometer vor der Ankunft in Paris zog Robic am führenden Italiener Brambilla vorbei, dem er auf den letzten hundert Kilometern zehn Minuten abnahm – und um 500000 Franc reicher machte. «Robic? Davon habe ich in jedem Bein einen!» (Vietto über Robic)

1948 Noch ein Rekord für die Ewigkeit: Zehn Jahre nach seinem ersten Sieg gewann Gino Bartali erneut die Tour. Sieben von 21 Etappen gingen auf sein Konto, selbst in den Abfahrten attakkierte «der Alte», als sollte es sein letztes Rennen sein. 26 Minuten und 16 Sekunden Vorsprung auf Briek Schotte – eine Demonstration seiner Extraklasse. Ein Jahr später entzauberte ihn Fausto Coppi in einem der aufregendsten Duelle, das die Tour bis dahin erlebt hatte.

1950 Das erste der beiden «Schweizer Jahre» bei der Tour. Nachdem Hugo Koblet in bestechender Manier den Giro d'Italia und die Tour de Suisse dominiert hatte, setzte sich bei der Tour de France Ferdi Kübler durch, den seine Landsleute «Adler von Adliswil» nannten. Nachdem Bartali bei einem skandalosen Zwischenfall am Aspin-Paß von französischen Fanatikern beschimpft und angegriffen worden war, reiste in Saint Gaudens die komplette italienische Mannschaft ab. Das ihm kampflos von Fiorenzo Magni zufallende Gelbe Trikot lehnte Kübler ab. Statt dessen attackierte er am nächsten Tag mit dem Belgier Stan Ockers, fuhr die Franzosen in Grund und Boden – und hatte in Paris die zweite Schweizer Radsensation des Jahres 1950 geschafft.

Auch ein anderer machte sein Glück, obwohl er für den größten sportlichen Lacherfolg der fünfziger Jahre sorgte: Abdelkader Zaaf. Bei der Hitzeetappe zwischen Perpignan und Nimes hatte er bei einem couragierten Ausreißversuch locker zehn Minuten gewonnen. Vom Durst geplagt, griff sich der Algerier in einem Straßencafé kurzentschlossen zwei Flaschen kühlen Weißwein, mit denen er kurzen Prozeß machte. Als ihn dann die Müdigkeit packte, legte er sich in den Schatten einer Platane, um ein wenig auszuruhen. Bei dem Vorsprung! Als er wieder wach wurde, stand die Sonne schon tief. Längst hatte ihn das Feld passiert, Richtung Nimes. Zaaf bestieg sein Rad und brauste weiter. Leider in die falsche Richtung, auf Perpignan zu … Diese weinselige Episode machte den Algerier nicht nur berühmt, sondern brachte ihm nach der Tour viele lukrative Auftritte ein.

Auch Briek Schotte hatte seinen großen Auftritt. Er war der Oberkommandierende einer in der Geschichte der Tour wohl einmaligen feucht-fröhlichen Aktion. Die 14. Etappe von Nimes nach Toulon absolvierte das Feld wegen der Affenhitze an diesem Tag im Schlafwagentempo. Nach kurzer Beratung verordneten Schotte und andere Patrons dem Feld eine Schwimmpause. Mehr als 60 Fahrer legten ihre Arbeitsgeräte auf der Straße oder am Strand ab und vergnügten sich im Meer vor Grimault. Was sie nicht bedacht hatten: Jacques Goddet, der Übervater der Tour de France, besaß in Grimault eine Villa und wurde so Zeuge des «Unternehmens Cool Water». Er grantelte und zürnte ein wenig – aber nur, weil er nicht gefragt worden war …

1951 Hugo Koblet, der «pédaleur de charme», beeindruckte mit seinem Tour-Erfolg die Fachwelt und entzückte Millionen von Zuschauern an den Straßen Frankreichs, die einen solchen Radrennfahrer noch niemals gesehen hatten: geschmeidig, elegant, mit einem perfekten runden Tritt, dabei ungeheuer effizient. «Niemals habe ich einen Fahrer gesehen, der schöner fährt als Hugo Koblet», staunte Learco Guerra, das italienische Rad-As früherer Tage, der ihn für den Giro d'Italia engagiert hatte. Die Experten waren sich einig: Selbst ein Coppi in Bestform hätte bei dieser 38. Tour de France keine Chance gehabt. (Kurz zuvor war Coppis Bruder Serse bei der Piemont-Rundfahrt tödlich verunglückt.) «Koblet 1951», schrieb Sepp Renggli am 29. 8. 1973 in der *Weltwoche*, «war tatsächlich eine Ausnahmeerscheinung. Unschlagbar bergauf, unschlagbar bergab, unschlagbar gegen die Uhr, unschlagbar als Roller. Doch seine Unschlagbarkeit währte nur einen Sommer lang.»

Ähnlich wie Bartali und Coppi haben auch Kübler und Koblet, «die beiden K's», ein ganzes Land polarisiert, zumindest seinen sportbegeisterten Teil. Sie waren wie Feuer und Wasser: Ferdy Kübler stand für harte Arbeit, Schinderei, Kraft, eisernen Willen – Hugo Koblet für Leichtigkeit, Eleganz, Anmut und Charme.

Die beiden K's «Ferdy erarbeitete sich sein Talent, Hugo spielte damit. Die Synthese Kübler-Koblet wäre unschlagbar gewesen. Da hätten sogar Merckx, Coppi, Anquetil, Bartali, Hinault und LeMond resignieren müssen. Aber leider gab es weder einen Küblet noch einen Kobler.» (Sepp Renggli, in: *Die Weltwoche* 2. 11. 89)

Koblets größtes Rennen: Die 11. Etappe der Tour de France 1951 von Brive nach Agen «Koblet fuhr einer hochkarätigen Spitzengruppe mir nichts, dir nichts davon. Nach wenigen Kilometern betrug sein Vorsprung drei Minuten. Hinten beugten sich Coppi, Bartali, Bobet, Magni und Géminiani, die besten Rennfahrer jener Epoche, tief über die Lenker, lösten sich kompromißlos in der Führung ab und eröffneten die Hetzjagd auf den unverschämten Einzelgänger. Doch der Solist war stärker als das ganze Orchester. Er spielte mit der vereinigten Weltelite Katz und Maus. Hugo ließ seine Verfolger bis auf eine Minute herankommen, so daß sie glaubten, er habe sein Pulver bereits verschossen. Bartali sagte zu Coppi und Coppi zu Magni und Géminiani zu Bobet: ‹Kein Problem, er kommt zurück.› Doch Koblet kam nicht zurück. Er antwortete mit einem Zwischenspurt und dehnte die Zeitreserve auf seine zu sicher gewordenen Rivalen erneut auf drei Minuten aus. Zwei-, dreimal wiederholte Hugo das spaßige Spielchen und demoralisierte damit seine Konkurrenz. In Agen traf er nach einer 135-Kilometer-Alleinfahrt mehr als zweieinhalb Minuten vor dem Rest der Radwelt ein. Koblet, ferner liefen die andern.» (Ebda.)

«Pédaleur de charme» «Wo Koblet auftauchte, war er Mittelpunkt, die Leute wollten ihn mit den Händen berühren wie einen Heilsbringer. Erwachsene Männer verfielen in schwärmerische Begeisterung für ihn, auf Mädchen und Frauen wirkte er als erotischer Magnet. Er sah unwahrscheinlich gut aus, dieser großgewachsene schlaksige Kerl, der mit 1,88 Meter aus jedem Gedränge herausragte.» (Peter Hartmann/Walter Bretscher, in: *Die Weltwoche* 20. 10. 94)

Tod am 6. November 1964 «Der weiße Alfa Romeo hinterließ keine Bremsspuren. Die Unfallexperten schlossen einen technischen Defekt am Auto aus. Später erklärte ein Zeuge, er habe den weißen Alfa einige Tage zuvor auf der gleichen Strecke in langsamer Fahrt gesehen, wie wenn der Lenker die Strecke genau erkundet hätte. Es gab außerhalb von Esslingen nur diese eine leichtgeschwungene Kurve. Hugo Koblet starb am 6. November im Spital von Uster. Er war nur noch für kurze Zeit aus dem Koma erwacht. Fünf Monate später wäre er vierzig geworden. Auf dem Münsterhof, dem Platz vor der Fraumünsterkirche in Zürich, drängten sich am 10. November Tausende von Trauernden. Zehn Jahre zuvor hatte hier eine jubelnde Menge Hugo Koblet, den radelnden Apoll, und seine Sonja, das schönste Fotomodell der Schweiz, als Brautpaar hochleben lassen. Die Ehe war unrettbar zerbrochen. Am Morgen, bevor er den Alfa gegen den Obstbaum katapultiert hatte, besuchte er Sonja in der Villa auf der Forch, aus der er ausgezogen war.» (Ebda.)

Der «pédaleur de charme»: Hugo Koblet während der Tour de France 1951

1952 Zum ersten Mal Bergankünfte in L'Alpe d'Huez, Sestrières und am Puy de Dôme im Zentralmassiv. Nach seinem Sieg beim Giro gewann Fausto Coppi die Tour dermaßen überlegen, daß *L'Equipe* von einer «kalten Exekution» schrieb – er gewann mit einem Vorsprung von 28:27 Minuten. Die vom «Coppi-Schock» befallenen Verantwortlichen in Paris setzten alles daran, den «Tourminator» im folgenden Jahr vom Start fernzuhalten.

1953/54 Louison Bobets Hattrick, sein «historisches Triplet» (1953–1955), gelang ihm zu einem Zeitpunkt, als die großen Jahre bereits hinter dem achtundzwanzigjährigen Bäckersohn aus dem bretonischen Saint-Méen-le-Grande zu liegen schienen. Coppi fehlte, Bartali war mit 40 Jahren in der Tat nicht mehr der Jüngste, Magni mit einigen Kilo zuviel auf den Rippen unterwegs, Robic deutlich jenseits seines Zenits, Koblet ausgebrannt: gute Karten also für einen Fahrer in der Form seines Lebens. Zunächst diktierten zwei Fahrer das Geschehen, mit denen niemand gerechnet hatte: «Fritz Schär, der Schweizer mit dem Zatopek-Stil, der ständig um das Zermalmen seiner Pedale bemüht ist, und Roger Hassenforder, der Elsässer mit dem Temperament eines speienden Vulkans» (Hans Blickensdörfer). Aber in den steilen Rampen des Izoard, seit Bartalis legendären Solostücken als bevorzugtes Terrain für strategische Attacken bekannt, zeigte Bobet seinen verbliebenen Konkurrenten das Hinterrad. In St. Etienne, nach der 20. Etappe, war sein Vorsprung auf üppige 15 Minuten angewachsen – die Tour war entschieden.

Mit Amsterdam war **1954** zum ersten Mal ein nicht-französischer Startort gewählt worden. Bobet war zu überlegen, um selbst durch einen Ferdi Kübler gefährdet zu sein, der verbissen wie ein Berserker rackerte, als ginge es um einen Platz in der «Hall of Fame» des Radsports. Ein Defekt hatte dem Fünfunddreißigjährigen neun Minuten eingebracht. Wo andere in Resignation verfallen oder ausgestiegen wären, marschierte der Schweizer los wie ein Kampfroboter. Er belegte hinter Bobet schließlich einen ehrenvollen zweiten Platz.

Die aufregendste Entdeckung dieser Tour war der «Adler von Toledo», der schwarzgelockte Spanier Federico Mártin Bahamontès, ein Kletterer, wie es ihn in der Geschichte der Tour de France noch nicht gegeben hatte. «Er klettert wie eine Gemse, aber er fährt ab wie ein Landbriefträger. Alle Rekorde der Nachlässigkeit hatte Bahamontès auf dem Col de Romeyère gebrochen. Denn als er, weit vor allen anderen, den Gipfel erreicht hatte, sah er einen fliegenden Eishändler, und ein Eis war gerade das, was Federico jetzt brauchte. Auch Kletterkönige sind keine überirdischen Wesen, und so ein Aufstieg macht Durst. Er erstand eine Portion, und um sie nebst der herrlichen Aussicht zu genießen, setzte er sich auf eine Bank. Erst als zehn seiner Konkurrenten vorbeigefahren waren, entsann er sich, weshalb er eigentlich auf diesen schönen Berg gekommen war, und fuhr gemächlich zu Tal.»[4]

1955 Bobet war so beherrschend geworden, daß selbst die französischen Tour-Verantwortlichen vermutlich insgeheim seinen Sturz herbeisehnten – jene Männer um Jacques Goddet, die mehr dem Mythos Tour de France, dem Spektakel, dem (auflagenträchtigen) Drama verpflichtet waren als der «französischen Sache».

Der Bretone war nervös und übervorsichtig in Le Havre an den Start gegangen; spätestens in den Alpen war klar, weshalb er den Luxemburger Charly Gaul als seinen gefährlichsten Gegner ansah. Am Galibier zog Gaul unwiderstehlich davon; in Briancon hatte er fast 14 Minuten Vorsprung herausgefahren und katapultierte sich vom 39. auf den 3. Platz. Wäre der «Engel der Berge» nicht ein so übervorsichtiger Abfahrer gewesen, hätte er auf der zweiten Alpenetappe nach Monaco die Tour für sich entscheiden können. So aber stürzte sich Bobet mit seinen Getreuen um Raphael Géminiani todesmutig in die Abfahrten und hielt Gaul auf Distanz. Am Mont Ventoux war für Ferdi Kübler das Rennen beendet. In dem 1959 in Luxemburg erschienenen Bändchen «Bergauf bergab mit Charly Gaul» ist diese Episode so überliefert: «Der Mont Ventoux ist und bleibt ein Berg, den nur der Teufel in die Provence gepflanzt haben kann ... Ein Massendrama spielte sich in der Gebirgswüste ab. Kübler schäumte und

Der luxemburger Tour-Sieger von 1958, Charly Gaul, einer der besten Bergfahrer der 50er Jahre

lefzte, wie er es bei großen Anlässen immer zu tun pflegte. Inzwischen hatte die Trinksucht die Fahrer befallen. Sie gossen alle ihnen gereichten Flüssigkeiten, eisgekühltes Wasser, Limonaden, Rotwein, Pernod usw. nur in sich hinein. Dieser übermäßige Genuß von Flüssigkeiten auf leere Mägen mußte katastrophale Folgen zeitigen …» Als Bobet im Prinzenpark die Tribüne zur Siegerehrung bestieg, wußten nur wenige, daß er nur mit knapper Not einem verheerendenen Schwächeanfall entgangen war. Ein weiteres Mal würde er ein solches «Massaker am eigenen Körper nicht überstehen. Louison Bobets großartige Karriere neigte sich dem Ende zu.

1956 Eine klassische «Übergangstour»: nach Bobet, vor Anquetil. Coppi, Bobet, Koblet und Kübler fehlten, und alle übriggebliebenen Favoriten begingen den Fehler, Roger Walkowiak, einen Nobody unter den Namenlosen, zu unterschätzen. So kam es, daß «Walko» – der Prototyp des treuen Wasserträgers – in Paris unter dem Jubel seiner Landsleute einen Außenseitersieg herausfuhr und nicht wußte, wie ihm geschah. Damit war aber die historische Rolle des schüchternen Jungen aus Montlucon,

Nach dem Rennen ist vor dem Rennen – Fachsimpelei unter Kollegen: Eddy Merckx, Rudi Altig, Jacques Anquetil, Tom Simpson (v. r.)

des Sohns polnischer Einwanderer, bereits ausgespielt: Er sollte nie mehr ein großes Rennen gewinnen. Noch heute verheißt in Frankreich eine «Tour à la Walkowiak» nichts Gutes ... André Darrigade schrieb auf ganz andere Weise Tour-Geschichte: Er gewann vier Jahre hintereinander die Eröffnungsetappe und damit das Gelbe Trikot – 1956 in Lüttich, 1957 in Granville, 1958 in Gent und 1959 in Metz.

1957 Beginn der Ära Anquetil. Er war der erste, der die Tour fünfmal gewinnen konnte. Mit spielerischer Leichtigkeit trat der Bauernsohn aus der Normandie Übersetzungen, die andere vom Rad geworfen hätten. Im Kampf gegen die Uhr war er das Maß aller Dinge. Gleich sein Tour-Debüt kam einer Demonstration gleich. «Den Beifall, der einst einen Bobet über sich hinauswachsen ließ, er braucht ihn nicht. Die Pfiffe, die einen Bobet demoralisierten, er hört sie nicht. Die guten Ratschläge, für die jeder Tour-Neuling dankbar ist, er schlägt sie in den Wind. ‹Wenn man Anquetil heißt, kommt man nicht, um die Tour de France kennenzulernen, sondern um sie zu gewinnen›, belehrte er einen Journalisten.» [5]

MAGICAL MYSTERY TOUR

Arbeit am Mythos – eine Collage

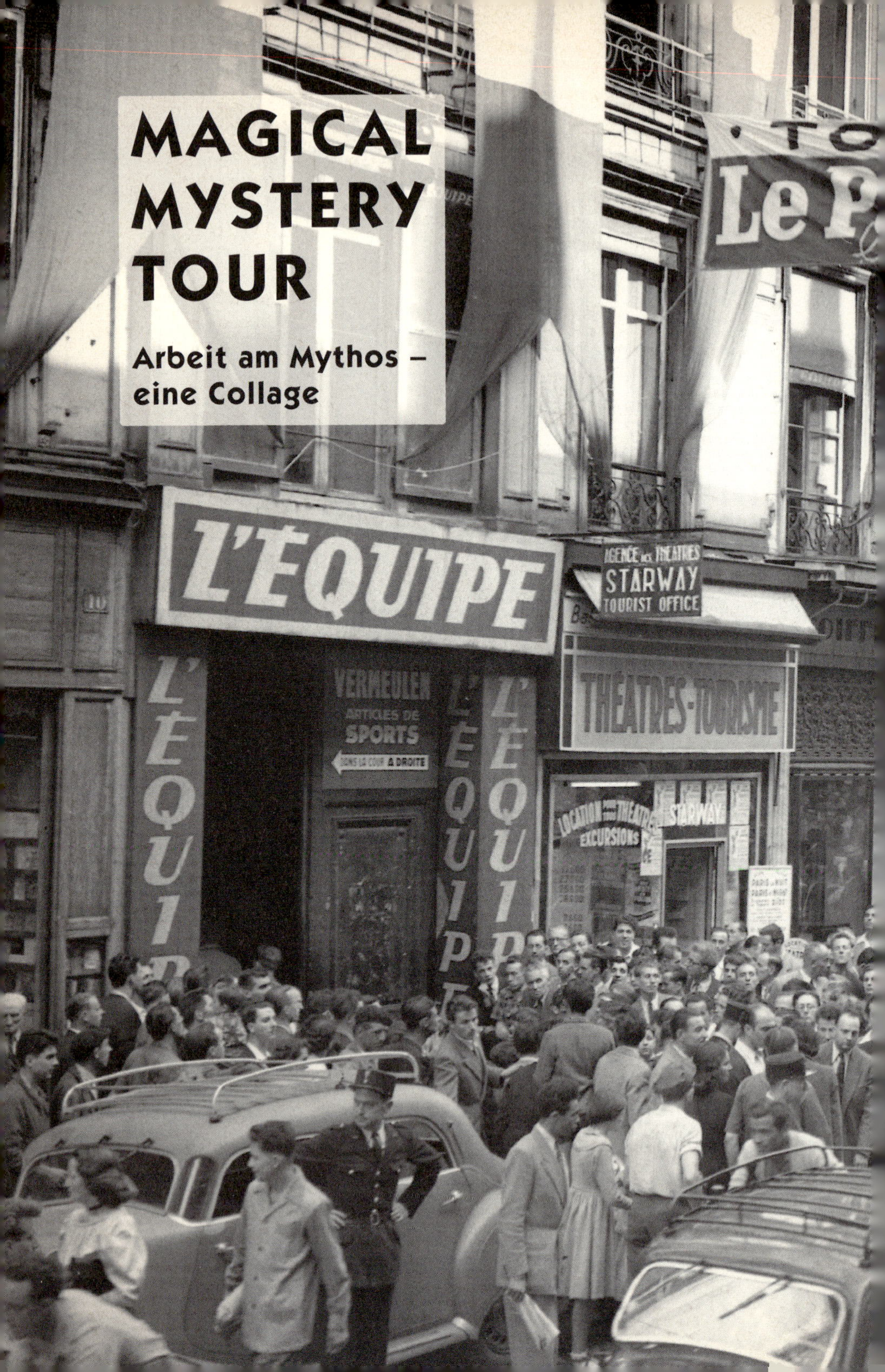

DE FRANCE
sien L'ÉQUIPE
ET LALOU
RAYMOND PONTET
COIFFEUR
LALOU
FONDS DE COMMERCE
CASINO DE PARIS
CINÉMA
CITÉ BERGÈRE

Allons enfants de la patrie ...
Die Grundidee der Radrundfahrt entstammt einem Kinderbuch, das 1877 von Antoine Fouillée unter dem Pseudonym G. Bruno veröffentlicht wurde: ‹Le Tour de la France par deux Enfants›. Sechs Jahre nach der verheerenden Niederlage gegen die Deutschen belehrte dieses republikanische Hausbuch seine jugendlichen Leser über die Werte, die die Nation zu neuer Größe aufsteigen lassen sollten. Es erzählt die Geschichte des vierzehnjährigen André und des siebenjährigen Julien, zweier lothringischer Waisenkinder, die kurz nach der Abtretung ihrer Heimat an das Deutsche Reich die Grenze überwinden, um ihre wahre Mutter wiederzufinden: Frankreich. Zu Fuß, auf Karren und Schiffen durchreisen sie fast alle Provinzen des Landes, lernen deren Eigenheiten und Menschen kennen, bewundern die verborgene Kraft des Vaterlandes. **Andreas Platthaus*

Homerische Geographie Wie in der *Odyssee* ist das Rennen zugleich eine Rundreise mit Prüfungen und eine vollständige Erforschung der irdischen Grenzen. Odysseus hatte mehrere Male die Pforten der Erde erreicht. Auch dic Tour streift an mehreren Punkten die unmenschliche Welt: auf dem Ventoux, sagt man uns, hat man schon den Planeten Erde verlassen, man bewegt sich in der Nachbarschaft unbekannter Sterne. Aufgrund ihrer Geographie ist die Tour also eine enzyklopädische Erfassung der menschlichen Räume. **Roland Barthes*

Mythische Topographie Die Tour de France ist zunächst einmal ein Hohelied auf die Vielfalt der französischen Geographie und die klassische Form ihres Hexagons. Es gibt keine angemessenere Art, eine Landschaft zu erfahren. Der glatzköpfig in die Sonne ragende Mont Ventoux, die Haarnadelkurven nach Alpe d'Huez, der Sprint auf den Quais von Bordeaux und die abschließenden sonntäglichen Runden über die Pariser Champs-Élysées sind zu Orten einer mythischen Topographie geworden wie der Wein und die 400 Käsesorten. Die nationale Rundfahrt vermißt Frankreichs Territorium. **Jürg Altwegg*

Vorletzte Dinge Mythos ist «Arbeit am Abbau des Absolutismus der Wirklichkeit», seine Aufgabe «Leistung der Distanz». Die Mythen brechen das Schweigen der Welt, indem sie Geschichten erzählen, die Welt mit Namen belegen, ihre Gleichgültigkeit ausblenden. Der Mythos ist «die Verarbeitung der Schrecken des Unbekannten und der Übermächtigkeit»; in ihm wird die Welt «in einem zunächst gar nicht ethischen, eher physiognomischen Sinne freundlicher. Sie nähert sich dem Bedürfnis des dem Mythos zuhörenden Menschen an, in der Welt heimisch zu sein.» **Franz Josef Wetz über Hans Blumenberg*

Harte Männer, große Worte Pathos ist Pflicht bei der Tour de France. Kein anderes Sportereignis lebt von seiner Aura aus Leiden und Legenden wie die dreiwöchige Hatz über Frankreichs Straßen: einsamer Kampf harter Männer gegen Schneestürme, wunde Hintern, bleierne Beine und gegen Sturzwunden, in denen Schweiß und Straßendreck brennen. Le Tour – unberechenbar wie das Wetter im Himalaya, unheimlich wie die Suche nach Atlantis, unbarmherzig wie eine Expedition zum Pol. **Der Spiegel*

Muskeln und Zahnkränze Die Tour de France ist kein Radrennen, sie ist der Existenzkampf des Menschen, auf die Landstraße verlegt. Ausgetragen mit einer trotz Titanlegierung und raffinierter Schaltsysteme primitiven Maschine, die die Arbeit der Muskeln weder aufhebt noch vervielfacht, sondern lediglich über Zahnkränze mit einer Kette auf ein Rad überträgt. **Uwe Prieser*

L'Equipe In der Tour steckt Mystik, die erspürt und übersetzt werden muß. Ganz heiß wird im heißesten Monat des Jahres der Hunger von Menschen aller Schichten nach diesem eigentlich unmenschlichen Abenteuer der Landstraße, und dem tragen wir Rechnung. Da muß jeden Tag ein Bild gemalt werden mit so vielen Farben und Pinseln, daß es die Leute brauchen wie Baguette, Croissants und Kaffee. Die Tageszeitung hat dafür weder den Platz noch den Schreiber, aber wir haben beides und nützen diese Konkurrenzlosigkeit entsprechend aus. Bei den Hochgebirgsetappen können wir oft nicht genug drucken, weil sie unschlagbare Höhepunkte im Drama der Landstraße sind. **Jacques Goddet* Vom ehemaligen EU-Kommissionspräsidenten Jacques Delors gibt es ein Photo, das typisch ist für die Leser dieser Zeitung: Sauber gefaltet – sprich: noch ungelesen – stapeln sich auf Delors' Schreibtisch *Financial Times, Herald Tribune, Frankfurter Allgemeine* – derweil schmökert der Kommissionspräsident vergnügt in *L'Equipe.* Politische Analysen und Börsenberichte müssen warten. Frankreichs Elite hat sich längst auf breiter Front als *L'Equipe*-Leser bekannt. **Fredy Gsteiger* Noch heute tüftelt ein Literatenzirkel bei *L'Equipe* Überschriften aus, deren Hintersinn nicht unbedingt zum modischen Boulevard-Image paßt. **F. A. Z.*

Geld? Ja, auch Sie können sich gar nicht vorstellen, wieviel Geld mehr wir verdienen könnten, wenn wir nur nach wirtschaftlichen Gesichtspunkten arbeiten würden. Die Versuchung taucht immer wieder auf. Doch die Tour wird nicht jede Gelegenheit ergreifen, mehr Geld zu verdienen. **Agnès Pierret, Direktorin der Societé du Tour de France*

«Jaques Goddet hat sie alle überlebt, die Giganten und Sklaven der Landstraße, deren Ruhm vergilbt, während er, der Patron und Ideologe der längsten, schwersten und berühmtesten Radrundfahrt der Welt, jung geblieben ist als ihr Prophet und, gewiß auch, als ihr Profiteur.» *(Die Weltwoche)*

Frühling, Sommer, Herbst und Winter In Wirklichkeit kennt die Dynamik der Tour nur vier Bewegungen: Führen, Verfolgen, Ausreißen, Eingehen. *Führen* ist der härteste Akt, aber auch der sinnloseste; Führen heißt immer: sich opfern; es ist reines Heldentum, das viel eher dazu bestimmt ist, einen Charakter zur Schau zu stellen, als ein Resultat zu erringen; bei der Tour macht sich das Vorpreschen nicht direkt bezahlt, es wird gewöhnlich durch kollektive Taktiken eingeschränkt. *Verfolgen* ist hingegen immer ein wenig feige und hat ein wenig den Charakter des Verrats, es gehört zu einer Erfolgssucht, die sich um Ehre nicht kümmert: mit Exzeß, mit Provokation verfolgen ist ganz offen Teil des *Bösen* (Schande über «Reifenlecker»). *Ausreißen* ist eine poetische Episode mit der Absicht, eine freiwillige Einsamkeit darzustellen, allerdings wenig wirksam, da man fast immer eingeholt wird, aber auch ruhmvoll im Verhältnis zu der Art der sinnlosen Ehre, die sie stützt … Das *Eingehen* kündigt das Aufgeben an, es ist immer schrecklich, es macht traurig, wie ein Zusammenbruch: auf dem Ventoux hat das Eingehen einiger Fahrer einen «Hiroshimaartigen» Charakter. * *Roland Barthes*

Dem Letzten die rote Laterne Der Erste, ja, ja – alle Welt kennt und liebt und bewundert ihn. Was für eine Leistung, welche Disziplin, welch ein Triumph. Aber: *Der Letzte* am Ende des Feldes, am Erlöschen des Kometenschweifs, den der strahlende Kometenkopf hinter sich herzog – was ist mit ihm? Der Letzte: Vor ihm sind alle; nach ihm keiner mehr. Unter allen, die der Erste in den Schatten gestellt hat, befindet er sich einzig und allein dort, wo dessen langgestreckter Schatten ins absolute Dunkel übergeht. Der Erste ist als Sieger so einsam, wie der Letzte es als Verlierer ist. Das verbindet sie über das ganze Mittelfeld hinweg, hebt den einen heraus, setzt den anderen herab. Dabei sind einzig sie beide: die Notwendigkeit, nämlich die Absolutheit des Anfangs und die Absolutheit des Endes. Er hat einen Namen, gewiß. Aber erst als der namenlose Letzte gewinnt er seine Größe. * *Wolfram Schütte*

VON JOSEF FISCHER BIS JAN ULLRICH

Im Zeitraffer: Deutsche Erfolge bei der Tour de France

1903

Dem Münchner **Josef Fischer**, mit **Ludwig Barthelmann** einziger deutscher Starter bei der Jungfernfahrt der Tour de France, hätte die Rundfahrt mit den extrem langen Etappen – im Schnitt gut 400 Kilometer – eigentlich besonders gut liegen müssen, war er doch ein herausragender Pionier auf den Radlangstrecken. Der urwüchsige Bajuware gewann u. a. München–Coburg, Wien–Berlin (580 km), Moskau–St. Petersburg (700 km), Mailand–München, Triest–Graz–Wien und die erste Austragung des Klassikers Paris–Roubaix. Aber 1903 war er schon über den Zenit seines Könnens hinaus. Er belegte in Paris Rang 15 von 60 Gestarteten (21 erreichten das Ziel).

1932

Hinter André Leducq belegt **Kurt Stöpel** in Paris den zweiten Platz – für 65 Jahre der größte Erfolg eines Deutschen bei der Tour de France (ein Etappensieg, ein Tag im Gelben Trikot). **Oskar Thierbach** wurde Siebter.

Rudi Altig 1965 – stark auf Holz und Asphalt

1937

Es war das Jahr, als die Veranstalter auch für die Asse erstmalig die Gangschaltung zuließen. Der Dortmunder **Erich Bautz**, der gerade seine erste deutsche Straßenmeisterschaft gewonnen hatte, demonstrierte mit einem Überraschungscoup auf der 4. Etappe von Metz nach Belfort, an der neun Kilometer langen Steigung des Ballon d'Alsace, des höchsten Berggipfels der Vogesen (1250 Meter), seine Klasse. Er kam mit großem Vorsprung ins Ziel und trug drei Tage lang das *Maillot Jaune.* Wie fünf Jahre vor ihm Kurt Stöpel büßte auch Bautz durch Pech und Pannen alle Chancen ein. Am Galibier hatte er drei Reifenpannen, und auf der zweiten Alpenetappe von Briançon nach Digne mußte er mit einem defekten Zahnkranz eine geschlagene Viertelstunde auf den Materialwagen warten. Bautz erreichte Paris als Neunter.

1938

Bereits auf der ersten Etappe von Paris nach Caen griff der Hagener **Willi Overbeck** ebenso unbekümmert wie ungestüm an. Lohn war das Gelbe Trikot, das er aber schon am nächsten Tag wieder verlor. Rivalitäten und Mißgunst in der deutschen Mannschaft, die selbst bei ausländischen Beobachtern Kopfschütteln auslösten, führten dazu, daß Overbeck nach mehreren Defekten von seinen «Kameraden» am Straßenrand stehengelassen und das Gelbe Trikot kampflos preisgegeben wurde. In der Nationenwertung endete die völlig desolate deutsche Equipe nur auf dem 8. Platz und wurde für das nächste Jahr nicht mehr eingeladen. Hitlers Kriegspolitik hätte den Start einer deutschen Mannschaft ein Jahr später sowieso verhindert. Erst 17 Jahre später, 1955, waren mit **Heinz Müller** und **Günther Pankoke** wieder deutsche Fahrer bei der Tour de France dabei, die in einem gemischten Team antraten.

1960

Die Ära Junkermann-Altig-Wolfshohl begann mit einer aufregenden Tour 1960, die **Hennes Junkermann**, der spielerisch leicht die Tour de Suisse dominiert hatte und in der Form seines Lebens war, bei ein wenig mehr Entschlossenheit und Risikobereitschaft hätte gewinnen können. Die Konstellation war einmalig günstig. Auf Platz 33 liegend, ahnte er, daß auf der 6. Etappe von Saint Malo nach Lorient ein Großangriff von Gastone Nencini und dem neuen französischen Radidol Roger Rivière bevorstand. Er behielt recht, fuhr zusammen mit dem Belgier Adraenssens die Attacke couragiert mit. Die perfekte Abstimmung im Führungsquartett verschaffte ihnen bis Lorient einen Vorsprung von 14 Minuten – und Junkermann machte einen riesigen Satz auf Platz 4. Bei der 14. Etappe von Millau nach Avignon zog sich Rivière nach einem schlimmen Sturz in einen Abgrund lebensgefährliche Verletzungen zu. Er wurde mit einem Hubschrauber ins Krankenhaus von Montpellier geflogen. Die Diagnose: kein Schädelbruch, sondern, verhängnisvoller noch, eine schwere Verletzung der Wirbelsäule. Roger Rivière, der frischgebackene Stundenweltrekordler und einer der großen Tour-Favoriten, stieg nie mehr auf ein Rennrad: Querschnittslähmung. Zwar stand Hennes Junkermann nur noch eine ziemlich geschwächte Mannschaft zur Verfügung, aber von den an der Spitze liegenden Fahrern war er der mit Abstand beste Bergfahrer. Wie in den Pyrenäen beschränkte er sich aber auch in den Alpen darauf, vorne defensiv mitzufahren, anstatt alles auf eine Karte zu setzen. Dennoch wurde sein vierter Platz in der Gesamtwertung zu Recht als großer Erfolg gefeiert. 1961 erreichte er Paris als Fünfter, begleitet nur von **Dieter Puschel**, und 1963 und 1964 als Neunter.

1962

In Frankreich ist **Rudi Altig,** als Typ und stilistisch der Widerpart zu Junkermann, bis heute ähnlich populär wie in Deutschland. Seine Markenzeichen: Antrittsschnelligkeit, Spurtstärke und Lust an einer aggressiven Renngestaltung. Bei seinen Tour-Starts zwischen 1962 und

7. Juli 1962: Für Hennes Junkermann ist die Tour der Leiden zu Ende

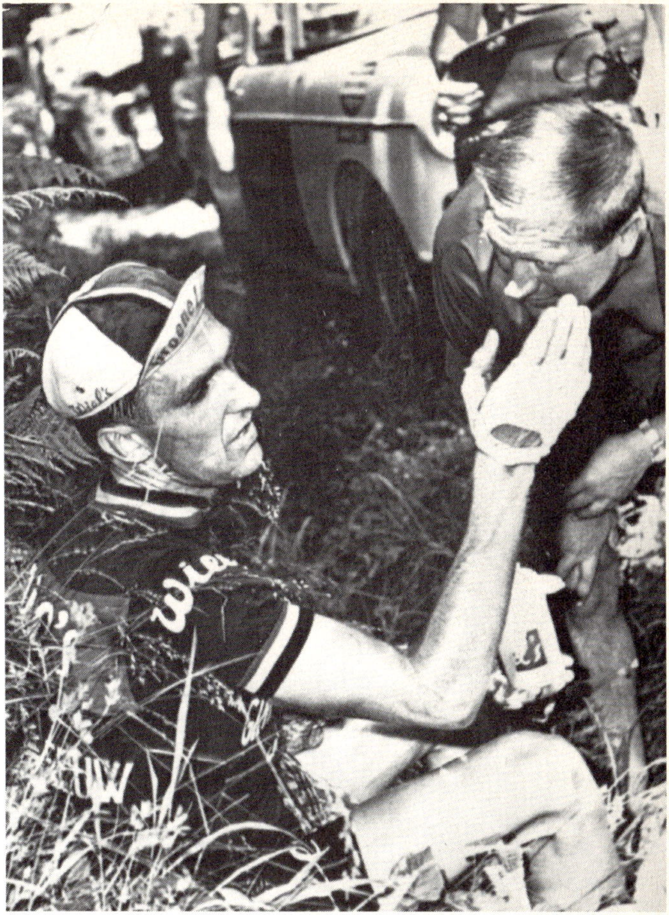

1969 erzielte er acht Etappensiege, fuhr 18 Tage im Gelben Trikot und gewann 1962 nach seiner besten Tour das Grüne Trikot. «Tour-Fieber in Deutschland: Junkermann hat in den beiden vorhergegangenen Jahren Achtung erweckt; Altig weckt Begeisterung.» (Hans Blickensdörfer)

1966

Karl-Heinz Kunde, mit respektgebietenden 1,59 Meter Körpergröße und einem Kampfgewicht von 49,5 Kilogramm eher eine kleine Nummer, fuhr in jenem Jahr eine beeindruckende Frankreich-Rundfahrt. Von Jacques Goddet liebevoll «Karl der Kurze» und von Jacques Anquetil frech «die Mikrobe» genannt, durfte sich Kunde nach der 12. Etappe, die Rudi Altig gewann, in Revel das Gelbe Trikot überziehen, das er vier Tage lang mit Zähnen und Klauen verteidigte. Nicht zuletzt Kundes Attacken hatte es der spätere Sieger Lucien Aimar zu verdanken, daß die beiden großen Favoriten Raymond Poulidor und Jacques Anquetil einander beschatteten, neutralisierten – und gemeinsam verloren. Am Schluß seiner Karriere packte «Karl den Kurzen» noch einmal die große Wut: Eskortiert von Journalisten und Fotoreportern, «schob er seine Rennmaschine an den nächsten Müllplatz. Dann warf er sie zum Schrott.» (*Der Spiegel* 30/1971)

1968

Die 55. Tour hätte zur Triumphfahrt von **Rolf Wolfshohl** werden können. *Le loup*, der Wolf aus Köln, dreifacher Querfeldein-Weltmeister und Sieger der Vuelta d'España, stark am Berg, tollkühn in den halsbrecherischen Paßabfahrten, holte sich auf der 16. Etappe von Albi nach Aurillac das Gelbe Trikot. In den giftigen Steigungen im Zentralmassiv griff er aus dem Peloton heraus an, sprengte die Spitzengruppe, fuhr auf und davon – und brachte sich mit dieser kraftzehrenden Attacke in eine schlechte Ausgangsposition für die nächsten Etappen. «Wäre er ein Stratege gewesen, hätte er auf das Gelbe Trikot diesmal noch verzichtet. Denn nun war aus dem Jäger Wolfshohl der Gejagte geworden. In den Alpen attackierten Belgier, Holländer, Franzosen und Spanier pausenlos. Während der ‹Wolf› zur Strecke gebracht und am Ende Sechster wurde, fuhr ein stiller Holländer mit Brille unauffällig mit, ohne seine Kräfte zu verschleißen. Jan Janssen hatte die Geduld, die Wolfshohl fehlte. Erst am letzten Tag schlüpfte er ins Gelbe Trikot, das der Kölner zu früh wollte.» (*Sports*-Sonderheft zur Tour de France 1993)

1977

Phänomenales Tour-de-France-Debüt von **Didi Thurau**: 15 Tage im Gelben Trikot, fünfter Platz in der Gesamtwertung, weißes Trikot des besten Tour-Neulings.

Klaus-Peter Thaler gewann die 9. Etappe von Lorient nach Rennes. **1978** gewann er die 3. Etappe von Saint-Amand-les-Eaux nach Saint-Germain-en-Laye und fuhr zwei Tage lang in Gelb.

1987

Völlig überraschend setzte sich der vierundzwanzigjährige Bad Schussenrieder **Rolf Gölz** auf der 15. Etappe von Tarbes nach Blagnac im Spurt durch. Sintflutartige Regenfälle sorgten für ein nicht unamüsantes Wassersport-Event. Von Pfützen zu sprechen wäre euphemistisch; das Wasser reichte den Fahrern manchmal bis zur Radnabe. «Ich weiß nicht, wie die Fahrer da durchgekommen sind», meinte Jan Raas, der Teamchef von Gölz' Superconvex-Team. «So was habe ich noch nicht erlebt.» **1988** konnte Gölz die 8. Etappe von

Reims nach Nancy für sich entscheiden und überzeugte bei der schweren Bergprüfung am Puy de Dôme als Zweiter.

1990

Der Geraer **Olaf Ludwig**, lange als «Malocher im Staatsauftrag» (*Der Spiegel*) unterwegs («Meine Sprints sind unpolitisch»), wurde nach einer außergewöhnlich erfolgreichen Amateurkarriere erst nach der «Wende» Profi. Olympiasieger 1988 in Seoul beim Straßenrennen, zwei Siege bei der Friedensfahrt, drei WM-Titel, Weltradsportler des Jahres 1983. 1990, in seinem ersten Profijahr für Peter Posts Panasonic-Team, fuhr er für die Holländer gleich 13 Siege ein. Sein größter Erfolg war das Grüne Trikot des Punktbesten bei der Tour 1990. Er konnte drei Tour-Etappen im Sprint gewinnen: 1990 die 8. Etappe von Epinal nach Besançon, **1991** die Schlußetappe nach Paris und **1993** für Team Telekom in Montpellier.

1996 & 1997

Jan Ullrich wird 1996 bei seiner ersten Tour Zweiter hinter seinem Mannschaftskapitän vom Team Telekom, Bjarne Riis. 1997 fährt er bei der 10. Etappe nach Andorra-Arcalis an die Spitze. Bis Paris gibt er sie nicht mehr her. 1998: Fortsetzung folgt?

HÄTTE, WÄRE, WENN ...

1932: Kurt Stöpel wird Zweiter bei der Tour

Im Juni 1997 starb in einem Altenheim in Berlin-Spandau der Rentner Kurt Stöpel. Wenige Wochen vorher hatte er ein Telegramm nach Frankreich geschickt. Adressat war ein junger Mann namens Jan Ullrich, dem der alte Herr Glück für etwas wünschte, was ihm selbst 1932 nicht vergönnt war: als Sieger der Tour de France in Paris gefeiert zu werden. 65 Jahre vergingen, bis der gebürtige Rostocker Jan Ullrich den gebürtigen Berliner Kurt Stöpel als erfolgreichsten deutschen Teilnehmer der Frankreich-Rundfahrt ablöste. Aber ohne das auf den späteren Sieger André Leducq zugeschnittene Reglement und eine herzerweichende Pech- und Pannenserie hätte der deutsche Radsport nicht bis 1997 auf seinen ersten Tour-Sieg warten müssen.

1930 hatte Henri Desgrange, der Magier und Macher der Tour, einen Eklat provoziert, indem er die Firmenmannschaften zugunsten von Nationalmannschaften ausbootete. Zu aggressiv, zu dominierend waren die kommerziellen Interessen in den Vordergrund getreten. Sein Lebenswerk wollte Desgrange nicht zum Werbespektakel der Fahrradindustrie degradieren lassen. «Der ganze Mann ist Spannung. Gestrafft, die kleine, beinahe zierliche Gestalt aufrecht, steht er am Start. Nervös fährt er sich hin und wieder durch das weiße Haar, das in dichten Strähnen nach hinten fällt. Alles in diesem Gesicht spricht von großer Willenskraft. Der harte, zusammengebissene Mund, die Habichtsnase, auf der zuweilen ein Pincenez sitzt, die grauen Augen, die der Weitsichtige schließt, wenn er die Dinge von unten herauf betrachtet. Nichts entgeht ihm»[1], so hat Stöpel Desgrange beschrieben. Mit dem Instinkt des Populisten für die nationalen Regungen der sportbegeisterten Massen ahnte er, daß konkurrierende Nationalteams neue Dramatik in die Rundfahrt bringen würden. Niemand wäre auf die Idee gekommen, Desgrange – in Personalunion Journalist und Unternehmer – industriefeindliche Ambitionen zu unterstellen. Sein erklärtes Ziel war, mit den mafiosen Praktiken der europäischen Fahrradindustrie aufzuräumen, von deren Finanzspritzen bislang Wohl und Wehe der Tour abhingen. Sein alternatives Finanzierungskonzept war bestechend einfach. Er schrieb Hunderte von Firmen an, deren Produktpalette alles umfassen durfte, nur eben keine Fahrräder. «Die Tour de France ist

Zwei Freunde: André Leducq (li.) herzt den unterlegenen Kurt Stöpel

ein Werbeträger, wie ihn die Welt überhaupt noch nicht gesehen hat. 10 bis 15 Millionen Menschen jubeln den Fahrern auf Frankreichs Landstraßen zu, und alle diese Menschen erfassen Sie, wenn Sie dem Rennen ein originelles Werbefahrzeug vorauslaufen lassen. Diese Reklamekarawane ist die Spitze der Tour de France, und sie wird den Fahrern mit Abstand von etwa einer Stunde vorausgeschickt werden.»[2] Der Erfolg dieser Marketingidee war überwältigend, und die Caravane publicitaire war geboren.

Aufgeteilt in fünf Nationalmannschaften (Belgien, Italien, Spanien, Frankreich, Deutschland) und weitere 60 Fahrer, sogenannte «Touriste-routiers», die in französischen Regionalteams an den Start gingen, machten sich 100 Fahrer am 6. Juli 1932 auf die mehr als 4800 Kilometer lange Strecke. Sportlich wie finanziell wurde speziell diese Tour ein großer Erfolg für Desgrange und *L'Auto*. Dédé Leducq, Liebling der französischen Radsportfans, hielt den Italiener Learco Guerra mit 14 Minuten Vorsprung sicher in Schach, und der Sprintstar Charles Pélissier, dessen Bruder Henri 1923 zum letzten Mal die «Große Schleife» für Frankreich gewonnen hatte, gelang das Kunststück, acht Etappen zu gewinnen, die letzten vier in Folge. Die Deutschen schlugen sich mehr als achtbar: Adolf Schön, durch unverbesserliche «Nägelstreuer» weit zurückgeworfen, wurde 10., Oskar Thierbach 13. und Alfred Siegel 33.

1952 erschien im Verlag für Sport und Leibesübungen Harry Bartels in Berlin-Charlottenburg ein Erlebnisbericht über die Tour de France, sicherlich eines der bedeutendsten autobiographischen Dokumente über das härteste Radrennen der Welt. Autor war Kurt Stöpel, der 20 Jahre nach seinem sensationellen zweiten Platz seine Erinnerungen an den Zweikampf mit Leducq aufgezeichnet hat, Etappe für Etappe. Ob mit oder ohne Ghostwriter zu Papier gebracht: Es ist ein erregendes und bewegendes Dokument. Was ein Jan Ullrich in den Julitagen 1997 auf dem Weg nach Andorra-Arcalis oder beim Anstieg nach L'Alpe d'Huez erlitten und geleistet hat – hier läßt es sich erahnen. Stöpels Bericht ist in einer grandiosen epischen Sprache gehalten – metaphernreich, bunt, opulent –, die es im heutigen Sportjournalismus nicht mehr gibt, weil es sie angesichts der nivellierenden Omnipräsenz der TV-Kameras nicht mehr geben kann. Die Tour de France, ein Drama von existentieller Dimension, festgehalten im Pathos der großen Worte: Mensch, Materie und Naturgewalten; Schicksal, Kampf, Leidenschaft, Bewährung; Hunger und Durst, Kälte, Hitze, Gefahr.

Höllische Aufstiege, mörderische Talfahrten

Bereits mit 14 Jahren fuhr Kurt Stöpel Jugendrennen. Aber seine zeitraubende Tätigkeit als «Officeboy» bei *United Press of America* in Berlin (Traumberuf: Reporter) machte ein systematisches Training unmöglich. Frühmorgens um drei Uhr mußte er aufstehen, um bis zum Arbeitsbeginn sein Pensum herunterzukurbeln. «Es waren meine schönsten Stunden des Tages, wenn ich mit fliegendem Atem über die Havelberge fuhr ... Es war, als hätte ich alle Erdenschwere verloren, wenn ich Kilometer um Kilometer zurücklegte.»[3] Als er im Alter von 19 Jahren das Straßenrennen Berlin–Stettin–Berlin gewann, wußte er, daß er eine Chance hatte, als Berufsfahrer zu bestehen. Er kündigte kurzentschlossen bei *United Press of America*, die Warnungen seines Chefs in den Wind schlagend: «Well, you are going to regret that, later on.» Davon konnte «later on» niemals die Rede sein. Die Liste seiner Erfolge als Berufsfahrer ist beeindruckend: Sieger beim 600 Kilometer langen Radmarathon Berlin–Köln, Zweiter bei der Deutschland-Rundfahrt hinter Hermann Buse, Vierter bei der Straßen-Weltmeisterschaft 1930 in Lüttich hinter dem legendären Alfredo Binda, Learco Guerra und dem belgischen Weltmeister Georges Ronsse. 1931 schnupperte er, noch unerfahren bei großen Rundfahrten, Tour-de-France-Luft (Platz 16). 1932 wurde *sein* Jahr, der Höhepunkt seiner sportlichen Laufbahn. Seine große Form beim Giro d'Italia hatte aufhorchen lassen. «Stöpel ist ganz groß gefahren», erzählte Hermann Buse in einem Interview dem *Illustrierten Radrenn-Sport*. «Man konnte in jeder Etappe darauf wetten, daß er unter den ersten Fünf landet. Er hat nur einen Fehler: Er kann nicht gewinnen. Wenn die Größten im Endspurt sind, wird er Dritter oder Vierter, aber wenn die Großen nicht dabei sind, wird er auch nur Dritter oder Vierter ...»

«Stöpel hat nur einen Fehler: Er kann nicht gewinnen.» (Hermann Buse)

Von Anfang an wußte der Berliner, den *France-Soir* seiner Besonnenheit und Rennökonomie wegen zum «Philosoph Stöpel» ernannte, daß *La Grande Boucle* 1932 völlig auf Dédé Leducq, dessen überragendes Sprintpotential bekannt war, zugeschnitten war. Um die Bummelei bei den Flachetappen zu unterbinden, so Desgranges Begründung, und die Tour mit Spannung und Dramatik zu würzen, wurde ein System von Zeitgutschriften eingeführt: vier Minuten für den Ersten einer jeden Etappe, zwei für den Zweiten und eine für den Dritten. Damit sollten Ausreißversuche attraktiver gemacht werden. Motto: Risiko soll sich wieder lohnen. Angesichts der Stärke der französischen Equipe (u.a. mit Archambaud, Speicher und Bidot) und dem Sprintpotential Leducqs sollten sich diese «bonifications» als tour-entscheidend herausstellen. «Aber da war noch eine Klausel in dem Reglement. Getränke, Nahrung, Zubehör, Luftpumpen und Mützen konnten wir uns zureichen und austauschen, aber wir wurden unter Strafe gesetzt, wenn wir all jenes austauschen würden, was der Verleiher selbst dringend benötigt. Dazu gehörten Rennreifen und natürlich auch die Rennmaschinen, die außerdem plombiert waren. So durften wir bei mehrmaligen Reifenschäden Ersatzmaterial nur aus dem begleitenden Materialwagen entnehmen. (...) Was dies bedeutet, wird nur der ermessen können, der einmal die Praktiken dieser Klauseln bei einer internationalen Rundfahrt studiert hat. Selbstverständlich gab es für die französischen, italienischen und belgischen Asse genügend Begleitfahrzeuge und Hilfskräfte, um jede Klausel zu umgehen. Aber was geschah mit uns? Der deutsche Kommissar saß im Wagen von Henri Desgrange und konnte uns noch nicht einmal mit dem Auge zuzwinkern. Er konnte uns keine Streckenpositionen melden, wie sie die anderen Nationalmannschaften in erschöpfender Weise erhielten. Sie hatten ihre Leute auf Motorrädern und in den Wagen postiert. Unser Betreuer Martin Schmidt hat uns nie während der Fahrt gesehen. Er fuhr mit dem Gepäckwagen lange voraus.» Und das hieß für Stöpel in vielen wichtigen Etappen: Blindflug total.

Auf der zweiten Etappe von Caen nach Nantes erhielt sich Stöpel durch eine couragierte und kontrollierte Fahrt alle Chancen auf den Endspurt. Dreizehn Fahrer jagten durch ein Spalier jubelnder Menschen zur Radrennbahn von Nantes, wo die Entscheidung im Spurt fallen würde. «Dreizehn Hirne und dreizehn Augenpaare überwachen jetzt jede Regung untereinander. Sechsundzwanzig Beine werden schneller und schneller. Das Ziel ist so nahe. Da überkommt mich das so unsagbar schöne Triumphgefühl: Du schaffst es! Mit letzter Kraft reiße ich das Vorderrad über den Zielstreifen, und gleich darauf rase ich hinein in dieses Inferno von tobenden und brüllenden Stimmen ...» Zum ersten Mal trägt ein Deutscher das Gelbe Trikot des Spitzenreiters bei der Tour de France.

Aber das begehrte *Maillot Jaune* sollte nur für einen Tag in seinem Besitz bleiben. Es ist noch finstere Nacht, als die Fahrer am 9. Juli auf dem mit Scheinwerfern und Fackeln beleuchteten Boulevard von Nantes auf die 387 Kilometer nach Bordeaux gehen. Mit Leichtigkeit hätte Stöpel die Stadt an der Garonne in Gelb erreichen können – aber gegen sieben (!) Reifenpannen war kein Kraut gewachsen. Abspringen, Reifen aufziehen und dem Feld hinterherhetzen! Kaum hatte er, unterstützt von seinen Mannschaftskameraden Geyer und Sieronski, das Loch zugefahren, hörte er wieder dieses verhaßte Zischen, und erneut saß er auf der Felge. Der von der flimmernden Hitze aufgeweichte Asphalt ließ einen Reifen nach dem anderen wegplatzen – wenn man *diese* Reifen aufgezogen hatte! Denn wieso war ausgerechnet er der einzige aus dem Favoritenkreis, dem diese Pannenserie zustieß? «Des Rätsels Lösung sollte ich erst am Ziel erfahren. Die Franzosen, Belgier und Italiener hatten selbsterworbene Reifen montiert, da die Zuteilungsreifen von den Managern dieser Nationalmannschaften beanstandet wurden. Die Protektoren würden sich bei starker Hitze lösen.» Was sie dann ja auch regelmäßig taten.

Entscheidungsschlacht in den Bergen

Die 5. Etappe von Pau nach Luchon war die Königsetappe in den Pyrenäen. Erst der Col d'Aubisque: Nach 16 Kilometern Anstieg unter verheerenden Straßenverhältnissen wurde der 1750 Meter hohe Gipfel erreicht, danach der gefürchtete

Auf dem Weg zum Tourmalet, dem «Scharfrichter» unter den Pyrenäengipfeln

Tourmalet, der «Scharfrichter» unter den Bergen. Ein Tag voller Kampf, Quälerei, Einsamkeit. In den mit extremen Steigungen gespickten Serpentinen hoch zum Aubisque startete der beste spanische Kletterer seinen Angriff, jener Trueba, der wenige Jahre später im Spanischen Bürgerkrieg umkam. Sein Antritt ließ das Feld jäh zerreißen. «Sein Stil ist einzigartig. Er scheint auf seiner Maschine zu springen! Hier auf diesem Berge ist er kein ‹Floh›, sondern ein Riese!»

Zwar war die Gangschaltung schon erfunden, aber bei dieser Tour de France kamen nur die «Touristes-routiers», die zweite Garde, in ihren Genuß, nicht aber die 40 Asse. Begründung: Den Top-Fahrern Rennräder mit Gangschaltung zu erlauben hieße, den sportlichen Wert der Tour mit Füßen zu treten ... As time goes by! Das bedeutete für die Fahrer: runter vom Rad, um per Hand umzuketten. Am ersten Kontrollpunkt am Fuß des Aubisque legte Stöpel den kleinsten Gang auf (Kettenblatt mit 46, hinterer Radkranz mit 24 Zähnen), um die letzten Kilometer zum Gipfel zu bewältigen, die der Volksmund «la calvaire», Kalvarienberg, nennt. «Immer trostloser wird die Vegetation. Es ist eine tragische Nacktheit, und das zerklüftete Feldgestein scheint uns angrinsen zu wollen. Der Weg der tausend Krümmungen wird jetzt bereits von Schneepfützen flankiert. Diese blenden die schweißverklebten Augen, die tief in ihren Höhlen liegen und zu schmerzen beginnen. Jetzt kann man nicht mehr in das violett schimmernde Tal hinabblicken, die Wolken hüllen uns ein, als hätten sie Mitleid mit uns keuchenden Ameisen, die es gewagt haben, die Riesen der Bergwelt herauszufordern. (...) Noch ein paar Tritte, und die Höhe des 1750 Meter hohen Aubisque haben wir erreicht. Aber jetzt kommt das Grauenerregende, die Talfahrt! Keine Schilderung wird die Gefühle wiedergeben können, die einen befallen, wenn man im 70-Kilometer-Tempo an den Schlünden und Felsspalten vorbeijagt, die in jeder Sekunde ihre Fänge ausstrecken können, um den Körper in die Tiefe zu reißen. Der Riß eines Bremskabels, ein Reifenschaden gerade in der Haarnadelkurve oder ein unachtsames Verreißen der Maschine, alles kann dazu beitragen, das letzte Stündchen herbeizuführen.»

Eiskalter Regen peinigte die Fahrer bei ihrer rasenden Fahrt ins Tal, Hagelkörner prasselten wie kleine Geschosse auf die Haut, Dreckfontänen spritzten in die Augen, die tauben Hände konnten kaum mehr den Lenker festhalten. Die Zähne klappern vor Kälte; wer jetzt eine Reifenpanne hatte, mußte den Reifen mit den Zähnen von der Felge reißen. (Spätestens hier hören die Gemeinsamkeiten zwischen den Giganten der Landstraße von damals und heute auf. Bei Riis, Virenque, Pantani oder Ullrich würden in der Regel nach einer Panne wohl nur Sekunden verstreichen, bis der Materialwagen mit einem Ersatzrad zur Stelle ist.)

Auch am Tourmalet haben sich die Naturgewalten gegen die Zweibeiner auf den Zweirädern verschworen. «Der Regen rinnt noch immer unaufhörlich vom blinden Himmel herab, und es ist, als hätte die Natur ihr Sterbehemd angezogen. Wolkenfetzen, wie von Geisterhand gezogen, gleiten über die breite Straße ...»

Kurt S. und die wilde 13

Der Rest ist rasch erzählt. Wieder einmal kostete ein «sterbender Reifen» dem wackeren Kurt Stöpel Etappensieg samt Zeitgutschrift und Gelbem Trikot. Die letzte Chance, Dédé Leducq noch abzufangen, bot sich dem Deutschen am 23. Juli. Obwohl eine schwarze Katze am Morgen vor dieser 13. Etappe seinen Weg kreuzte, war Stöpel guter Dinge. Zwischen Grenoble und Aix-les-Bains ragt wie ein schwarzes Ungeheuer das Massiv des Galibier, mit 2658 Metern der höchste Berg der Tour, in den Himmel. In Grenoble waren die Fahrer bei strömendem Regen aufgebrochen, am Galibier versanken die Reifen ihrer Räder in tiefem Schnee. Einige verwegene Alpenjäger waren die einzigen Zuschauer dieses einsamen Kampfes. Bei der gefährlichen Abfahrt – längst war Leducq um Minuten zurückgefallen und damit das *Maillot Jaune* wieder in greifbarer Nähe – hatte der Berliner nur noch den Italiener Camusso vor sich, den anderen Konkurrenten, mit dem er sich bis Paris einen Kampf auf Biegen und Brechen liefern sollte. «Nur unklar ist der gefährliche Hang zu erkennen, wo der Tod lauert, wenn eine Ungeschicklichkeit oder ein Unglück das Rad über den Abgrund hinausjagt. Ich habe keine Zeit mehr zum Denken. Der lebensgefährlichste Teil der Tour liegt jetzt vor mir.» Als er Camusso unmittelbar vor sich sieht, passiert, was der gequälte und mitleidende Leser längst schon erwartet: «Da! Was ist das?» Genau: ein Reifenschaden. Aus und vorbei. Erneut verlor der Pechvogel des Jahres vier Minuten, mußte Leducq passieren lassen. Aber er rettete den zweiten Platz in der Gesamtwertung ins Ziel – dank der selbstlosen Unterstützung seiner Mannschaft, der ihr Betreuer «Matze» Schmidt im Laufe der Tour «die letzten Eigenwilligkeiten ausgebügelt» und total auf ihren Frontmann Stöpel eingeschworen hatte. Viel schlimmer als Stöpel erwischte es aber seinen Teamkameraden Oskar Thierbach, der bei einem dieser Höllenritte ins Tal die Kontrolle über sein Rad verlor und mit hohem Tempo auf einen hinter einer Kehre stehenden Wagen auffuhr. Wie durch ein Wunder schleppte er sich noch ins Ziel, und als die Tour-Karawane weiterzog, saß Thierbach wieder auf dem Rad, mit Pflastern übersät, aber unverdrossen.

«Madame Stöpel, wir beide, Kurt und ich, haben die Tour gewonnen.»

Das letzte Martyrium ereilte Kurt Stöpel auf Etappe 15 von Evian nach Belfort. Kaum zu glauben: Diesmal zwang ihn ein total verkorkster Magen und kein «sterbender Reifen» in die Knie. Waren es die Erdbeeren mit Schlagsahne oder doch der köstlich zubereitete kleine Lachs in Beaujolaissauce? Ohne die Schieber- und Schlepperdienste seiner Kameraden hätte Stöpel das Aus ereilt. So aber erreichte er am 31. Juli 1932 als Zweiter Paris, wo ihm 70000 Zuschauer im Parc des Princes einen ähnlich begeisterten Empfang bereiteten wie ihrem Liebling Dédé. Stöpels Freundlichkeit, Fairneß, der Respekt vor seinen Gegnern und sein bewundernswerter Kampfgeist haben ihm in Frankreich viele Freunde gemacht.

Der eindeutig beste Fahrer dieser Tour de France 1932 belegte also «nur» Platz zwei. Dem Sieger Leducq zollte Stöpel mehr als Respekt; beide verband eine Freundschaft, wie sie unter sportlichen Gegnern selten sein dürfte. «Dieser lächelnde ‹Dédé›, wie ihn die Franzosen zärtlich nennen, ist einer der besten Kameraden, denen ich im Sport begegnet bin.» Nach dem Debakel am Tourmalet tröstete ihn Leducq mit Reiskuchen und Kaffee, dem ein tüchtiger Schluck Cognac beigemischt war. Bei der Siegerehrung in Paris umarmte er Stöpel herzlich und schenkte dessen Frau seinen Siegerstrauß roter Rosen. «Madame Stöpel, wir beide, Kurt und ich, haben die Tour gewonnen.»

FARM FRITES
TVM
TVM
verzekeringen
Rigida
Gazelle

DIE IM SCHATTEN SIEHT MAN NICHT...

Über Wasserträger und andere Domestiken

Der Feudalismus als Herrschaftsform ist längst untergegangen. Aber das Arbeitsverhältnis Herr–Knecht lebt fort, mitten in Europa und den USA, dort, wo Banken, Versicherungen, Lebensmittelkonzerne und die Multis der Unterhaltungselektronik und Telekommunikation auf Radsportteams als Werbeträger setzen. Zwar gibt es dort keine Leibeigenschaft und kein Lehnswesen. Aber es existiert eine rigorose Hierarchie, eine Arbeitsteilung, die über Sein oder Nicht-Sein in diesem knochenharten Job entscheidet. Ein auf das sportliche Renommee und den Werbewert großer Rundfahrten wie den Giro d'Italia, die Vuelta de España und die Tour de France kaprizierter Rennstall umfaßt in der Regel vier Kategorien bzw. vier Klassen von Fahrern: starke Sprinter, Bergfahrer, Allrounder und, last but not least, den Mann fürs Gesamtklassement, den Kapitän.

Selbst wenn eine Mannschaft in der glücklichen Lage ist, zwei Favoriten für den Gesamtsieg in den eigenen Reihen zu haben, wird nach einer klaren Stallorder gefahren: Vorfahrt für den Chef, der «Kronprinz» ist als zweiter Mann im Team der erste Helfer und darf im besten Fall auf ein unteres Treppchen fahren, der Rest hat als Hilfsarbeiterkollektiv zu rackern. Es gibt viele Beispiele für komplizierte Doppelregentschaften – Hinault/LeMond, Delgado/Induráin, Saronni/Thurau (beim Giro d'Italia 1983), Riis/Ullrich. In der Regel verläuft dieser Konflikt um den Platz an der Sonne ohne «Königsmord».

Eine der spektakulärsten teaminternen Revolten trat 1987 der irische *shooting star* Stephen Roche gegen seinen Mannschaftskapitän Roberto Visentini los. Roche, Sohn eines kleinen Kaufmanns aus Dublin, entspricht so gar nicht unserem Klischee von einem echten irischen Mannsbild, also rothaarig, vierschrötig, gerne hochprozentig aufgeladen, jähzornig. Äußerlich erinnert nichts an ihm an einen fanatischen Siegertyp à la Eddy Merckx. «Innen aber muß schon ein starker Wille, ein ausgeprägtes Ego wohnen, sonst hätte er nicht den Giro d'Italia gewinnen können gegen seinen Mannschafts-Kollegen, Vorjahressieger Roberto Visentini, gegen drei Viertel der Mannschaft, die für Visentini und nicht für ihn fahren, gegen die öffentliche Meinung, die sich in wüsten Beschimpfungen in den italienischen Gazetten niederschlug und die die Tifosi ansteckte, die seiner Fahrt zum Sieg ein Spießrutenlaufen voransetzten.»[1] Als hätte Stephen Roche geahnt, daß *dieses* Jahr zum Höhe- und Endpunkt seiner Karriere werden würde, fuhr er 1987 ein glänzendes Rennen nach dem anderen: Sieg bei der Tour de Romandie, vordere Plätze bei Paris–Nizza und Lüttich–Bastogne–Lüttich, beim Wallonischen Pfeil und bei Rund um den Henninger Turm und, als Krönung, das glanzvolle Triple: Sieg beim Giro, bei der Tour und der Straßenweltmeisterschaft. Das hat vor ihm nur Eddy Merckx zuwege gebracht und nach ihm niemand mehr. Das perfekte Jahr eines kompletten Fahrers – und die Ausnahme von der eisernen Regel, daß Unterordnung Pflicht und jedes Aufmucken gegen die Teamhierarchie eine Majestätsbeleidigung ist.

Einer für alle? Alle für einen!

Im Französischen heißen sie *equipier*, auf flämisch *Knecht*, auf deutsch *Domestike* oder *Wasserträger*. Das wohlklingendste Wort für diese besondere Spezies haben sich die Italiener einfallen lassen: *gregario*. Das hat Klang und Gewicht, birgt einen Hauch von Magie; vor allem ist es wunderbar geeignet, mit dem lautlichen Wohlklang die Realität eines Knochenjobs zu kaschieren, dessen einziger Daseinszweck es ist, für andere zu arbeiten, sich zu opfern. Domestiken sind Pragmatiker, Helfer ohne Helfersyndrom, persönliche Erfolge sind in ihren Verträgen nicht vorgesehen. Wer glaubt, bei diesem Job ohne Selbstverleugnung über die Runden zu kommen, muß ein Träumer sein. Wer den Traum nicht schnell gegen ein realistisches Berufsbild eintauscht, wird bald ausgemustert sein: Die Konkurrenz ist groß, jedes Jahr lauert ehrgeiziger Nachwuchs auf die wenigen freien Plätze in den Profiteams.

Das Berufsbild des *Wasserträgers* ist so alt, wie es organisierten Radsport gibt. 1907 entschloß sich ein reicher Adliger, Pepin du Goutand, für einige Wochen dem Wohlleben seiner Klasse zu entsagen und sich mannhaft der Herausforderung Tour de France zu stellen. Er engagierte drei Begleiter, die ihm bei diesem hehren Ansinnen von einigen irdischen Zumutungen entlasten sollten. Sie mußten dem athletisch ambitionierten hohen Herrn Wasser und andere Erfrischungen hinterhertragen, ihn die Berge hinaufschieben und Defekte beheben, jedenfalls so lange, bis Monsieur de Goutand nach einigen Tagen beschloß, sich wieder voll und ganz seinem angeborenen Daseinszweck zu widmen, dem Luxus. Er setzte sich in einen Zug und fuhr nach Hause. Hinterlassen hat er uns immerhin einen prägnanten Begriff. Henri Desgrange war es, der in *L'Auto* 1911 zum ersten Mal von *Domestiken* sprach. An ihren Aufgaben hat sich bis heute im wesentlichen nichts geändert:

- Sie müssen ihrem Kapitän, dem *coureur protegé*, Wasser, Verpflegung, ein Regencape vom Mannschaftswagen holen, wann immer er das benötigt. Das heißt am Berg auch schon einmal: zurückfahren, aufladen, hinterhersteigen, bis zur totalen Erschöpfung.
- Bei einer Panne des Chefs müssen sie ihm ihr Rad abtreten, bis der Materialwagen zur Stelle ist.

«Die Bölts ist stärk!» Teamchef Walter Godefroot über Udo Bölts, das Pfälzer Zugpferd im Team Telekom

- Eine der wichtigsten Funktionen der Leibgardisten besteht darin, die wichtigen Leute des Teams in den schützenden Windschatten zu nehmen. Kraftersparnis: bis zu 30 Prozent. Mit breitem Kreuz in die Pedale steigen, den Körper in den Wind werfen, ständig den Überblick haben, bei Attacken blitzschnell reagieren ... Das Team Telekom hat es ebenso wie die Festinas um Richard Virenque und Laurent Dufaux bei der Tour 1997 in dieser hohen Kunst des Mannschaftsfahrens zu großer Meisterschaft gebracht. Wenn starke Teams, in einer fächerartigen Formation oder wie an einer Perlenschnur aufgereiht, den Windschatten nutzen, ist für alle anderen höchste Alarmbereitschaft angesagt.
- Zu gutem Teamwork gehört es – je nach Rennsituation –, das Tempo hochzuhalten, zu verschleppen oder zu brechen. «In so einer Spitzengruppe», erklärt Hans-Peter Jakst, Anfang der achtziger Jahre einer von Didi Thuraus treuen Helfern, «leiste ich keinen Meter Führungsarbeit, damit unsere Leute hinten Gelegenheit haben, wieder heranzukommen. Und wenn die anderen sehen, daß ich nicht führe, sondern mich nur an ihrem Hinterrad schone, dann hören sie meist auch auf, Tempo zu fahren. Die haben ja kein Interesse daran, mich bis zum Ziel mitzuschleppen, um sich dann von mir den Etappensieg klauen zu lassen, weil ich frischer bin als sie.» Oder, gleiches Spiel, andere Taktik: «Du fährst dann einen Augenblick vorn, aber machst kein Tempo, sondern wirst langsamer, und der Rhythmus der anderen wird gebrochen.»[2] Knecht sein ist kein leichtes Geschäft.

«Eine Sauarbeit» (Dietrich Thurau)

Machen sie ihren Job gut, erfreuen sich Domestiken der Wertschätzung ihres Kapitäns und der Teamleitung. Eine Ausnahme war in dieser Hinsicht der usbekische Sprintstar Abdushaparow. Als Sprinter war er unter seinen Kollegen wenig gelitten, weil er mit seiner aggressiven Fahrweise – Wellen fahren, Haken schlagen, Ellenbogen als Nahkampfwaffen ausfahren – zur Kategorie der berüchtigten Kamikazefahrer zählte. Als Mannschaftskapitän beschimpfte er seine Leute schon einmal als «bastardi». Aber das «Problem Abdu» hat sich 1997 von selbst erledigt: Nach einer Reihe von Dopingvergehen wurde der rasende Usbeke stillgelegt.

Kapitän und Helfer: konträre Rollen in einer symbiotischen Beziehung. Aber niemals sind die Stars von ihren Domestiken so abhängig wie beim Mannschaftszeitfahren gegen die Uhr. Diese Disziplin ist seit ihrer Premiere 1954 umstritten, weil hier die Zeit des Fünften als Zeit der Mannschaft notiert wird. Die Starken müssen ihre Strategie an der Stärke des Schwächsten ausrichten. Wenn dessen Beine schwer und schwerer werden, können die anderen noch so exzellent fahren – es bringt dem Team keine Sekunde ein. 1993 verlor Tony Rominger auf der vierten Etappe beim Mannschaftszeitfahren die Tour. Zwei

Helfer waren durch Krankheit und Sturz bereits vorher ausgeschieden. Romingers angeschlagene Equipe «kurvt in einem Rhythmus, der stark an atonale Klänge erinnert, über den Kurs, verliert zwei Minuten und eine weitere Strafminute wegen verbotenen Schiebens am Berg. Beim anschließenden Einzelzeitfahren am Lac de Madine muß der hochgehandelte Schweizer aufgrund des Rückstands ganz zu Beginn starten, gerät in ein Weltuntergangsgewitter und verliert die Tour, kaum daß sie begann, gegen Induráin, der im strahlenden Sonnenschein zur Bestzeit radelt. Seitdem lastet dieser Fluch, *der Contre la montre par équipes* (Mannschaftszeitfahren) heißt, auf Rominger. Und seitdem weiß der frühere Buchhalter mit Wohnsitz Monte Carlo, daß auch der Beste ohne exzellentes Team untergehen muß. Radsport ist ein absurdes Metier, ein Widerspruch in sich, da einzige Mannschaftsdisziplin, in der allein das Individuum zu Ruhm und Reichtum gelangt.»[3] Einige Stimmen aus dem Chor der Wasserträger untermalen diese schlichte Tatsache:

Christian Henn: «Als ich bei meiner ersten Rundfahrt erlebt habe, wie schnell die Profis in den Bergen oder beim Zeitfahren unterwegs sind, war mir klar, daß ich nie die Tour oder den Giro gewinnen würde ... Wenn du ein, zwei Jahre gefahren bist, dann weißt du, ob du ein ganz Großer wirst oder nicht. Wenn nicht, kannst du für andere fahren oder aufhören.»

Mario Kummer: «Du mußt deine Fähigkeiten immer realistisch einschätzen, sonst fällst du schnell ganz tief. Ich kann eben alles nur ein bißchen.»

Rolf Aldag: «Das ist mir schon längst bewußt, daß ich da nicht mehr hinkomme, wo Jan jetzt schon hingekommen ist. Aber das ist kein Problem. Dann müßten ja alle aufhören mit Radrennen fahren: Virenque könnte gleich mit aufhören, denn wenn Jan nichts verkehrt macht, wird der die Tour nie gewinnen. Irgendwie findet jeder seinen Meister. Ich muß halt sehen, was ich aus meinen Möglichkeiten machen kann, so wie jeder andere auch. So bin ich ein Teil des Tour-de-France-Erfolges von Jan Ullrich geworden.»

Alle singen die gleiche Melodie: Mach' das Beste aus deinen Möglichkeiten. Make a good job! Es ist alles eine Sache des Maßstabs. «Ich bin auf dem Rad ein Mensch, der eine Grenze hat. LeMond ist ein Tier, der kennt keine Grenzen. Das bewundere ich», meint Andreas Kappes, und Udo Bölts assistiert: «So ist das, man denkt nie ans Ziel, sondern an die nächste Kurve, den nächsten Gegner. Man sucht sich natürlich nicht Pantani aus – daran zerbricht man.»

Keine Frage von Sympathie und Männerfreundschaft

Diese Geschichte ist Legende, Millionen Franzosen durchlebten und durchlitten sie am heimischen Bildschirm. 1990 war Gilbert Duclos-Lassalle, Edeldomestike des Tour-Favoriten Greg LeMond, bei einer schweren Pyrenäenetappe nach einer bravourösen Fahrt zehn Minuten schon enteilt, den Sieg schon vor Augen, als aus seinem Mannschaftswagen kurz und knapp die Anweisung kam: «Warte auf Greg.» Auf LeMond warten, der einen Reifendefekt hatte und verzweifelt nach einem Helfer verlangte, hieß für «Gibus»: Kehrtwende, dem Feld entgegen, Greg aufsammeln – und noch einmal hoch die Pyrenäen. Zum neunten Mal war der Franzose bei der Tour dabei, noch nie hatte er eine Etappe gewonnen – und ausgerechnet auf dem Weg in seine Heimatstadt Pau dieses Unglück! Für Duclos-Lassalle, der bei Paris–Roubaix im biblischen Alter von 40 Jahren immer noch in der Lage war, alle jüngeren Gegner in Schach zu halten, war dies einer der bittersten Momente seiner Karriere. Aber was er tat, war für einen *equipier* eine Selbstverständlichkeit.

Den großen Radsporttraum, gibt es den nach ein paar Dienstjahren noch für einen Wasserträger? «Er hat sich verändert», sagt Hans-Peter Jakst, «von dem Traum kannst du nicht leben, aber wenn du ihn nie gehabt hast, kommst du gar nicht erst durch.» Um in dieser Männerwelt nicht vor die Hunde zu gehen, braucht es viel Härte und noch mehr Charakter, so wie Miguel Induráin, der ohne Murren für seinen spanischen Landsmann Pedro Delgado die Helferdienste organisierte, als die gesamte Fachwelt in ihm schon den potentiellen Nachfolger von Eddy Merckx sah.

Natürlich gewinnen auch Domestiken bei den Rundfahrten Etappen; seltener schon gewinnen sie einen der großen Tagesklassiker. Und wenn, ist die Ratlosigkeit der Fachwelt über den, der da unerwartet aus dem ewigen Schatten ins gleißende Rampenlicht des Erfolgs fuhr, riesengroß. Als 1971 der Neu-Profi Jürgen Tschan, 22, das bedeutende Rennen Paris–Tours gewann, fragte *L'Equipe* entgeistert: «Wer ist das? Ein Chinese?»

DUELL DER GIGANTEN

Gino Bartali und Fausto Coppi

Fast 50 Jahre sind vergangen, seit sich der *Der Spiegel* zum ersten Mal mit einem Konflikt befaßte, der Italien in Atem hielt und die Menschen zwang, Farbe zu bekennen: der Grabenkrieg zwischen Bartalisten und Coppisten. «Für oder gegen Gino» zu sein wurde zu einer Sache der Weltanschauung. Der Riß ging quer durch Familien und Gemeinden, trieb Freunde und Paare auseinander. Bekennender Coppist oder praktizierender Bartalist zu sein schien von kaum geringerer Bedeutung, als sich bei den turbulenten Nachkriegswahlen zwischen den großen politischen Lagern, konservativ-klerikalem Block und Kommunisten, zu entscheiden. Es waren die Jahre von Don Camillo und Peppone. Eigentlich ging es nur um die schlichte Frage: Wer ist der beste Radrennfahrer Italiens (und damit der Welt), Gino Bartali oder Fausto Coppi? «Entweder-oder» hieß die Devise – entscheide Dich. Denn «Bartali und Coppi können sich nicht ausstehen», wußte *Der Spiegel* dem deutschen Nachkriegspublikum zu berichten. «Schon öfter hat der ganze italienische Radfahrsport darunter zu leiden gehabt. Bei den Vorjahrs-Weltmeisterschaften brachte ihre Rivalität die Tifosi um das regenbogenfarbene Weltmeister-Hemd.»[1] 1948, bei der Straßenweltmeisterschaft in Valkenburg, hatten sich die beiden italienischen Asse so lange eifersüchtig belauert, bis der Belgier Briek Schotte als lachender Dritter über die Ziellinie fuhr und nicht wußte, wie ihm geschehen war. Auch beim Giro d'Italia im selben Jahr paralysierten sich der Altstar und sein Herausforderer wechselseitig – und wieder durfte sich ein Außenseiter über das unerwartete Geschenk freuen.

«Bartali ist das Idol der Leute des Südens, die für ihn beten und den Boden küssen, den seine Reifen berührt haben. Coppi hat seine Gefolgschaft im nüchternen, industrialisierten Norden, wo man mehr die Leistung als die Mystik anbetet.»[2] Völlig abwegig ist Blickensdörfers etwas simplifizierend klingende Zuspitzung des Konflikts entlang der großen Linien Nord / Süd, Traditionalismus / Industriekultur nicht. Der Volksmund nannte Gino Bartali den «radelnden Mönch». Nach seinem Tour-Sieg 1948 weihte er sein Siegertrikot der Heiligen Therese, seiner Leib-und-Magen-Heiligen. Als habe sich der Erzengel Gabriel höchstpersönlich in der Gestalt Bartalis materialisiert, suchten Päpste die Nähe des Florentiners; bei Audienzen war das aktive Mitglied der Katholischen Aktion gern und häufig gesehener

Gast. In einer programmatischen Rede beschwor Papst Pius XII. die Gläubigen: «Ihr werdet siegen wie Bartali!» Umgekehrt wußte sich Signore Bartali auf seine Weise erkenntlich zu zeigen. Die ersten drei Fahrräder aus eigener Fabrikproduktion lieferte er demütig beim Stellvertretenden Kardinalstaatssekretär Monsignore Montini ab – ein kleines Geschenk für den Heiligen Vater.

In einem Essay über die beiden größten Campionissimi, die Italien je besaß, schrieb der italienische Schriftsteller Curzio Malaparte: «Bartali ist ein Mann der Tradition. Er ist ein metaphysischer, von den Engeln geschützter Mensch. Coppi hat im Himmel keinen, der sich um ihn kümmert. Weder sein Manager noch sein Masseur haben Flügel. Er sitzt allein auf seinem Rad, hat keinen Engel auf der Schulter, der mittritt. Er denkt rational, nüchtern und glaubt nur an den Motor, der ihm gegeben wurde, das heißt an seinen Körper.»

Die Wahrheit über Coppi und Bartali ist einfach: Wie schon in der heroischen Ära von Constance Girardengo und Alfredo Binda in den zwanziger Jahren war Italien zu klein für zwei Könner ihres Formats. Denn damals wurde die Tour de France noch mit Nationalmannschaften und nicht mit Firmenmannschaften gefahren. Und in den Nationalfarben hieß der Chef der Squadra Azzurra Gino Bartali; Coppi war die Rolle des Edeldomestiken zugewiesen, was ihm naturgemäß wenig behagte: «Ich befand mich innerhalb der italienischen Mannschaft ständig isoliert. Ich mußte jedem Ausreißer nachspüren, die Verfolgung aufnehmen und ständig im Rücken den Schatten fühlen, daß man nur auf meinen Zusammenbruch wartete. Damals hatte ich Bartali in harten Worten meine Meinung gesagt: ‹Du hast nur ein Interesse: vor mir in Paris anzukommen. Dich interessiert kein anderer Gegner; werde ich 81., dann ist es dein Bestreben, 80. zu werden!› Er besaß bei der Tour de France als ‹Kapitän› alle Vorteile. Ich hätte um eine viertel Flasche Wasser betteln müssen, während er bei jedem Defekt drei und oft vier Mannschaftsgefährten zu seiner Unterstützung hatte. Glücklicherweise erlaubte es mir meine gute Form, eine solche Unterstützung nicht notwendig zu haben. Nur zum Schluß der Tour de France des Jahres 1949 waren wir uns einig. Da ging es auch um die ‹Zwei-Millionen-Franc-Prämie› des Martini – die sich unsere Mannschaft holte.» [3]

1938 und 1948: Mit Gauloises und Gottvertrauen

Bevor sich Bartali 1938 endlich in die Siegerliste der Frankreich-Rundfahrt eintragen konnte, fielen seine ersten Begegnungen mit der Tour wenig glücklich aus. Weil Mussolini den Sportverkehr mit allen Ländern abgebrochen hatte, die auf Italiens Aggressionskrieg in Abessinien mit Sanktionen reagierten, kam Gino Bartali erst 1937 zu seinem ersten großen Auftritt. Der Ruf als «Bergkönig» war ihm nach Frankreich vorausgeeilt. Seine berüchtigten Zwischenspurts in den Steigungen pflegten selbst starke Kletterer *(grimpeurs)* zu zermürben; nach einer kurzen Regenerationspause stieg er plötzlich mit Urgewalt wieder in die Pedale. Diese Intervalltechnik ruinierte gleichermaßen Rhythmus und Moral seiner Kontrahenten. Nur wenige Fahrer waren in der Lage, Ginos Attacken am Berg zu kontern. Drei Tage lang fuhr der Dortmunder Erich Bautz im Gelben Trikot des Spitzenreiters. Aber in den Alpen büßte er alle Chancen auf einen Treppchenplatz in Paris ein, wo er schließlich als Neunter eintraf. Drei Reifenschäden allein am Galibier – und schon hatte der Italiener ihm das *Maillot Jaune* abgenommen. Aber Bartalis Pech übertraf das von Bautz noch. Auf der Passage nach Briançon stürzte er kopfüber eine schmale Holzbrücke hinab und landete unsanft einige Meter tiefer in einem Gebirgsbach. Die schweren Prellungen zwangen ihn am nächsten Tag zur Aufgabe – der Weg für Roger Lapébie war frei.

«Gino Bartali ist ein metaphysischer, von den Engeln geschützter Mensch.»

Kein Reifenschaden, kein Gebirgsbach und kein Konkurrent konnten Bartalis Triumph bei der Tour de France **1938** verhindern. Er hatte sich vorgenommen, auf der 14. Etappe von Digne nach Briançon zuzuschlagen und die Tour für sich zu entscheiden – der Königsetappe in den Alpen über die Gipfel von Allos, Vars und Izoard. Nach einer fulminanten Solofahrt distanzierte er den Bergspezialisten und späteren Gesamtzweiten Felicien Verwaecke um sage und schreibe 17 Minuten. Niemand zweifelte daran, daß Bartali auch in den nächsten Jahren die Tour dominieren würde. Ein Jahr später aber warf der 2. Weltkrieg schon seinen Schatten voraus; die Nationalmannschaften der Achsenmächte Italien, Deutschland und Spanien waren von dem letzten sportlichen Großereignis vor dem blutigen Inferno ausgeschlossen. Zum zweiten Mal nach 1936 gewann der Belgier Sylvère Maes; René Vietto («le roi René») mußte mit Platz zwei vorliebnehmen. Keine vier Wochen später kämpfte Vietto an der Maginotlinie im Nordosten Frankreichs. Die deutsche Reichswehr überrollte Belgien, fiel in Frankreich ein und begann *ihre* Tour de France. Europa fing in Hitlers Stahlgewittern Feuer.

«They'll never come back»? Bartali kam zurück. Anders als Vietto, der in der ersten Nachkriegs-Tour dem Bretonen Jean Robic deutlich unterlegen war (Platz 5), wiederholte Bartali **1948** seinen Sieg von 1938: ein Rekord für die Ewigkeit. Dazwischen lagen der Krieg, lagen Hunger, Trümmer und die Depression eines darniederliegenden Landes. Der Krieg hatte vielen Fahrern der alten Garde die besten Jahre gestohlen. Als am 30. Juni 1948 in Paris-Saint Cloud der Startschuß zur 35. Tour de France fiel, war Gino Bartali bereits 34 Jahre alt. Ganz Italien nannte ihn «il vecchio», den «Alten»; aber auch sein Konkurrent Fausto Coppi ging langsam auf die 30 zu. Ob Fausto, wie Hans Blickensdörfer vermutet, Angst vor einem Bartali in Höchstform hatte oder die ihm zugedachte Rolle als zweiter Mann im Team nicht zu spielen bereit war: Auf alle Fälle war er nicht mit dabei, als Bartali seine beste Tour fuhr und die Tifosi in Verzückung versetzte. Bartali, am 17. Juli

Die Gipfel von Izoard und Galibier waren Gino Bartalis bevorzugte Schlachtfelder

1914 in Ponta a Ema geboren, einer Vorstadt von Florenz, war kein Charmeur, der auf der Klaviatur der Massenemotionen zu spielen verstand, kein Champion zum Anfassen: Er war «distanziert, mürrisch, mystisch» (B. Lux). Seine eigenbrötlerische Frömmigkeit war sprichwörtlich. Immer trug er ein Amulett der heiligen Therese bei sich; wenn die Rennsituation es erlaubte, soll er auch schon einmal an einem Gipfelkreuz einen kurzen Gebetsstop eingelegt haben. Bei Pyrenäenetappen versäumte er es nie, in Lourdes der Grotte der heiligen Bernadette einen Besuch abzustatten und demütig ein Blumenbukett niederzulegen.

Schon die 1. Etappe von Paris nach Trouville beendete Bartali mit einem Paukenschlag. Der Bergkönig gab sich auch im Flachland die Ehre, gewann in dem Normandiestädtchen den Spurt aus einer zwölfköpfigen Spitzengruppe heraus – und grinste über die Herren

Reporter von der *Gazzetta dello Sport*, die ob solchen Übermuts den Kopf schüttelten. «Ja, glaubt ihr denn, ich will das Ding durch Frankreich schleppen wie einen Priestermantel? Wenn man Bartali heißt, dann trägt man das nicht am Anfang, sondern bei der Ankunft. Ich habe den Burschen nur zeigen wollen, mit wem sie es zu tun haben.» So oder ähnlich soll sich's zugetragen haben. Von diesem Tag an ließ es der Florentiner ruhig, fast gemächlich angehen. So, wie sich Jacques Anquetil nach großen Strapazen gerne mit einigen Gläschen Champagner und Delikatessen aus der edlen Fischküche verwöhnen ließ, besaß Bartali eine andere Geheimwaffe: Vor besonders ruppigen Bergetappen rauchte er nachts schon einmal ein halbes Päckchen Zigaretten weg, zur Aufmunterung oder zur Beruhigung, wer weiß. Gauloises und Gottvertrauen: Was sollte Gino da noch zustoßen? «Überhaupt ist dieser *vecchio* kein fehlerfreier Tugendbold. Keiner wie die geölte spanische Kraftmaschine Induráin, an dem die Konkurrenz hilflos hochblickt wie der Dackel zum Bernhardiner. Und im Gegensatz zum Spanier hat er auch Französisch gelernt, um den Fragern richtige Antworten geben zu können ...» Miguel I. als Bernhardiner: Erbarmen, Herr Blickensdörfer!

Obwohl er in den Pyrenäen die 7. Etappe von Biarritz nach Lourdes gewann, betrug sein Rückstand auf Louison Bobet fast zwanzig Minuten. Auch die Königsetappe über die Pyrenäengipfel Tourmalet, Aspin und Peyresourde entschied er für sich, ohne den Rückstand entscheidend zu verkürzen. Aber Bartali blieb ruhig, *seine* Berge sollten noch kommen: die Alpenriesen Izoard, Galibier und der Col de Porte bei Grenoble. Hier würde es passieren – hier oder nirgendwo.

Auf der 13. Etappe zwischen Cannes und Briançon, der höchstgelegenen Stadt Frankreichs, kamen ihm die Wettergötter zu Hilfe: Eisregen, Schnee, Windböen. Freund und Feind wußten: Je apokalyptischer das Wetter, um so teuflischer der Antritt des frommen Gino in den Bergen. Wo andere entkräftet vom Rad fielen und sich der Barmherzigkeit des Besenwagens ergaben, spielte Bartali seine furchterregende Klasse aus. Eine einzige brisante Situation hatte er am gefürchteten Izoard zu überstehen, und die hatte er sich selbst zuzuschreiben. Leichtfertig hatte er die letzte Verpflegungsstation passiert, obwohl noch zehn grausam steile Kilometer durch die Mondlandschaft der «Casse Desert» bis zum Gipfel vor ihm lagen. Aber drei Bananen, die er von einem Zuschauer erbeuten konnte, ersparten ihm den Hungerast und den drohenden Einbruch. «Prévenir la fringale» – hüte dich vor der Hungersnot! Frisch gestärkt jagte er dem Ziel entgegen. Bartali hinterließ ein Schlachtfeld: Briek Schotte als Tageszweiter verlor mehr als sechs Minuten, Bobet achtzehn und Vorjahressieger Robic 24:30 Minuten. Noch einmal blieb Bobet in Briançon das *Maillot Jaune*, ganze 1:06 Minuten hatte er auf «den Alten» ins Ziel gerettet.

Aber auch der nächste Tag bescherte den Fahrern Bartali-Wetter. Regenstürme, Hagel, Schnee, das komplette Repertoire. Gino schien wieder einmal eine strategische Allianz mit den Engeln und den Naturgewalten geschmiedet zu haben. Mit dem Mut der Verzweiflung trat Bobet in den steilen Rampen des Galibier an, erreichte als erster im Schneetreiben den Gipfel – und hatte sich gnadenlos übernommen. Am Col de la Croix de Fer schleppte Bartali den elf Jahre jüngeren Louison noch wie einen kleinen Bruder mit. Am Col de Porte war dann aber Schluß mit lustig: Der völlig erschöpfte Franzose verlor auf nur wenigen Kilometern zehn Minuten. In Aixles-Bains war die Tour entschieden. Nach fast 5000 Kilometern und sieben Etappensiegen erreichte der Maestro das Vélodrom im Parc des Princes mit gut 26 Minuten Vorsprung vor Briek Schotte, dem Straßenweltmeister von Valkenburg 1948, und fast 29 Minuten vor Guy Lapébie. Louison Bobet als Vierter mußte noch einmal Lehrgeld zahlen. Aber seine große Zeit sollte noch kommen: Er war der erste Fahrer, der die Frankreich-Rundfahrt dreimal hintereinander gewinnen konnte (1953–1955).

Italien lag «Gino Nazionale» zu Füßen. Daß ihm der Papst eine weitere Audienz gewährte, war selbstverständlich, daß ihn aber auch Staatspräsident Einaudi empfing, ein kleines Politikum. Als der gute Gino dort im grünen Sommeranzug und mit offenem Hemd, aber ohne Schlips auftauchte, zürnten in schöner Eintracht das vatikanische und das republikanische Protokoll. Gigant der Landstraße? Etikette, Signore, Etikette!

1949: Entscheidung am Kleinen St. Bernhard

Mit großer Spannung wurde der Beginn der 36. Tour de France 1949 erwartet. Bartali oder Coppi? Nach der glanzvollen Leistung des «Alten» im Vorjahr und der Dominanz Coppis beim Giro d'Italia 1949 sah alles nach einem Zweikampf zwischen den italienischen Campionissimi aus. Niemand hätte einen Pfifferling auf Géminiani, Robic, Caput, Kübler oder Lapébie gewettet. «Einem feindlichen Millionenheer, bestehend aus Coppisten und Bartalisten, mußte eine Nationalmannschaft mit zwei designierten und verfeindeten Kapitänen angeboten werden, eine Aufgabe, die den Mannschaftsleiter Alfredo Binda von einer Verzweiflung in die andere stürzte. Weltmeister auf der Straße war er gewesen, aber Weltmeister im Verbrüdern hätte er sein müssen, um da ein Rezept zu finden. Und Italien ist Fausto Coppi gegenüber ungerecht wie eine Mutter, die mit eifersüchtiger Liebe an ihrem Ältesten hängt.» [5]

Nach vier Etappen war der kleine Franzose Marinelli den italienischen Favoriten mit zehn Minuten Vorsprung auf und davon gefahren. Kein Grund zur Panik, aber auch kein Pappenstiel. Auf der 5. Etappe von Rouen nach Saint-Malo wurde es Coppi zu bunt, aber ein Vorderraddefekt setzte seiner Attacke ein jähes Ende. Seine Mannschaftskameraden fuhren weiter, als habe es keine Absprachen gegeben, und Bartali setzte sofort nach, um Faustos Pech zu seinem Glück zu machen. Endlose Minuten vergingen, bis Binda mit dem Materialwagen auftauchte. Das Vorderrad war schnell gewechselt, aber Coppi wollte nicht mehr. Binda, in der Loyalität zu seinen beiden Assen hin und her gerissen, tat dieses Mal das einzig Richtige – er machte Fausto zur Schnecke. «Aufgeben willst du? Kein Hund wird in Italien noch ein Stück Brot von dir nehmen! Denkst du denn gar nicht an Gino? Willst du ihm diesen Triumph lassen? Ich hole Hilfe, aber du versprichst mir, daß du im Sattel bleibst.» Coppi versprach es, quälte sich weiter, eskortiert von einigen Teamgefährten, konnte aber nicht verhindern, daß in Saint-Malo sein Rückstand in der Gesamtwertung auf über eine halbe Stunde angewachsen war. Nach menschlichem Ermessen konnte *er* die Tour nicht mehr gewinnen. Cavanna, seinem blinden Masseur und Trainer, gelang es auf wundersame Weise, das Feuer in seinem verzagten Schützling wieder zu entfachen. Zwar hatte sich Fausto verpflichtet, den «Alten» nicht anzugreifen, wenn dieser in der Gesamtwertung vor ihm lag. Diese eiserne Regel war aber in den Bergen und erst recht beim Einzelzeitfahren außer Kraft gesetzt. Und drei Tage nach dem Pannenpech stand das 50-Kilometer-Zeitfahren von Les Sables d'Olonne nach Rochelle auf dem Programm: ein flaches Stück an der Atlantikküste, wie geschaffen für einen Mann, der als Stundenweltrekordler auf solchem Terrain allen anderen turmhoch überlegen war. Cavanna behielt recht. Durch seinen Sieg *contre la montre* in La Rochelle rückte Coppi ein Stück näher an Bartali heran. In den Pyrenäen herrschte Waffenstillstand: Der eine hielt sich zähneknirschend an den Nichtangriffspakt, der andere schonte seine Kräfte für die bevorstehende Entscheidungsschlacht in den Alpen. Ein einziges Mal, am Col d'Aspin, packte Fausto Coppi das Kriegsbeil aus und hängte seinen Teamkapitän ab. Aber wer zu früh attackiert, den bestraft das Schicksal in Gestalt der berüchtigten «Hexe mit den grünen Zähnen»: Reifenpanne. Dennoch war Coppi durch einen dritten Platz hinter Jean Robic und Lucien Lazaridès jetzt auf Tuchfühlung mit Bartali.

«Aufgeben willst du? Kein Hund wird noch ein Stück Brot von dir nehmen!»

Die Entscheidung fiel auf der klassischen Alpenetappe von Cannes nach Briançon. Schon in den Serpentinen des Allos war das Feld von dem erbarmungslosen Duo aufgerieben worden; durch eine Kamikaze-Abfahrt hielten sie das Feld auf Distanz. Verbissen versuchte «der Alte» am Col de Vars seinen jüngeren Rivalen durch Rhythmuswechsel und Zwischenspurts zu zermürben. Aber nach wenigen Metern hing Coppi mit demoralisierender Zähigkeit wieder an seinem Hinterrad. Wenn die Geschichte stimmt, die Hans Blickensdörfer in seiner «Tour-de-France-Bibel» erzählt, dann hat sich kurz vor dem Gipfel des Col de Vars folgendes zugetragen. Bartali soll die weiße Fahne der Kapitulation gehißt und dem Jüngeren ein Geschäft vorgeschlagen haben, das ungefähr so aussehen sollte: Läßt du mich heute an meinem 35. Geburtstag gewinnen, dann fahren ab morgen meine Wasserträger für dich, und niemand wird dir den

Tour-Sieg noch streitig machen. Coppi spielte bei diesem Burgfrieden-Deal mit, überließ dem Geburtstagskind Etappensieg und Gelbes Trikot in Briançon. Eineinhalb Minuten Rückstand waren ein Klacks angesichts der furchterregenden Pässe, die am nächsten Tag auf die Fahrer warteten: der Col de l'Iseran (2770 Meter) und der Petit Saint-Bernard (2188 Meter). Kurz vor der italienischen Grenze, in den Rampen des Kleinen St. Bernhard, sollte die Entscheidung fallen – wie in einem Western-Shootout: Mann gegen Mann, einer kommt durch … Längst waren die Verfolger um Ockers, Kübler, Géminiani und Lazaridès zurückgefallen. Bei der rasenden Abfahrt knallte Bartali ein Reifen weg; Minuten verstrichen, bis der Materialwagen endlich eintraf. Da endlich entschied Alfredo Binda, Coppi von der Kette zu lassen, der absprachegemäß angehalten hatte, um die Weisungen seines Teamleiters abzuwarten. Ein Motorradkurier überbrachte die erlösende Nachricht: «Hau ab, Fausto, Gino ist eingeholt, die Franzosen greifen an. Du brauchst keine Rücksicht mehr zu nehmen.» Der Rest ist Legende. Der Stundenweltrekordler unterstrich seine Ambitionen mit einem großartigen Alleingang. Minute um Minute fuhr er den letzten Kilometern nach Aosta heraus, die zu einer wahren Triumphfahrt wurden.

Die Zuschauer im Pariser Prinzenpark sahen einen strahlenden Fausto Coppi als Sieger, 15 Minuten vor Bartali, 25 Minuten vor Marinelli und mehr als eine halbe Stunde vor Robic. Wie hätten die Zeitabstände wohl ausgesehen, wenn Coppi so gefahren wäre, wie er es gewollt und gekonnt hätte?

1952: Avanti, Fausto!

1950 durchlebten Gino und Fausto, die «feindlichen Brüder», ein schweres Jahr. Bei einem üblen Sturz auf der ersten Dolomitenetappe beim Giro d'Italia, als er von seinem Landsmann Peverelli angefahren wurde, zog sich Coppi die schwerste Verletzung seiner Karriere zu, einen komplizierten Beckenbruch, der ihn wochenlang ans Bett fesselte. So herausragend seine physiologischen Daten waren (Herzkapazität, Lungenvolumen, Hebelverhältnisse, Muskulatur), so fragil waren seine Knochen. Alles, was bei einem Radrennfahrer brechen kann, brach, und manches nicht nur einmal. Bein, Becken, Schlüsselbein, Knöchel, Schädel, Wirbelsäule – nichts, was nach Stürzen nicht schon in Mitleidenschaft gezogen war. Aber auch Bartali war 1950 nicht vom Glück verfolgt. Bei der Tour lag er am Fuß der Pyrenäen aussichtsreich im Rennen, beobachtete das Feld und schmiedete Pläne für die Übernahme des Gelben Trikots in den Alpen. Auf dem Gipfel des Aspin streifte er versehentlich Jean Robic und brachte ihn ins Straucheln. Daraufhin traktierten ihn französische Fanatiker mit Tritten und Schlägen. Bartali fuhr weiter, gewann diese 11. Etappe von Pau nach Saint Gaudens – und fällte eine folgenschwere Entscheidung: Am selben Abend quittierten alle italienischen Fahrer das Rennen, auch Fiorenzo Magni, der gerade ins Gelbe Trikot geschlüpft war. Auch Goddet konnte Gino und seine Vasallen nicht halten. Alles «eine Frage der Ehre». So war der Weg frei für den Schweizer Ferdi Kübler, den «Löwen von Adliswil».

1951 wäre es wohl zum großen Duell Coppis mit Koblet gekommen, dem «pédaleur de charme», der in der Form seines Lebens fuhr. Aber eine Woche vor dem Beginn der Tour de France war Serse, Faustos großer Bruder und treuester Helfer, bei der Piemont-Rundfahrt tödlich verunglückt. «Serse Coppi aus Castellania ist durch einen Schädelbruch am 29. Juni 1951 auf dem Transport vom Hotel zur Klinik um 14 Uhr nachmittags verschieden», hielt der von Professore Dogliatti aus Turin unterschriebene Totenschein fest. Drei Tage, bevor die Coppi-Brüder am 4. Juli in Metz an den Start zur Frankreich-Rundfahrt gehen sollten, wurde Serse auf dem Friedhof von Castellania neben seinem Vater beerdigt.

«Coppi glaubt nur an den Motor, der ihm gegeben wurde, an seinen Körper.»

Den Organisatoren gelang es dennoch, Fausto Coppi zur Teilnahme an der Tour zu bewegen. Von der Trauer um seinen Bruder wie gelähmt, spulte er apathisch die 4690 Kilometer herunter, ohne spektakuläre Aktion, ohne die Kraft und den Willen, Koblet ernsthaft herauszufordern. Mit 46 Minuten Rückstand auf den Schweizer belegte er den zehnten Rang. Aber selbst ein kämpferischer Coppi hätte gegen einen Koblet in der Form dieser drei Wochen vermutlich nur schwer etwas ausrichten können. Erinnert sei nur an jene legendenumwobene 11. Etappe von Brive nach Agen, als Koblet 130 Kilometer unbeeindruckt alleine vor einem wie wild attackierenden Verfolgerfeld herfuhr. «Ein Schurkenstreich», eine «beispiellose, brillante Provokation», überschlugen sich am kommenden Tag die Gazetten. 37 Kilometer hinter Brive hatte Koblet zusammen mit dem Franzosen Deprez einen Ausreißversuch riskiert, und bald fuhr der Schweizer allein. «Da jagte er hin, der gottbegnadete schöne Hugo», schwärmte Willy Kutschbach, «auf seinen Lippen ein spöttisches Lächeln, die Beine wie Kolben einer gutgeschmierten Maschine auf und nieder fliegen lassend. Hin und wieder trank er einen Schluck aus seiner Rennflasche. Alles, was er tat, wirkte spielerisch, elegant, faszinierend für das entzückte Auge. Schwerelos fuhr hier einer der größten Athleten über die menschenumlagerten Straßen, ästhetisch der Stil, kraftvoll der Antritt – eine der großartigsten Entdeckungen im Straßenrennsport.»[6]

1952 hätte die Tour zu einem geschichtsträchtigen «Kampf der Giganten» werden können, mit Coppi und Bartali, Koblet und Kübler. Aber die Schweizer zogen es vor, aus «gesundheitlichen Gründen» nicht anzutreten – und Bartali wurde in L'Alpe d'Huez und am Galibier von Coppi zum Statisten degradiert. Der Weg zu seinem zweiten Tour-Sieg war frei für den Mann aus Novi Ligure: fünf Etappensiege und ein Vorsprung von einer halben Stunde und mehr auf Ockers, den Spanier Ruiz, Bartali, Robic und Magni. «Nehmt mir den schrecklichen Coppi aus solchen Rennen», soll Jacques Goddet beim ernüchternden Blick auf das Endklassement gemurmelt haben. 1953 wurde der *Tourminator* des Vorjahres gar nicht erst eingeladen. Vorsichtshalber.

Natürlich hätte Coppi seinen Start erzwungen, wenn er gewollt hätte. Aber für 1953 lagen seine Prioritäten eindeutig beim Giro d'Italia, den er knapp vor Hugo Koblet gewann, und der Straßenweltmeisterschaft in Lugano: der einzige große Titel, der ihm noch in seiner Sammlung fehlte. 150000 Menschen hatten sich an dem 15 Kilometer langen Rundkurs mit der Crespera-Steigung versammelt. Sie erlebten eine taktische Meisterleistung Coppis. Zwölf Runden lang kontrollierte er das Feld in aller Seelenruhe, ging jeden Ausreißversuch mit, beruhigte das Feld. In der 13. Runde setzte er sich mit dem belgischen «Classique-Jäger» Germain Derijcke, dem Sieger von Paris–Roubaix, nach einem unwiderstehlichen Zwischenspurt selbst an die Spitze – und nach 242 von 270 Kilometern war er auf und davon. Mit 34 Jahren hatte er endlich das Versprechen eingelöst, das er seinem blinden Masseur Cavanna gegeben hatte: das Regenbogentrikot des Straßenweltmeisters heim nach Novi Ligure zu bringen.

Dieser Titel stand für ihn auf einer Stufe mit dem Stundenweltrekord, den er als Dreiundzwanzigjähriger am 7. November 1942 auf der Vigorelli-Bahn in Mailand, jener legendären «Kathedrale des Radsports», erobert hatte. Er entthronte Maurice Archambaud um ganze 31 Meter. Nach exakt 45 Kilometern und 848 Metern war die Stunde abgelaufen.

Noch im selben Jahr wurde der Rekrut Coppi mit dem 38. Infanterie-Regiment an die nordafrikanische Front verlegt, wo er das Glück hatte, sich nach wenigen Monaten auf der sicheren Seite wiederzufinden: in einem englischen Kriegsgefangenenlager.

Die Dame in Weiß

Im Winter 1953 geriet Coppi in die Schlagzeilen der Boulevardpresse; bis zu seinem frühen Tod 1960 sollte er sie nicht mehr verlassen. Er hatte sich – ein moralisches Kapitalverbrechen im Italien der 50er Jahre – in eine verheiratete Frau verliebt, Giulia Occhini-Locatelli, die bildhübsche Gattin des Arztes Dr. Enrico Locatelli aus Varamo Borghi in der Lombardei. Im Oktober 1954 enthüllte ein (oder eine) Herr/Frau/Fräulein Kränzlein-in der Beek in einer Zeitschrift namens *Revue* die Wahrheit, die nackte, schonungslose Wahrheit, über die Art und Weise, «wie der Abgott Italiens, Fausto Coppi, um einer Frau willen Ruhm und Lorbeer verlor». Aus dieser gutinformierten Quelle erfahren wir alles über das Warum und Wie von Faustos tiefem Sturz. «Es ist eine Geschichte, wie sie der italienischen Tradition eines Boccaccio oder Casanova würdig ist, denn um das pikante Behagen der Zuschauer im Parkett und den Ranglogen zu erhöhen, hat Amor diese Geschichte mit jener Heiterkeit garniert, die an Schadenfreude grenzt: Giulia Locatelli hat Fausto Coppi durch ihren Mann kennengelernt. Denn Locatelli war ein glühender Verehrer des

«Der Blick, der ihn traf, war von jener Art, die einen Mann stark werden läßt und schwach zugleich»: Fausto Coppi und Giulia Locatelli

Radsport-Champions Fausto Coppi. Er hatte ihn gelegentlich kennengelernt, in seiner Eigenschaft als Arzt, und er war stolz, als er 1948 seine junge, bildschöne und temperamentvolle Frau mit dem primitiven, aber muskelkräftigen Fausto Coppi bekannt machen konnte. Während schon ganz Italien von der ‹Weißen Dame› des Fausto Coppi sprach, trug der Ehemann nicht nur Hörner, sondern anscheinend auch Bretter vor dem Kopf.»[7] Eigentlich schade, sich hier von der *Revue* und Herrn/Frau/Fräulein Kränzlein-in der Beek verabschieden zu müssen, die weitere erregende Details von Faustos und Giulias schändlichem Treiben mitzuteilen weiß. Etwa die ungeheuerliche Kaltschnäuzigkeit, mit der die Ehebrecherin ihren Mann «ausgerechnet in dieser Phase ihrer ehelichen Beziehung verließ, als Doktor Locatelli mit einer Muskelzerrung daniederlag». So kann's kommen, wenn bildschöne, kultivierte Frauen sich von primitiven, aber muskelkräftigen Männern aus der Bahn werfen lassen.

Tatsache war, daß Coppi seine Jugendliebe Bruna, mit der er seit vierzehn Jahren verheiratet war, und seine Tochter Marina verließ und Giulia ihren Mann und ihre Tochter Loretta. Was heute eine Bagatelle darstellt, war damals in Italien ein Delikt im Sinne des Strafgesetzbuches. Als der alternde Radstar Anfang September 1954 vom 150-Kilometer-Rundstreckenrennen im belgischen Braschaert zurückkehrte, wurde ihm auf dem Flughafen von Mailand sein Paß entzogen. Einen Tag später wurde Signora Locatelli in Coppis Villa in Novi Ligure verhaftet und für fünf Tage ins örtliche Gefängnis überstellt, weil der Staatsanwalt ein Ermittlungsverfahren gegen die «illegitime Liebe» eröffnet hatte. Im bigotten Klima der frühen fünfziger Jahre konnte der Ehebruch einer Frau bis zu zwei Jahre Gefängnis eintragen; bei Männern wurde das gleiche Vergehen nur bestraft, wenn es sich um ein permanentes Liebesverhältnis handelte. Die Italiener nahmen ihrem vergötterten Campionissimo übel, daß er sich an der heiligen Dreifaltigkeit von «famiglia, moglie, bambino» (Familie, Frau, Kind) versündigt hatte. Selbst die angesehene Sportzeitung *Calcio e Ciclismo* klagte: «Der ganze italienische Sport steht unter Anklage; es gibt keine Sparte, in der es nicht stinkt. Der Radsport aber befindet sich bereits im Stadium fortgeschrittener Verwesung.»[8] Allen Anfechtungen und juristischen Repressalien zum Trotz blieb das Paar zusammen. Von einem Gericht in Alessandria wurden beide wegen «böswilligen Verlassens ihrer Familien» zu zwei bzw. drei Monaten Gefängnis auf Bewährung verurteilt. 1957 kam ihr Sohn Angelo Fausto, genannt Faustino, zur Welt. Was im Falle von Roberto Rosselini und Ingrid Bergman von der italienischen Öffentlichkeit eher beifällig aufgenommen wurde – schöner schwedischer Filmstar verläßt wegen italienischen Starregisseurs ihre Familie –, war den beiden nicht vergönnt. Der Kolumnist Corvus wies in einem ebenso sarkastischen wie scharfsinnigen Kommentar auf einen Umstand hin, der die Häme im «Fall Fausto» zum Ausdruck bringt: «Coppi vermochte nicht mehr zu siegen. Gewinnen – gerade das ist auf einmal so verteufelt schwer geworden. Er ist immerhin fünfunddreißig. Früher hatten sich die Rennfahrer in diesem Alter schon zurückgezogen – hat er den Zeitpunkt verpaßt? Das Glück scheint sich von ihm abgewendet zu haben, die Volksmeinung ist nicht mehr mit ihm, er lernt jetzt die andere Seite des Ruhms kennen, der nie überwundene Minderwertigkeitskomplex wird wieder stärker. Dem siegreichen Coppi hätte die Masse die banale Liebesaffäre verziehen, dem Liebhaber Coppi verzeiht sie nicht, daß er nicht siegt. Das Idol sackt mählich und schmählich in sich zusammen, jeden Tag ein wenig mehr – armer Campionissimo, armer Ex-Campionissimo ...»[9]

«Famiglia, moglie, bambino» – der fatale Fehltritt des Campionissimo

De mortuis nihil nisi bene

Fausto Coppis Karriere neigte sich Mitte der fünfziger Jahre definitiv ihrem Ende zu. Und doch tingelte er noch jahrelang von Rennen zu Rennen, mit stetig abnehmendem Erfolg. Seine letzten aufsehenerregenden Leistungen waren 1955 der Gewinn der Trofeo Baracchi und zweite Plätze beim Giro d'Italia und Paris–Roubaix. Ende Dezember 1959 brach er – als «Ersatzmann» für den verhinderten Louison Bobet – zusammen mit Jacques Anquetil, Ralph Géminiani und Roger Rivière nach Westafrika zu einem zünftigen Männervergnügen auf. Sie waren zu einer Safari und einigen kleineren Rennen eingeladen worden. Von dieser Reise kehrte Coppi als todkranker Mann zurück. Er starb, gerade vierzigjährig, am 2. Januar 1960 an den Folgen einer heimtückischen Virusinfektion, die er sich, ebenso wie Géminiani, auf der Exkursion zugezogen hatte. Tausende von Menschen strömten zur Beisetzung in Castellania zusammen, wo an den Häusermauern drei verschiedene schwarzumrandete Traueranzeigen angeschlagen hingen: eine von Faustos Mutter, eine von seiner Frau Bruna, eine von Giulia, der «dama bianca», der Liebe seines Lebens.

Gino Bartali reagierte bestürzt auf den Tod des großen Rivalen: «Es ist unfaßbar, ich kann es nicht glauben. Wir waren uns, als wir noch gegeneinander Rennen fuhren, nicht immer freundlich gesinnt, aber wir wurden schließlich gute Freunde. Nun wurde Fausto sogar Mitglied der Pellegrino-Mannschaft, die unter meiner Leitung steht. In diesem Jahr wollten wir gemeinsam noch einige große Schlachten schlagen.» Mit seinem Engagement bei Pellegrino hätte sich für Fausto ein Kreis schließen können. Nach seinem glanzvollen Debüt bei der Piemont-Rundfahrt 1939, wo er auf Anhieb Dritter wurde, erhielt er von Signore Pavesi, dem Direktor der Legnano-Fahrradwerke, seinen ersten Profivertrag: als Stallgefährte des berühmten Gino Bartali. Mit seinem Tod erst verzieh die italienische Öffentlichkeit ihrem Radidol, dem die Liebe wichtiger war als der Respekt vor Moral und Tradition. Noch am Sterbebett hatte Lorenzo Ferrarazzo, Krankenhaus-Geistlicher in Tortona und Herausgeber der katholischen Zeitung *Il Popolo*, Coppis Lebensgefährtin das Versprechen abgenommen, ihren Geliebten für immer zu verlassen, falls er noch einmal gesund würde. Ansonsten sei er nicht bereit, ihm die Sterbesakramente der katholischen Kirche zu geben. «Herr, beschütze mich in Deiner Barmherzigkeit …»

Und Bartali? Im Alter bekam der «fromme Gino» immer besser die Kurve. Apostrophiert als «radelnder Mönch», als einer, «der mit den Engeln spricht», bröckelte sein Hyper-Katholizismus mit den Jahren ab wie Putz von einer feuchten Wand. Im Alter von 66 Jahren heiratete er zum siebten Mal, ließ aber keinen Zweifel daran, daß er es, rüstig wie er sei, schon gerne auf zehn Ehefrauen bringen würde. Der Sieg bei der Tour de France war ihm schließlich nur zweimal vergönnt, und irgendwo muß man sich ja schadlos halten. Weiter so, Gino!

BP
BP

MAÎTRE JACQUES

Jacques Anquetil: Zeitmaschine auf zwei Rädern

Die Zeitspanne zwischen 1947 und 1952 werden viele Franzosen als zermürbende Jahre in Erinnerung haben. Aufgeregt und doch leer, hoffnungsfroh und doch dem Schatten der Kriegserlebnisse noch nicht entwachsen. Politisch sorgten die heiklen Frontverläufe zwischen Kollaboration und Widerstand, Vichy und Résistance für ständige Nachbeben des Kriegs im Frieden. Sportlich gab es nach dem tragischen Tod des Boxers Marcel Cerdan, dem überraschenden Wimbledon-Sieg von Petra und dem Erfolg Jean Sépheriades bei der Henley-Regatta über den Amerikaner Bob Kelly kaum etwas aus der Sparte *Schönste Nebensache der Welt*, was ein wenig Glanz in die Tristesse des Alltags gebracht hätte. Aber dann kam der Spätsommer 1952. Wie aus dem Nichts stieg ein junger Mann ins Rampenlicht der französischen Sportöffentlichkeit: Jacques Anquetil. Der Achtzehnjährige aus Rouen fuhr beim Grand Prix de France, dem schwersten Zeitfahren für Amateure, seine Gegner schwindelig; der Zweitplazierte war auf den 80 Kilometern sechs Minuten langsamer, der französische Meister schon zwölf. Schon damals fuhr er einen Kilometerschnitt, der höher lag als Hugo Koblets Rekordmarke beim Grand Prix des Nations der Berufsfahrer. Erst 1950 hatte Anquetil, Sohn eines normannischen Bauern und Erdbeerpflanzers, ernsthaft mit dem Training begonnen. Zwei Jahre später war er bereits französischer Straßenmeister der Amateure und Bronzemedaillengewinner im Mannschaftsfahren bei den Olympischen Spielen von Helsinki. Sein Fahrstil erregte Bewunderung.

Genau zu dem Zeitpunkt, als Louison Bobet zum Hattrick bei der Tour de France ausholte, wurde Frankreich mit einem radfahrenden Wunderkind beschenkt. Als Fiorenco Magni, der Teamkollege Fausto Coppis, den hochgelobten Nachwuchs zum ersten Mal zu Gesicht bekam, höhnte er: «Es muß schlimm stehen um Frankreichs Radsport, wenn ihr jetzt schon die Schwindsüchtigen fahren laßt.»

«L'enfant champion»

Anders als Bernard Hinault, dessen Vater ihm das nichtsnutzige Radfahren gerne ausgetrieben hätte, bis es auch für ihn am Talent seines Filius nichts mehr zu zweifeln gab, rannte Anquetil mit seiner Velo-Leidenschaft bei seinem Vater offene Türen ein. Der radbegeisterte Vater hatte den vierjährigen Jacques auf ein maßgeschneidertes Kinderrad gesetzt und mit einem kleinen Klaps «Ab mit dir!» ins Rennen geschickt. Der Kleine fuhr – und wie! Sein Trainer André Boucher erkannte früh Anquetils phänomenalen «coup de pédale», den runden, effizienten Tritt, der ihn zum besten Zeitfahrer seiner Generation werden ließ. Jacques Anquetil war die perfekte Mensch-Maschine-Symbiose: kraftvoll, geschmeidig, elegant, effizient. Manche Experten brachten seine extreme aerodynamische Position auf dem Rad damit in Verbindung, daß er bei der Erdbeerernte auf den Feldern seiner Eltern mitarbeitete, stundenlang in gebückter Haltung verharrend, um sich sein erstes Rennrad oder andere Extras zusammenzusparen. Und andere Experten erklärten diese Ursachenforschung – das Genie, eine «Beerenauslese» – für haarsträubenden Unsinn. Vier Experten, fünf Meinungen.

Boucher hätte seinen Zögling gerne noch länger vor den Zumutungen einer Profiexistenz bewahrt. Doch nach einem glanzvollen Jahr bei den Amateuren und in der Zwischenkategorie der «Unabhängigen» war sich Anquetil sicher, daß er den Vergleich mit den Besten seines Metiers nicht länger zu scheuen brauchte. Kurz entschlossen fuhr der Eigensinnige im Sommer 1953 nach Paris und löste beim großen Francis Pélissier seine erste Profilizenz. Auch Antonin Magne, der Toursieger der Jahre 1931 und 1934, hätte den vielversprechenden Neunzehnjährigen gern für seinen Rennstall engagiert, aber vermutlich schüttelte Pélissier mehr französische Francs aus dem Ärmel. Daß Jacques Anquetil in monetären Angelegenheiten die Zeichen der Zeit erkannt hatte, konnten seine Verhandlungspartner an dem ausgebufften Youngster studieren. Nicht auszuschließen, daß Greg LeMond dem kühlen Blonden aus Rouen einiges abgeschaut hat.

Mit einem Paukenschlag feierte Anquetil seinen Einstand im Profilager. Sein erstes Rennen, der berühmte Grand Prix des Nations, die inoffizielle Weltmeisterschaft im Einzelzeitfahren über 140 Kilometer, gewann er in bestechender Manier. Bei diesem wohl schwersten Rennen *contre la montre*, gegen die Uhr, lagen Welten zwischen ihm und Roger Creton, dem Zweiten: 6 Minuten und 41 Sekunden. Von Bobet und Géminiani war da noch lange nichts zu sehen. «Ein neuer Superstar ist geboren!» jubilierte die französische Sportpresse.

Wenige Wochen später wartete beim renommierten Gran Premio di Lugano erneut die komplette Weltelite (mit Ausnahme von Hugo Koblet, der schon beim Grand Prix des Nations aufgegeben hatte) auf den provozierend selbstbewußt wirkenden Novizen, um das Ergebnis von Paris standesgemäß zu korrigieren. Aber erneut düpierte Anquetil die Asse aus Belgien und Italien, Spanien und Holland. Der Auftaktsieg war keine Eintagsfliege, er war der Beginn einer Siegesserie in dieser schwersten Disziplin des Radsports, wie es sie bis dahin noch niemals gegeben hatte. Den Grand Prix gewann er sechsmal in Folge, von 1953 bis 1958 und dann wieder 1961, 1965 und 1966. Erfolg macht müde, Erwartungsdruck mürbe. Nach seinem sechsten Sieg schien Anquetil dem Rennen vor den Toren von Paris für immer fernbleiben zu wollen: «Man betrachtet es nicht nur als eine Selbstverständlichkeit, daß ich gewinne, sondern auch noch, daß ich jedesmal meinen Rekord vom Vorjahr unterbiete.» Sag' niemals nie ... 1961, als er erneut dem Grand Prix des Nations seine Aufwartung machte, verblüffte die Radsportwelt mit einer Galavorstellung: Er nahm dem Belgier Gilbert Desmet 9:07 Minuten ab. Auch bei den Zeitfahren in Genf und Lugano gewann er in Serie. Sechzigmal war er beim einsamen Kampf gegen die Uhr vorn; es gab – von Altig bis Poulidor, von Gimondi bis Koblet – keinen Zeitfahrspezialisten, den er nicht mehrfach schlug.

«Monsieur Chrono»: als Zeitfahrer eine Klasse für sich

46 Kilometer und 159 Meter

Daß Jacques Anquetil in den Annalen des Radsports als einer der Größten der Großen verzeichnet ist, verdankte er vor allem dieser außergewöhnlichen Begabung. Jahrelang unschlagbar im Zeitfahren, legte er hier auch die Basis für seine fünf Tour-Siege, genau wie Miguel Induráin dreißig Jahre später. Bevor sich der «Hänfling» bei der schwersten Rundfahrt der Welt beweisen durfte, nahm ihn sein Mannschaftsleiter Pélissier noch einige Zeit an die Kette; noch sei Anquetil ein Rohdiamant, nicht mehr. Über die Jahre wurde Anquetil robuster, härter, taktisch versierter, ohne die wunderbare Leichtigkeit seines raumgreifenden Tritts zu verlieren. 1957 war es endlich soweit: Pélissier ließ Anquetil auf die Meute der Konkurrenz los.

Das Zeichen für den Großangriff auf die überkommene Hierarchie im Radsport hatte Anquetil 1956 auf der Vigorelli-Bahn in Mailand gegeben, wo er den für unantastbar gehaltenen Stundenweltrekord Coppis aus dem Jahr 1942 auslöschte. Als die Uhr nach 60 Minuten stehenblieb, hatte Anquetil 46 Kilometer und 159 Meter zurückgelegt, 311 Meter mehr als der große Fausto. An diesem Tag wurde ein regelrechter Run auf den «Rekord der Rekorde» ausgelöst. In den nächsten zwei Jahren verbesserten erst der Italiener Ercole Baldini und dann zweimal Roger Rivière aus St. Etienne die Bestmarke – jener Rivale Anquetils, ohne dessen fürchterlichen Unfall bei der Tour de France 1960 die Radsportchronik der sechziger Jahre wohl ein anderes Gesicht bekommen hätte. «Er wäre sicherlich der große Star des französischen Radsports geworden, und er hätte vielleicht Jacques Anquetil im Wege gestanden.» [1]

Fast auf den Tag neun Jahre nach Rivières Rekordfahrt griff Anquetil auf dem Hochgeschwindigkeitsoval in Mailand ein letztes Mal nach der Krone. Nach exakt 47,494 Kilometern ertönte die Glocke, die den Weltrekordversuch beendete – 146 Meter mehr! Aber dem Rekord wurde die Anerkennung versagt, weil sich «Maître Jacques» brüsk dem Ansinnen des italienischen Arztes Dr. Giuliao Marena verweigerte, sich sofort einer Dopingkontrolle zu unterziehen. Er sei nicht gewohnt, vor Hunderten von

Zuschauern zu pinkeln, lautete seine Begründung. Sein Manager Raphael Geminiani schäumte vor Zorn: «Anquetil ist doch kein Hund!» Pinkelposse oder Dopingvertuschung? Das Gros der Radsportkommentatoren war davon überzeugt, daß der Franzose allen Grund hatte, dem pflichteifrigen Dottore das Urinpröbchen zu verweigern. «Nirgends scheint die Versuchung zum Griff nach der Droge zwingender als im Radsport. Und nirgends sind die Kontrollen schärfer als hier. Doch ihre Ziele – Schutz der Gesundheit und des Wettbewerbs – sind einstweilen unerreichbar, solange Sportler es mit Jacques Anquetil halten, der den Maßnahmen von Ärzten und Veranstaltern trotzig die Forderung nach dem Profirecht auf Doping entgegenhält. Gegen die Offensive der Mediziner steht eine Front der Unvernunft. (...) Nach Tom Simpson nun Roger Dewild – Rekorde und Siegesprämien nehmen offenbar den Charakter von Gefahrenzulagen an. Fahrer ignorieren das Risiko für Leben und Gesundheit. Sie wollen sich nicht schützen lassen.»[2] Am selben Tag, an dem Anquetil den Stundenweltrekord Rivières angriff, war der Belgier Dewild an einer Doping-Überdosis gestorben.

Wie viele seiner Generation machte Anquetil kein Hehl daraus, sich hin und wieder aus der biochemischen Giftküche bedient zu haben. In einer die körperlichen Reserven so gnadenlos auslaugenden Sportart sei man rettungslos verloren. Das *Warum* von Doping, so Anquetil in einer mit dem französischen Verband öffentlich ausgetragenen Fehde, bedürfe keiner Erklärung; wichtig sei allein das *Wie* und *Wieviel*: «Man muß seinen Körper genau kennen und sich vor allem ärztlich beraten lassen.»

1957: Fünf-Sterne-Debüt bei der Tour

1955, mit seinem dritten Tour-de-France-Sieg in Folge, hatte Louison Bobet den Zenit seines Leistungsvermögens erreicht: alles andere als ein Kraftpaket, aber voller Zähigkeit und bewundernswertem Kämpfermut, holte er das Maximum aus seinem Potential heraus.

1957 sagte er die Tour ab, weil er sich der Unterstützung durch die französische Nationalmannschaft nicht sicher sein konnte. Weder André Darrigade noch der selbstbewußte Anquetil würden ihre Ambitionen wohl zu seinen Gunsten zurückstellen. Dieses Machtvakuum nutzte der Zweiundzwanzigjährige aus Rouen bei seiner ersten Tour auf unwiderstehliche Weise. Niemand hatte ihm zugetraut, noch in den Pyrenäen das Gelbe Trikot auf seinen schmalen Schultern zu tragen. Drei Minuten hinter Anquetil lauerte sein Mannschaftskamerad Forestier, von dem allgemein erwartet wurde, daß er auf der 18. Etappe von Saint Gaudens nach Pau den «Kleinen» zerlegen würde. Es kam anders, ganz anders – wie so oft, wenn der Normanne mit dem Rücken zur Wand stand. Anquetil war zwar nicht in der Lage, die Bergspezialisten um Gastone Nencini am Tourmalet und am Aubisque zu halten, aber seine schärfsten Verfolger Forestier und Mahé ließ er um Minuten hinter sich. Auf der 20. Etappe von Bordeaux nach Libourne, einem Einzelzeitfahren über 66 Kilometer, degradierte er alle übrigen zu Statisten. Gegen die Uhr fuhr Anquetil wie ein Wesen von einem anderen Stern: unnahbar, unschlagbar, unfaßbar. In Paris hatte er den Zweiten, Marcel Janssens, um fast 15 Minuten distanziert: ein Begräbnis erster Klasse. Frankreich lag seinem neuen Heros zu Füßen.

1958 fühlte sich Louison Bobet wieder stark genug, den jungen Gipfelstürmern im eigenen Team die Stirn zu bieten und mit seinem vierten Sieg ein neues ruhmreiches Kapitel Tour-de-France-Geschichte zu schreiben. Hätten sich der alte Louison und der junge Jacques im französischen Team gemeinsam ins Zeug gelegt und die Entscheidung um den Gesamtsieg auf die letzten Etappen vertagt, wären sie ebenso unangreifbar gewesen wie der alte Hinault und der junge LeMond 1985/86. So aber verschleuderten sie ihre Kräfte im Kampf gegeneinander, und ein anderer erntete die Früchte – nicht kampflos, aber unerwartet leicht. «Bobet wird im Alpenvorfeld von Anquetil überrumpelt, aber der vehemente Anlauf reicht nicht aus. Anquetil hat seine Möglichkeiten in den Bergen überschätzt. Auf der letzten Alpenetappe wird er von einem fürchterlichen Schwächeanfall geschüttelt, und 48 Stunden vor der Ankunft in Paris verbietet ihm Tour-Arzt Dr. Dumas die Weiterfahrt, weil er hohes Fieber hat und Blut spuckt.»[3]

Der Luxemburger Charly Gaul, neben Federico Bahamontès *die* Kletterziege par excellence, präsentierte sich in der Form seines Lebens. Durch einen Sabotageakt an seinem Rad und einen üblen Sturz fiel er auf der 19. Etappe von Carpentras nach Gap weit zurück. Am viertletzten Tag, als die 237 Kilometer von Briançon nach Aix-les-Bains auf dem Programm standen, trennten ihn Welten vom *Maillot Jaune*: Geminiani hatte 16 Minuten Vorsprung, aus und vorbei ... Mit einem bewundernswerten Kraftakt, einem Parforceritt, wie ihn die Tour selten erlebt hatte, nahm er in dem Regeninferno dieses Tages Géminiani 14 Minuten, Bobet 19 und Bahamontès eine halbe Stunde ab: ein Desaster, eine Demütigung. «Charly Gaul massakriert die Franzosen und zerfetzt das Generalklassement», lautete am nächsten Tag die blutrünstige Headline eines Pariser Boulevardblattes. «Le champion qui fait toujours une faute», ein Champion, der immer einen Fehler macht – wie oft hatte sich Charly Gaul das anhören müssen, wenn er von großen Rennen nach Hause kam. Dieses Mal machte er alles richtig.

Auch **1959** profitierte ein Fahrer von der Uneinigkeit der Favoriten – Federico Bahamontès, der «Adler von Toledo». Das französische Team startete, quelle surprise, nicht mit einem, sondern drei Kapitänen, also mit keinem: Bobet, Anquetil, Rivière. Louison Bobet quittierte als erster seinen Dienst in diesem Affenzirkus; zu sehr spürte der Vierunddreißigjährige die Last der Jahre, um bei diesem Unfug mitzuspielen. Als Anquetil und Rivière nach dem Ausscheiden des dreifachen Tour-Siegers die Taktik der wechselseitigen Neutralisierung auch in den Pyrenäen nicht aufgaben, wütete Jacques Goddet in seinem Mitteilungsblatt *L'Equipe*: «Gibt es keine Pyrenäen mehr – oder gibt es keine Rennfahrer mehr, die den Mut zum Wagnis aufbringen?» Bahamontès konnte es recht sein. Er brachte einen komfortablen Vorsprung von gut vier Minuten auf Henry Anglade zurück nach Paris.

Als die beiden streitbaren Brüder, Anquetil und Rivière, als Dritter und Vierter eintrafen, wurden sie im Prinzenparkstadion von einem wütenden Pfeifkonzert empfangen. Ein weiteres Mal würden die französischen Fans ihren Heroen solchen taktischen Defätismus nicht durchgehen lassen. Roger Rivière sollte keine Chance mehr haben, die Sympathien des Publikums zurückzugewinnen. Ein Jahr später war er nach einem Sturz am Col du Perjuret querschnittsgelähmt. Auf ihn wartete ein (kurzes) Leben im Rollstuhl.

«Gibt es keine Pyrenäen mehr – oder gibt es keine Rennfahrer mehr?» (L'Equipe)

«Monsieur Chrono»

Bevor Anquetil 1961 der Tour de France seinen Stempel aufdrückte und seine Gegner mit einem Start-Ziel-Sieg zu Statisten degradierte, war er einem anderen Traum hinterhergejagt: Er wollte sich als vierter Ausländer seit 1909 in die Siegerliste des Giro d'Italia eintragen. Das war vor ihm nur den Schweizern Hugo Koblet (1950), Carlo Clerici (1954) und Charly Gaul (1956 und 1959) gelungen. Zwei Etappen, eine glühendheiße und eine eiskalte, entschieden das Rennen für Anquetil, das als eines der dramatischsten in die Giro-Chronik einging. In der flimmernden Hitze des 68-Kilometer-Zeitfahrens zwischen Seregno und Lecco, vorbei an den Marmorbrüchen von Carrara, überrollte Anquetil alle. Er trieb seine Konkurrenten, wie der römische Korrespondent der *Deutschen Zeitung* schrieb, «auseinander wie eine Schar gackernder Hühner». Charly Gaul war sechs Minuten vor ihm gestartet – Anquetil nahm ihm fast sieben Minuten ab. Vor der entscheidenden, der vorletzten Etappe über vier Dolomitenpässe fühlte er sich angespannt wie selten zuvor in einem Rennen. Die italienischen Firmenteams hatten ihre Rivalitäten eingefroren und die Parole ausgegeben «Alle für Nencini, alle gegen Anquetil». Und im Hintergrund lauerte der unbändige Kletterer Charly Gaul: je höher und steiler, desto lieber. «An jenem Morgen des 8. Juni aß Anquetil fast nichts. Er war unruhig und reizbar. Die Entscheidung stand bevor. Auf dem 2621 Meter hohen Gavia-Paß würde sie fallen, das wußten alle. Noch nie war dieser Paß von einer Giro-Kolonne befahren worden. Seine Steigungen hielt man bisher für zu gewaltig. Viele gingen denn auch auf den letzten Serpentinen zu Fuß und schoben ihr Rad. 50 Männer der Berghilfe standen mit Medikamenten und Reifen bei der mörderischen Abfahrt am Rand der Straße vor den schwindelnden Abgründen. Auf dem Gipfel des Gavia lag Anquetil sechs Minuten hinter Gaul und Massignan, 1:15 Minuten hinter Nencini. Der Franzose mußte also alles riskieren in einer Abfahrt, auf der er mit dem Leben spielte …»[4] Am Ziel in Bormio hatte Anquetil das Rosa Trikot tatsächlich behalten und gab es bis zum Schluß auch nicht wieder ab.

Beim Start zur 48. Tour de France **1961** war Anquetil «geladen». Die Kritik am defensiven, leidenschaftslosen Fahrstil des «Monsieur Chrono» und taktische Fehleinschätzungen, die ihn etwa den Sieg beim Giro 1961 gekostet hatten, steckten ihm in den Knochen. Anquetil, ehrgeizig und dickschädelig, war in seinem Stolz getroffen. Für den Schweizer Journalisten Josef Renggli lagen die Stärken und Schwächen Anquetils dicht beieinander: die Genialität eines radelnden Buchhalters. «Der ‹Meister unter den einsamen Zeitfahrern› war seiner Sache zu sicher geworden und hatte den Maßstab verloren. Er unterlag wegen jener Überdosis an Selbstbewußtsein, die den Normannen seit dem ersten Erfolg als Anfänger durch seine ganze Rennfahrer-Karriere begleitet hat. Mit Größenwahn oder Überheblichkeit hat dieses Anquetilsche Selbstvertrauen nichts zu tun. Jacques schätzt seine Kräfte kaum zu hoch ein – aber er kalkuliert mit dem Rechenschieber des Zeitfahrers – er stoppt die Leistung mit der Uhr.» [5]

Wenige Wochen, nachdem er sich beim Giro d'Italia «verrechnet» hatte und am Löwenmut des Italieners Pambianco gescheitert war, dominierte Anquetil die Tour de France in einer so erdrückenden Weise, daß sich lähmende Langeweile breitmachte. *La Grande Boucle* war entschieden, bevor sie richtig begonnen hatte. André Darrigade, *der* Sprintstar dieser Jahre (22 Etappensiege bei der Tour, Straßenweltmeister 1959 in Zandvoort), hatte die erste Halbetappe von Rouen nach Versailles für sich entschieden; am Nachmittag übernahm Anquetil auf der zweiten Halbetappe nach 28,5 furiosen Kilometern gegen die Uhr das Gelbe Trikot und gab es bis Paris nicht mehr her. Viermal hatte Darrigade bei Sprints die Nase vorn; in den Alpen gewann «Cheri-Pipi» alias Charly Gaul wie üblich eine der harten Bergetappen. Was sonst bleibt von dieser Tour noch im Gedächtnis – außer jener deprimierenden Überlegenheit des «Tourminators» Anquetil, der diesmal seine Gegner deklassieren wollte, anstatt sich wie üblich mit kräftesparenden Minimalabständen zu begnügen? «Blond, blauäugig, brutal», wie eine französische Zeitung resigniert titelte. Guido Carlesi und Charly Gaul erreichten das Ziel im respektvollen Abstand von mehr als zwölf Minuten; es hätten auch leicht zwanzig und mehr werden können.

Einer wie keiner

Dem kühlen Rechner Anquetil brachten die Franzosen Respekt entgegen, ihren «Poupou» aber, wie Raymond Poulidor liebevoll genannt wurde, liebten sie heiß und innig. Anquetil und Poulidor: Das war für die Franzosen Kopf gegen Herz, nüchternes Taktieren gegen verwegenen Kämpfermut, «coureur au millimêtre» gegen «feu sacré». Je länger und erfolgreicher Anquetil fuhr, desto unbarmherziger griffen ihn die französische Presse und andere Sachwalter des Mythos Tour de France an: Minimalist auf zwei Rädern, Buchhalter mit integriertem Rechenschieber … Der introvertierte Bonvivant aus Rouen mußte sich reich-

Seine Konkurrenten bedeuteten ihm wenig, seine Frau alles: Jacques Anquetil und seine Frau Janine (1966)

lich Kritik und Häme gefallen lassen, er, der lieber jede Minute freie Zeit mit seiner Frau Janine genoß, als Journalisten für Interviews zur Verfügung zu stehen. «Dieser eigenartige und eigensinnige Bursche läßt sich auch heute noch nicht von Kleinigkeiten wie Applaus, Kritik oder Begeisterungsstürmen beeindrucken. Jacques Anquetil überhört den Beifall, der auf ihn niederprasselt, liest die Zeitungen nur flüchtig, die mit den Berichten über seine Taten die Misere in Algerien aus den Spalten verdrängen, und verzichtet auf das Lächeln, das seine Photos attraktiver erscheinen ließe. In seiner Umgebung sind auch keine Berater, wie sie sonst jeden erfolgreichen Menschen zu Dutzenden umschwirren. Jacques hört nur auf Anquetil, und Anquetil gehorcht nur Jacques. Konzessionen? Kompromisse? Anquetil kennt diese beiden Wörter nicht. Er ist der Diktator und Grandseigneur unter den Pedaleuren, die seine Vorherrschaft anerkennen und die sich nicht daran stoßen, wenn Monsieur zusammen mit Madame mitten in einer Rundfahrt im besten Hotel der Stadt sein ‹Savoir vivre› entfaltet und bei Kerzenlicht Gänseleber ißt und Champagner trinkt. Aber es muß ein sehr guter Champagner sein.»[6] So klang das damals, 1961.

«Konzessionen? Kompromisse? Anquetil kennt diese Wörter nicht.»

Jean Bobet, der Bruder des großen Louison, kannte Jacques Anquetil gut. Er selbst stand einmal in der siegreichen französischen Mannschaft bei der Tour de France, ein braver Adjutant und Wasserträger seines talentierteren Bruders: «le professeur», wie der Lehrer und Journalist genannt wurde. In einem für die *Deutsche Zeitung* verfaßten Porträt Anquetils zeichnete er das Bild einer komplexen, widersprüchlichen Persönlichkeit: höflich, aber «brutal offen», zurückhaltend und doch exzentrisch, ein Einzelgänger, dem seine Kollegen wenig, seine bildhübsche Frau Janine aber alles bedeuteten. «Jacques Anquetil und Rik van Looy: die Repräsentanten der Neuen Welle des Radsports. Diese Neue Welle lehnt jegliche Romantik und alles Pittoreske ab. Sie beschränkt sich nur auf den Erfolg, auf die Wirksamkeit. Man hat weder Anquetil noch van Looy jemals den Arm hochreißen sehen, wenn sie die Ziellinie überfuhren. Wenn sie gewinnen, freuen sie sich. Aber man muß der Wahrheit die Ehre geben: Sie denken dabei mehr an ihr Bankkonto als an ihren Ruf. Andere Zeiten, andere Sitten. Der einzige Wert, der ihnen etwas zu bedeuten hat, ist der Marktwert. Das soll keine Kritik sein. Es ist eine Feststellung. Es ist schwierig, der Freund Anquetils zu sein. Jacques ist von Natur aus kühl, diskret; er hält gern Distanz. Aber wenn man das Glück hat, zu seinen näheren Bekannten zu gehören, ist man überrascht: Man entdeckt hinter dem unvergleichlichen Athleten einen anziehenden Menschen.»[7]

André Darrigade, Anquetils Freund und Mannschaftskamerad, wußte, daß die Unterschiede zwischen den beiden größten Fahrern seiner Zeit nicht nur in der unterschiedlichen Haltung zu Champagner, Austern und Bridge lagen: «Es gibt viele Parallelen zwischen Fausto

Coppi und Anquetil, aber in einem unterscheiden sie sich grundsätzlich: Coppi liebte den Radsport; Anquetil betrachtet ihn nur als ein Mittel zum Erfolg.»[8]

1964: Maître Jacques vs. Poupou

1964 sprach vieles für eine Wachablösung bei der Frankreich-Rundfahrt. Anquetil brachte bei weitem nicht die Form von 1961 mit – und ein Coup wie 1963 würde ihm auch nicht jeden Tag gelingen, als er auf der mit vier schweren Pässen bestückten zweiten Alpenetappe (Kleiner und Großer St. Bernhard, Forclaz, Montets) Bahamontès, dem besten Kletterer im Feld, das *Maillot Jaune* abjagte. Poulidor dagegen hatte schon im Mai bei der Vuelta de España einen souveränen Eindruck hinterlassen. Für Rudi Altig begann die Tour verheißungsvoll. Die 4. Etappe von Forest nach Metz entschied er im Spurt, nur noch 21 Sekunden trennten ihn von dem Mann in Gelb, dem Belgier van de Kerkhove. Am nächsten Tag hieß das Etappenziel Freiburg i. Br. Schon nach 38 Kilometern gelang es Altig, die Spitzengruppe mit einem unwiderstehlichen Ausreißversuch zu sprengen, und in Freiburg konnte er als Etappenzweiter das Gelbe Trikot überstreifen, begeistert gefeiert von Zehntausenden deutscher Radsportfans. Trotz vier Minuten Vorsprung stellte der Kölner für seinen Mannschaftskameraden Anquetil keine Gefahr dar. Sein einziger wirklicher Gegner hieß Poulidor, und dessen starke Form irritierte Anquetil zunehmend. Auf der 8. Etappe von Thonon-les-Bains nach Briançon mußte Poulidor nur Bahamontès vorbeiziehen lassen. Ein Kopf-an-Kopf-Rennen zwischen den großen französischen Kontrahenten begann, ein hin und her wogender Kampf – ein wahrer Thriller, den der Meistertaktiker aus Rouen schließlich mit einem in höchster Not herbeigezauberten Coup am Puy de Dôme im Massive Central zu seinen Gunsten entschied.

Raymond Poulidor, der «ewige Zweite» – ein Kämpfer mit Löwenherz

Am Ruhetag in Andorra hatte es sich Anquetil mit seiner Entourage gutgehen lassen, vielleicht etwas zu gut: Champagner und opulente Mahlzeiten, Spiele und zu wenig Schlaf. Am nächsten Tag mußte der 2407 Meter hohe Port d'Envalira erneut überquert werden. Im Stil eines Frontberichters weiß Tour-Kolumnist Hans Blickensdörfer vom kalten Schweiß auf der Stirn und fiebrig glänzenden Augen Anquetils zu berichten, als sei er huckepack mitgefahren.[9] Die offensichtliche Schwäche seines Gegners ausnutzend, hängte sich Poulidor ans Hinterrad der beiden Kletterasse Bahamontès und Julio Jimenez, der die Andorra-Etappe mit neun Minuten Vorsprung gewonnen hatte. Ohne die tatkräftige, anschiebende Hilfe von Louis Rostollan und anderen Getreuen hätte sich die Tour schon am Port d'Envalira gegen Anquetil entscheiden können. Aber wieder einmal war «Maître Jacques» das Glück gewogen. Mit halsbrecherischer Kühnheit stürzte er sich im dichten Nebel in die Abfahrt, saugte sich förmlich an den roten Rücklichtern eines zu Tal rasenden Begleitfahrzeugs fest und holte so mehrere Minuten auf. Es gelang ihm, sich in eine Verfolgergruppe einzuklinken, in der das Pelfort-Team für Georges Groussard, seinen Mann an der Spitze, Tempo machte. Nach 50 Kilometern perfekt organisierter Aufholjagd war die Ausreißergruppe mit den beiden Spaniern, Hennes Junkermann und Raymond Poulidor gestellt. Und Poulidor, dem wohl der Schreck über den Wiederauferstandenen in die Glieder gefahren war, stürzte kurz darauf und verlor bis Toulouse zweieinhalb Minuten auf Anquetil. Wie so oft hatte «Poupou» zunächst kein Glück, und dann kam auch noch Pech hinzu ...

Poulidors bittere Niederlage: Anquetils Bluff am Puy de Dôme

Und doch hätte er am Puy de Dôme auf den berüchtigten sechs letzten Kilometern (mit teilweise zwölfprozentiger Steigung) alles klarmachen können und müssen. 56 Sekunden nur lag Poulidor nach Anquetils Zeitfahrsieg von Bayonne zurück. Die Tour-entscheidende Szene ist oft beschrieben worden (siehe Kapitelauftaktfoto), jene Situation, in der Anquetil mit all seinem «unverschämten» Selbstbewußtsein den braven, arglosen Kontrahenten davon abhielt, sein Glück im Alleingang zu suchen und dem entkräfteten Konkurrenten einfach davonzufahren – auf den Fersen der beiden Spanier Jimenez und Bahamontès, die sich auf ihrem Nebenkriegsschauplatz um die Krone des besten Kletterers stritten, tagaus, tagein. Ob Bluff, Taschenspielertrick, an Hypnose grenzende Willensstärke, was auch immer: Poulidor blieb an Anquetils Seite, zaudernd, unsicher. Erst beim Passieren des «Teufelslappens», der den letzten Kilometer anzeigt, wachte Poulidor auf. Auf den wenigen hundert Metern, die ihm bis zum Gipfel des Puy de Dôme noch blieben, distanzierte der Mann aus Limoges den Mann aus Rouen noch um 42 Sekunden. Diesmal waren es 14 lächerliche Sekunden, die «Poupou» zum Gel-ben Trikot fehlten. Es ist ein Treppenwitz der Tour-de-France-Geschichte, daß zahllose, eher unbedeutende Pedaleure schon einmal ins Gelbe Trikot geschlüpft sind, aber ein Fahrer der Extraklasse wie Poulidor bei 14 Starts achtmal aufs Treppchen kam (3 x Zweiter, 5 x Dritter), und doch keinen einzigen Tag das begehrteste Trikot der Radsportwelt überziehen durfte. Ganze 21 Sekunden (mit Zeitgutschrift für Anquetil 55) trennten Poulidor nach einem dramatischen Finale beim Einzelzeitfahren von Versailles nach Paris vom größten Triumph seiner Karriere. Auf sechs Sekunden war der Vorsprung bei Halbzeit zusammengeschmolzen; erst auf den letzten Kilometern machte «Monsieur Chrono», der sich im Rhythmus einer Präzisionsmaschine die Distanz perfekt einteilte, dann alles klar. Die Herzen der Zuschauer auf der Radrennbahn im Parc des Princes flogen dem unglücklich Unterlegenen zu, während Anquetil trotz seiner Glanzleistung einmal mehr Pfiffe zu ertragen hatte. Bitter für den Mann, der immerhin als erster Fahrer zum fünften Mal die Tour gewonnen hatte. Aber was hat Sport schon mit Gerechtigkeit zu tun? «Über das Duell Anquetil-Poulidor könnte man eine Doktorarbeit schreiben, die in dem Beweis gipfeln müßte, daß der Selbstbewußte den Zweifler allemal schlägt, sogar an Tagen, an denen er ihm physisch klar unterlegen ist. Es hat nicht wenige dieser Tage gegeben, aber nicht ein einziges Mal hat sie Poulidor zu nützen verstanden. Beide waren Bauernsöhne, aber Anquetil verstand es, mit kaltem Blick den Erbhofbauern herauszuhängen und Poulidor zum Knecht zu degradieren, wenn sie sich trafen. Anquetil hatte ein Ego, das nichts zertrümmern konnte.» [10]

«Anquetil hatte ein Ego, das nichts zertrümmern konnte.» (Hans Blickensdörfer)

Die Einsamkeit des Einzelgängers

Am 18. November 1987 verlor Jacques Anquetil seinen letzten Kampf, den Kampf gegen seine unheilbare Krebserkrankung. Im Februar 1987 mußte ihm der Magen entfernt werden. Als Fernsehkommentator war er, schon schwer gezeichnet, bei der Tour de France und der Weltmeisterschaft in Villach noch einmal dabei. Aber im Oktober entdeckten seine Ärzte Metastasen an der Wirbelsäule. Er kehrte auf sein Landschloß in der Nähe von Rouen zurück, wo ihm mit Janine nur noch wenige Tage blieben.

Vergleicht man seine Karriere mit der von Eddy Merckx oder Bernard Hinault, ist *ein* Unterschied evident. Anquetil war ein Stilist, dessen Synthese von Eleganz und Effizienz später wohl nur von Miguel Induráin erreicht wurde; ein begnadeter Zeitfahrer und ein Trumpf-As bei den großen Rundfahrten und Etappenrennen. Aber er gewann nur drei der großen Eintagesklassiker: 1965 Gent–Wevelgem, 1965 überraschend das Mammutrennen Bordeaux–Paris vor Jean Stablinski und Tom Simpson, 1966 Lüttich–Bastogne–Lüttich. Und obwohl er zwölfmal an Straßenweltmeisterschaften teilnahm, war es ihm nie vergönnt, sich mit dem regenfarbenen Trikot des Weltmeisters zu schmücken. Der «Kannibale» Merckx dagegen räumte alles (und vieles mehrfach) ab, was es zu gewinnen gab. Auch Hinault zeigte sich in seinem Siegeshunger nicht als Kind von Traurigkeit. Anquetil dagegen «hat sich so sehr auf die Einsamkeit des Zeitfahrens spezialisiert, daß er darob die Schulung seines taktischen Sinns und des Spurtvermögens vergaß, daß er ein Einzelgänger wurde, dem es in den großen Feldern nie so richtig wohl ist» [11].

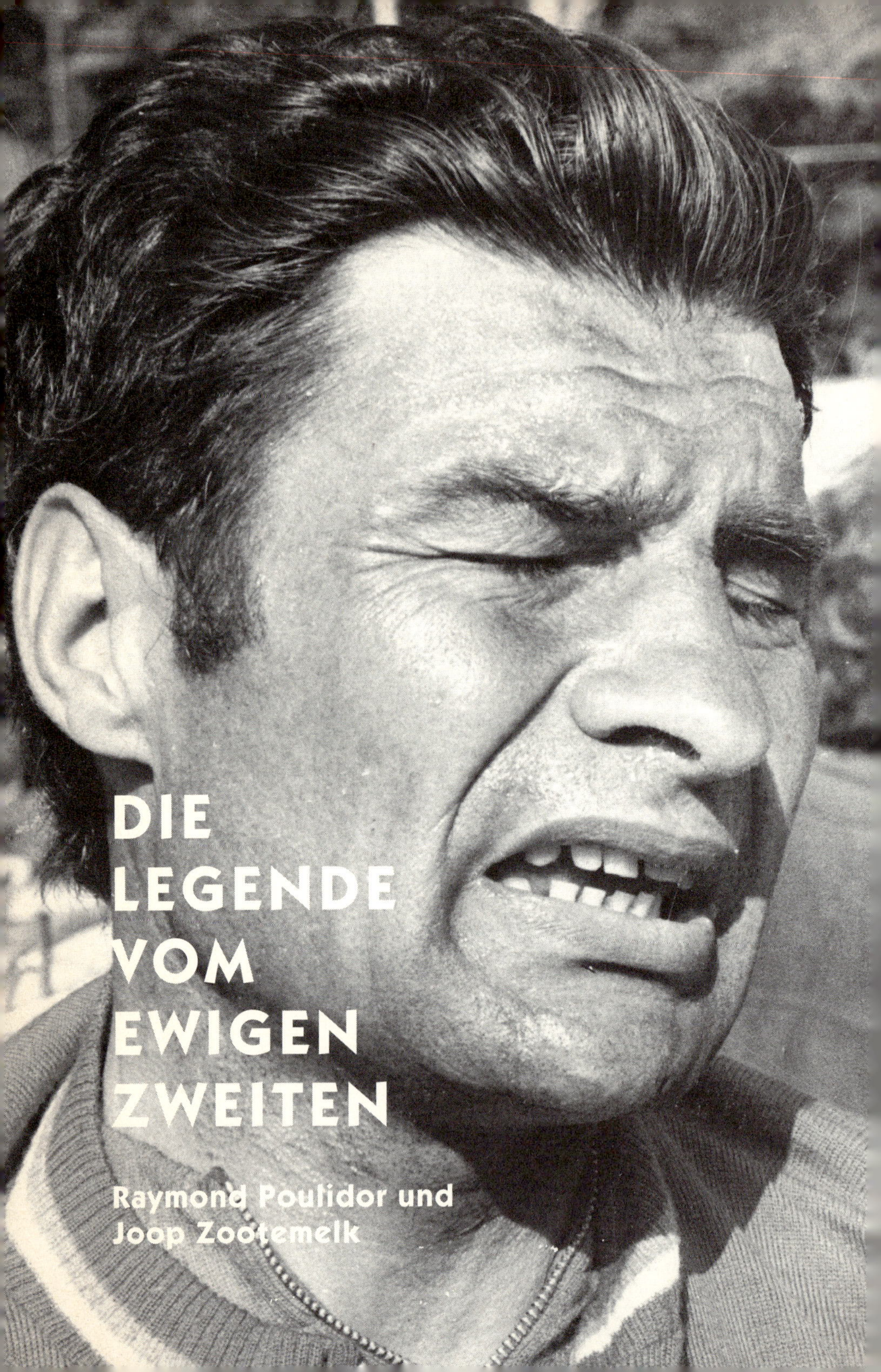
DIE
LEGENDE
VOM
EWIGEN
ZWEITEN
Raymond Poulidor und
Joop Zootemelk

Ob Jean-Claude Killy oder die Duchesnays, Yannick Noah, Louison Bobet, Michel Platini oder Alain Prost: an Sportheroen hatte Frankreich in den letzten Jahrzehnten keinen Mangel. Ihre grazilen Eistänzer und Fußballästheten, Tenniszauberer und Formel-1-Matadoren wurden verehrt und bewundert. Geliebt aber haben sie nur einen: Raymond Poulidor.

Am 15. Juli 1973 unterbrach der französische Rundfunk sein Programm. «Wir bringen eine Sondermeldung von der Tour de France ...» Nein, den Tod hatte Gott sei Dank niemand gefunden. Aber wieder einmal hatte sich das Schicksal an ihrem «Poupou» vergangen, wie ganz Frankreich Poulidor nannte, jenen Rennfahrer mit der kräftigen Statur, dem pausbäckigen Gesicht und den gutmütigen Teddy-Augen. Mit stockender Stimme berichtete Chefreporter Robert Chapette vom schweren Unfall Poulidors bei der Abfahrt vom Col de Portet d'Aspet, wo er einen Abhang heruntergestürzt war. Ein Hubschrauber brachte ihn ins Krankenhaus von Saint Gaudens. Poulidor hatte Glück im Unglück: tiefe Fleischwunden, aber weder Knochenbrüche noch Gehirnerschütterung. In den Nachrichten drängte die Meldung vom Ausscheiden des Nationalidols die Weltpolitik ins zweite Glied. Französische Atomtests im Pazifik? Nixon erkrankt? Kambodscha-Krise? Währungsturbulenzen? Wie interessant – aber was hat Luis Ocaña, der Mann in Gelb, im Telefongespräch mit dem prominentesten Kranken, den das Hospital von Saint Gaudens jemals beherbergte, en detail gesagt?

Im selben Jahr wählten ihn bei einer Umfrage 48 Prozent der Franzosen zum beliebtesten Bürger ihres Landes. Und nach der Tour 1974, wo er sich nur von Eddy Merckx geschlagen geben mußte, fühlte sich Staatspräsident Valery Giscard d'Estaing aufgefordert, Poulidor öffentlich zu trösten, der auch im Alter von 38 Jahren noch wie ein junger Gott radelte: «Ich spreche Ihnen das Lob und die Bewunderung des französischen Volkes für Ihren Mut und Ihre Zähigkeit aus. Wenn der Sieger der Tour de France *gewählt* werden könnte, würde die Wahl bestimmt auf Sie fallen.» Poulidor verdankt seine bis heute ungebrochene Popularität der Tatsache, daß er die entscheidenden Rennen verlor. Seine größten Triumphe feierte er in seinen Niederlagen. «Sie lieben ihn, weil alles gegen ihn war. Die Rennfahrer, die Ebene, die Berge, das Material. Hatte er die Konkurrenz abgehängt, platzte ihm ein Reifen. Hatte er das Feld nach einer grandiosen Jagd wieder in Sichtweite, prasselte ein Steinschlag von der Felswand oder lief ihm ein streunender Hund ins Rad. Raymond Poulidor, dessen Reifen mit Sicherheit den einzigen Reißnagel fanden, der sich auf einer Etappe von 200 Kilometern Länge verirrt hatte, suchte sein Unglück. Deshalb war er das unverdient geschlagene Frankreich – und ein Sieger dennoch.»[1]

Poulidor, «le malheureux»?

So schön die Legende vom ewigen Zweiten auch klingt, der tapfer und frohgemut dem schweren Schicksal die Stirn bietet, so sehr die Episoden um den gutmütigen Bauernsohn, dem die Glücksgötter ein ums andere Mal ihre Gunst versagten, das Herz wärmen – eigentlich ist die Geschichte vom unglücklichen, ewigen Zweiten die Geschichte eines Mißverständnisses. «Ich bin kein unglücklicher Rennfahrer. Sehen Sie sich meine Siegesliste an», pflegte er mit freundlichem Lächeln und unendlicher Geduld zu sagen. «Die Bezeichnungen stammen nicht von mir, ich habe mich nie bedauernswert gefühlt.» Was Poulidor in achtzehn langen Profijahren an Siegen und Plazierungen zusammengefahren hat, weist ihn als einen der Größten seines Metiers aus. Er hat viele große Siege errungen, von der Französischen Straßenmeisterschaft und Mailand–San Remo 1961 über den Wallonischen Pfeil und den Grand Prix des Nations 1963, die Spanien-Rundfahrt und den Gewinn des Weltpokals 1964 (die Super-Prestige-Pernod-Wertung), den Dauphiné Libéré (1966 und 1969) und den Midi Libre (1973) bis zum zweimaligen Triumph über Eddy Merckx bei Paris–Nizza 1972 und 1973. Insgesamt 191mal stand er ganz oben auf dem Treppchen. Und doch wurzelt seine «Poupoularität» in den Niederlagen und der stoischen Art, wie er sie hinnahm: leidend, die Strapazen ins Gesicht gemeißelt, aber still und gefaßt, ein Lazarus des modernen Sports.

Der Mythos vom ewigen Zweiten verdankt sich schlicht und ergreifend einer einzigen Tatsache. Obwohl er vierzehnmal die Tour de France fuhr und achtmal in Paris auf dem Treppchen stand, dreimal als Zweiter und fünfmal als Dritter, gelang es ihm nicht ein Mal, ins Gelbe Trikot des Spitzenreiters zu schlüpfen, geschweige denn, die Tour einmal zu gewinnen. Wie oft schrammte er um einige lächerliche Sekunden an Gelb vorbei! «Bevor Eddy Merckx kam, stand ihm Jacques Anquetil vor der Sonne und dem gelben Trikot. Oder irgendein anderer oder irgend etwas anderes. Vielleicht stürzte Poulidor. Oder er hatte eine Krise. Oder er beging einen Denkfehler. Oder der Ruhetag, den er nicht liebte, kam zur falschen Zeit. Ein Reifen ließ Luft, oder eine Gabel brach entzwei. Er machte einen taktischen Schnitzer oder hatte sonst irgendwie Unglück.»[2]

«Poupou & Gelb» – das ist eine melancholische Metapher für die Vergeblichkeit, das Schicksal zwingen zu wollen. 1977 lief in den Pariser Kinos ein Werbespot, in dem der allseits bekannte Monsieur Poulidor zu sehen ist, wie er sich im roten Trainingsanzug vergnügt durch den dichten Autoverkehr schlängelt. Er betritt das Kaufhaus *Samaritaine*, wenig später kehrt er mit einer Plastiktüte zurück und radelt Richtung Bois de Boulogne. In einem unbeobachteten Moment zieht er etwas Gelbes aus der Tüte – und fährt pfeifend im gelben Trikot von dannen. Eine sonore Stimme aus dem Off kommentiert: «Es gibt nichts, was man bei *Samaritaine* nicht kaufen könnte.»

Gelbes Trikot? «Es gibt nichts, was man nicht kaufen könnte ...»

Lucky loser

Die auffällige Häufung von zweiten und dritten Plätzen in der Karriere Poulidors hat nicht nur die Radsportfans bewegt. Sie hat selbstredend auch Psychologen auf den Plan gerufen, die folgendes Erklärungsmuster favorisierten: «Wenn jemand so oft den augenscheinlich erreichbaren Sieg verpaßt wie Raymond Poulidor, dann *will* er im Unterbewußtsein gar nicht gewinnen, aus Gründen, die ihm selbstverständlich nicht bekannt sind.»[3] Uns auch nicht. Andere stocherten in der sozialen Herkunft des Probanden herum: «Nie war Poulidor der Beste, dazu fehlten ihm Intelligenz und Talent. Mit Ausdauer und Wille hat dieser Sohn eines Knechts und selber Knecht – erst mit dreiundzwanzig vertauschte er die Mistgabel mit dem Rennsattel – über seine Mittelmäßigkeit, zu der sich sein chronisches Pech gesellte, triumphiert. Schon als zehnjähriger Bengel wollte er unbedingt reich werden, ‹um viel Kuchen essen zu können› ...»[4] Selbstverständlich sah das Objekt solch messerscharfer Spekulationen die Sache etwas anders, Unterbewußtsein hin, Mistgabel her. In der Geschichte der Tour de France wimmelt es von talentierten Bauernsöhnen (Anquetil, Kuiper, Thévenet u.v.a.), die als Kinder vielleicht auch gerne mehr Kuchen genascht hätten und die mit dem Rennrad den Hof ihrer Eltern verließen, um in ein anderes Leben aufzubrechen. Aber was erklärt das schon? Die Wahrheit ist meist eine schlichte: «Der Ehrgeiz und ich, wir sind nie besonders gute Freunde gewesen.»

Der stille, gutmütige Mann aus Limoges war kein Siegertyp wie Anquetil, Hinault oder LeMond. «Man nennt mich zwar den Pechvogel, aber das ist falsch. Es stimmt, ich habe viele Rennen verloren, aber nie meine Gesundheit. Das ist Glück. Unglück ist, wenn man sich eines Tages im Rollstuhl fortbewegen muß.» Glück ist, wenn man Poulidor heißt und bis ins Alter von 40 Jahren als Radprofi aktiv sein kann. Pech ist, wenn man Rivière heißt und nach einem Rennunfall querschnittsgelähmt weiterlebt. Wenn Poulidor überhaupt «Pech» hatte, dann dieses: in seiner Karriere auf zwei übermächtige Gegner wie Anquetil und Merckx zu treffen. «Anquetil und Merckx besaßen und besitzen mehr Klasse als ich. Sie sind die Besten der letzten Jahre. Ich dagegen bin bloß ein guter Rennfahrer. Ich würde sagen, daß die beiden einen Kilometer pro Stunde mehr in den Beinen haben als ich.» So

Und fährt und fährt und fährt ... Joop Zootemelk: 16mal in Frankreich unterwegs, der Tour-Veteran schlechthin

einfach ist das mit der Mistgabel und dem Kuchen.

«Poupou» – ein kleines Stück Frankreich

Als Vierzehnjähriger verließ Poulidor die Schule, weil zu Hause jede Hand gebraucht wurde. Als Boxer nicht untalentiert, konzentrierte er sich dennoch bald aufs Fahrrad. Seine Militärzeit verbrachte er in Frankreich, Deutschland und Algerien; sein Rennrad war immer dabei. Bernard Gauthier, der viermalige Sieger des Langstreckenrennens Bordeaux–Paris, machte Antonin Magne auf das Talent aufmerksam, dessen schneidiger Auftritt beim Amateurklassiker Bol d'Or des Monédières auch Spähern anderer Teams nicht verborgen blieb. Magne griff zu – und Poulidor unterschrieb seinen ersten Profivertrag beim Rennstall der Fahrradfabrik Mercier. Es sollte eine Verbindung fürs Leben werden. Trotz verlockender Angebote anderer Teams hielt er Mercier bis ans Ende seiner aktiven Laufbahn die Treue. Daran änderte sich auch nichts, als sein Mentor Magne 1969 das Zepter als Sportlicher Leiter an Louis Caput weiterreichte. Noch heute ist Poulidor als Technischer Berater und Repräsentant Cycle France-Loire verbunden, jener Firma, die vor Jahren Mercier übernommen hat.

«Kaum ein Fahrer in der Radsport-Geschichte hat so viel Kapital aus seinen zahlreichen Niederlagen gezogen wie Poulidor»[5], relativiert Walter Rottiers das Loser-Image des Franzosen. Nur von seinen Niederlagen hätte der Franzose seine Familie nicht ernähren, geschweige denn zum Millionär aufsteigen können. Ewiger Zweiter? Lucky loser! «Ein Rennfahrer kann in seinem Beruf höchstens zwanzig Jahre lang Geld verdienen. Für die Zeit nach seinem 40. Geburtstag muß er dann vorsorgen. Und was heißt genug? Genug Geld hat man, wenn man beim Kaufmann an der Ecke nicht mehr anschreiben lassen muß.» Die Zeit des Anschreibens ist für die Poulidors längst vorbei; Abschreibungsfragen dürften ihn heute eher beschäftigen.

Wer Poulidor heute am Rande der Tour sieht, im Gespräch mit Fahrern, Zuschauern oder Journalisten, erlebt ihn kaum verändert: freundlich, zurückhaltend, kein Mann der großen Worte und Gesten. Ein Mann wie Didi Thurau konnte ins Straucheln kommen, ein Rik van Steenbergen abstürzen. Ein Raymond Poulidor war in seiner Einfachheit und inneren Festigkeit gegen alle Verlockungen des schnellen Geldes gefeit. «Raymond war in seinem ganzen Leben vernünftig und vermied jeden Exzeß», beschrieb Mercier-Chef Louis Caput seinen ‹Dauerbrenner›. Gesunde Ernährung, strikte Einhaltung von Regenerationsphasen, Langlauf, kein exzessiver körperlicher Verschleiß wie bei Eddy Merckx.

Raymond Poulidor bediente auf arglose, unkomplizierte Weise das «Einer-von-uns-Gefühl» seiner Landsleute. Noch heute sieht man an Frankreichs Straßen während der Tour häufig Transparente («Allez, Poupou!»), die den Zauber der guten alten Zeit beschwören, als Poulidor noch als nationale Institution im Rennsattel unterwegs war, die perfekte Projektionsfläche für die Ideale der kleinen Leute: «Ich gehe meinem Beruf nach wie ein Arbeiter in der Fabrik. Ich habe nicht das Recht, diese zu verlassen – wissend, daß ich für das, was ich tue, bezahlt werde.»

Wehmütigen Erinnerungen an seine beiden «verschenkten» Tour-Siege hing er nie nach; das taten dafür Millionen von «Poupou»-Fans. 1964 hatte Jacques Anquetil ihn in einer wahren Psychoschlacht am Puy de Dôme im Zentralmassiv durch einen exzellenten Bluff an der «finalen Attacke» gehindert, als er schon «auf dem Zahnfleisch» fuhr und nichts mehr zuzusetzen hatte. Poulidor hielt still. Zwei Jahre später wurde er erneut ausgetrickst, als Anquetil ihn mit einer Vielzahl von Manövern so lange beschäftigte, bis dessen Mannschaftskamerad Lucien Aimar die Spitze nahm und für Freund und Feind überraschend die Tour 1966 gewann. Und wieder hatte Poulidor stillgehalten. «Hätte ich da die Taktik rechtzeitig erkannt, diese Tour wäre mir sicher gewesen.» *Hätte* und *wäre* sind arme Brüder!

Fast hätte sich die hübsche Geschichte vom «ewigen Zweiten» in Poulidors Familie wiederholt. 1989 heiratete seine Tochter Corinne den holländischen Cross-Spezialisten Adrie van der Poel. Fünfmal nacheinander belegte er bei Cross-Weltmeisterschaften Platz zwei. Den Spitznamen hatte er da längst weg: wahlweise «Van der Poelidor» oder «Van der Poulidor». Ein Jahr später hatte der Spuk ein Ende. Als Cross-Weltmeister 1996 fuhr Adrie van der Poel endlich aus dem Schatten seines Schwiegervaters heraus. Wie gut, daß Poulidor (und uns) ein solch später Triumph erspart geblieben ist. «Ach wissen Sie, man kann mit dem Titel ‹ewiger Zweiter› ganz gut leben. Neulich erfuhr ich, daß ein Junge aus der Nachbarschaft schon zum drittenmal in Folge beim Examen nur Zweitbester war. Der Schulmeister meinte anschließend, er sei ein Schüler wie Poulidor. Ist das nicht nett?»

Joop Zootemelk: Sieg im zehnten Anlauf

Ewig währt am längsten? Man kann nicht die Geschichte des berühmtesten «ewigen Zweiten» Revue passieren lassen, ohne an seinen weniger prominenten, aber ebenso bedeutenden Zeitgenossen Joop Zootemelk zu erinnern.

Charakterlich ähnelten sich «Poupou» und «Joopje» auffallend: still, zuverlässig, zäh, ohne Allüren. Als braver Sohn braver Eltern schloß er zunächst seine Schreinerlehre ab und half auf dem elterlichen Hof nach Kräften. 1968 kam Zootemelks Durchbruch mit dem Mannschaftszeitfahren bei den Olympischen Spielen in Mexico City.

Im Flandria-Team des «eisernen Flamen» Briek Schotte, des Weltmeisters und Tour-de-France-Zweiten von 1948, wurde er sofort ins kalte Wasser geworfen. Nach dem überraschenden zweiten Platz am 1. Mai 1960 beim Weltpokalrennen Rund um den Henninger Turm hinter Rudi Altig nominierte Schotte den Profi-Neuling für die Tour de France. Der zweite Platz hinter Eddy Merckx galt vielen Experten als Sensation, nicht aber Zootemelk selbst: «Mir war von Anfang klar, daß ich Merckx nicht würde schlagen können. So brauchte ich nur auf die nächsten Gegner zu achten.» Zwischen 1970 und 1986 absolvierte er 16mal die Tour; nur 1974 konnte er verletzungsbedingt nicht teilnehmen. Eine Bilanz für die Ewigkeit: 16 x gestartet, 16 x das Ziel in Paris erreicht, 11 x unter den besten Zehn, 5 x Zweiter – und 1 x Erster! Als Joop Zootemelk 1980 im Ti-Raleigh-Team von Peter Post endlich im zehnten Anlauf gewann, hieß es, ohne Bernard Hinaults Aufgabe wegen einer Knieverletzung wäre auch dieses Mal nur die zweite Stufe auf dem Podium für ihn frei gewesen. Kann sein, kann aber auch nicht sein. Aber schon 1974 galt er trotz Eddy Merckx als großer Favorit für die Tour. Kein Kraut schien gegen ihn gewachsen: Siege bei Paris–Nizza, in der Katalanischen Woche und der Tour de Romandie. Als letzten Formtest hatte sich Zootemelk den Midi Libre ausgesucht. Beim Finale der ersten Etappe im Städtchen Valras-Plage war der Aufmerksamkeit der Polizei ein im Zielbereich parkendes Auto entgangen, das einen Massensturz auslöste. Ein halbes Dutzend Fahrer fand sich im Krankenhaus von Béziers mit Knochenbrüchen und Gehirntraumata wieder. Die ärztliche Diagnose bei Zootemelk lautete: Kieferbruch. Nach der Narkose der nächste Schock: Geruchslähmung. Im nächsten Jahr aber war der Holländer wieder dabei, noch elfmal in Folge.

16 x gestartet,
5 x Zweiter,
1 x Erster!

1985, im methusalemischen Radsportalter von 38 Jahren, gelang Zootemelk sein zweiter herausragender Erfolg. In Giavera del Montello trickste er nach 265 heißen Kilometern Greg LeMond und die italienischen Favoriten aus und durfte sich mit dem Regenbogentrikot des Straßenweltmeisters schmücken. Spätestens jetzt liebten die Holländer ihren Frankreich-Legionär heiß und innig: mit einer Französin verheiratet, wohnhaft in Meaux im Départment Seine-et-Marne, war er meist bei französischen Profirennställen unter Vertrag.

Und fuhr und fuhr und fuhr – bis zum Dezember 1987, als sich der Einundvierzigjährige beim Sechstagerennen von Maastricht endgültig von seinem Publikum verabschiedete. Joopje, ab ins Guinness-Buch der Rekorde!

DAS GROSSE FRESSEN

Warum und wie Radprofis 10 000 und mehr Kalorien vertilgen

Für eine Kulturgeschichte der domestizierten Körper können Radrennfahrer beeindruckendes Studienmaterial beisteuern: Verausgabung der physischen Reserven bis zum Äußersten, Exzesse von Kraft, Konzentration und Willen. «Kein Fußballprofi», behauptet Dr. Lothar Heinrich vom Team Telekom, «kann sich vorstellen, welche Schinderei ein Radfahrer in diesen drei Wochen auf sich nimmt.» Auf die richtige Menge und Mischung von Proteinen, Fetten, Kohlenhydraten, Mineralien und Spurenelementen kommt es an.

Essen hat für die Extremisten auf zwei Rädern mit Lust und Genuß reichlich wenig zu tun. Diniert wird anderswo. So verschroben das klingt: Gegessen wird mit dem Kopf. Radsportler essen immer dann, wenn ihr Kopf es ihnen befiehlt: Iß, wenn du am nächsten Paß nicht an einem Hungerast krepieren willst; iß, wenn du morgen eine Chance haben willst, vorne mitzurollen.

Ihr Arbeitsgerät hat 21 Gänge, ihr tägliches Essen mindestens ebenso viele. Bei einer schweren Bergetappe verbrennt ihr Körper 10 000 bis 14 000 Kalorien. Zum Vergleich: Eine Supermarktverkäuferin verbraucht ca. 2500, ein Schwerarbeiter ca. 5000 Kalorien. An einem Pyrenäentag, Marke Soulor / Tourmalet / Aspin, verbraucht *ein* Udo Bölts so viel wie eine *fünf*köpfige Familie, und doch kommen er und seinesgleichen nach den dreiwöchigen Strapazen oft mit einigen Kilogramm weniger auf den Rippen nach Paris zurück. Das Unterhautfettgewebe vieler Fahrer ist durch die Anstrengungen wie weggebrannt, die Haut dünn wie Pergament. Auch Bölts gehört zu den Pfälzern, die Probleme mit dem Gewicht haben; solange der Heltersberger diesen Job hat, wird sein Körper immer mager sein. Viele Radprofis sehen aus wie halbe Portionen, obwohl sie bei Tisch locker drei oder vier Portionen von allem ‹weghauen› können, was ihnen vor und nach ihrer Tagesfron an Eßbarem aufgetischt wird. «Ich nehme nach einem festen Zeitplan Nahrung zu mir, ob es mir Spaß macht oder nicht. Ich sage mir: Bis Kilometer soundso mußt du dies getrunken und jenes gegessen haben.» [1]

Sie *müssen* fressen wie die Scheunendrescher. Essen ist Teil der Arbeit, ein abstrakter Akt: leistungsphysiologisch unverzichtbar, aber bar jeder Sinnlichkeit. Am Berg sind die Körper der Fahrer reine Verbrennungsmaschinen. Wer zu wenig oder zu spät ißt und trinkt, den bestrafen der Hungerast und die Dehydrierung. Sind die körpereigenen Glukosedepots leer, läßt die Muskelkraft schlagartig nach, noch *bevor* sich ein Hungergefühl meldet. Am Berg «stehenbleiben», während die Konkurrenz an einem vorbeischießt, wie betrunken mit dem Rad über die Straße schwanken, weil plötzlich mit der Kraft auch die Koordination wegbricht – so gebärden sich Radrennfahrer auf Hungerästen.

Das große Fressen: Pasta, Müsli, Reiskuchen, Energy-Drinks – von allem viel

Essen wie Gott in Frankreich?

Es gibt Einfacheres, als 10 000 oder mehr Kalorien an einem einzigen Tag in sich hineinzustopfen, vor allem wenn es auf fettarme Ernährung ankommt. Natürlich könnten sich Pantani & Co. abends Gänsebraten und andere Fettbömbchen genehmigen, aber sie würden am nächsten Tag ein Bild des Jammers abgeben. Hier ist es, das große Fressen: ein grober Überblick.

Teil 1: Vor dem Rennen
Birchermüsli mit Obst und Sojamilch, Brötchen mit Honig und Marmelade, Cornflakes, Joghurt, Eier, Kaffee, Tee, Fruchtsäfte, Mineralwasser. Und danach: große Portionen Pasta. Godefroots Crew bezieht den Parmesan für die Spaghetti aus Jens Heppners Käsehandlung, und das kaltgepreßte italienische Olivenöl wird im Mannschaftswagen in ausreichenden Mengen mitgeführt. Bei Otto Normalverbraucher wäre nach einem solch opulenten Mahl ein Schnäpschen fällig. Dagegen klettern die Pedaleure, gestopft wie die Mastgänse, wenig später für ihre Berg-und-Tal-Fahrt aufs Rad.

Teil 2: Essen auf Rädern
Die Trikottaschen, bei der Abfahrt vollgestopft mit Biskuits, Energiebarren, Reis- und Obstküchlein, sind bald geleert; es muß nachgeladen werden. Die Versorgung mit fester Nahrung ist auf die offiziellen Verpflegungsstellen («Ravitaillements») beschränkt, während Wasser und Mineralgetränke unbegrenzt am Begleitwagen geholt werden dürfen. Bis zu zehn Liter schütten die Profis bei einer heißen Etappe in sich hinein. Die von den Betreuern gereichten Freßbeutel, kultivierter «Glukosebeutel» genannt, enthalten Energieriegel, Brötchen, isotonische Drinks, eine kleine Dose Cola, süße Kuchen. Und Bananen, von Langläufern neben Pasta als das Nonplusultra ernährungsphysiologischer Finesse hochgehalten? «Bananen sind zwar gesund, aber um so viele Kalorien zu bekommen, müßte jeder einen Rucksack voll mitnehmen. Da sind die Glukosebeutel mit konzentrierter Energie doch handlicher.»[2] Um seinen Energieverbrauch an einem kräftezehrenden Tag zu decken, müßte sich ein Fahrer den Energiegehalt von zweieinhalb Kilogramm Zucker einverleiben. Ohne die quietschsüßen hochkalorischen Energy-Drinks und die Powerkonzentrate aus der Tube (200 Milliliter mit 80 Gramm Zucker!) käme kein Fahrer aus. Notwendig mögen sie schon sein, aber eines sind sie sicher nicht: gesund – weder für die Magenschleimhäute noch für die Zähne. Es soll schon Trainer gegeben haben, die angesichts des exorbitanten Nutella-Konsums ihrer

Schützlinge blaß wurden. «Stopfen und Schlingen gehören zum Beruf, und die Folgen schmerzen ... Übergewicht im Ruhestand ist die Folge antrainierter Maßlosigkeit. Tour-Sieger Jan Ullrich kam mit zehn Kilo zusätzlich aus dem Urlaub zurück. Eddy Merckx demonstriert ganz persönlich breitestes Verständnis dafür, daß ein Kannibale den Appetit nicht verliert, nur weil er mit dem Radfahren Schluß gemacht hat.»[3]

Teil 3: Nach dem Rennen

Noch im Mannschaftsbus wird der Patient umgehend aus dem kulinarischen Notfallkoffer versorgt: Energieriegel, Müsli, falls gewünscht, Cola und Wasser, Wasser, Wasser. Das abendliche Menü enthält Plantagen von Salat und Gemüse, Geflügel, Fisch, Rind, Kartoffeln, Reis, Nudeln, Saucen, Desserts und – man ißt ja in Frankreich – Käse. Von allem reichlich und leicht verdaulich muß es sein. Dazu: Wasser und Säfte bis Oberkante Unterlippe. Die Zeiten, als ein Jacques Anquetil abends bei einem oder zwei Fläschchen Roten seine Getreuen um sich scharte, sind vorbei. Die Völlerei dauert bis zu zwei Stunden, danach darf der Masseur noch ein letztes Mal Hand an die müden Krieger legen.

Team Telekom – von wegen Rote Gourmet-Fraktion!

Wie wichtig die genau abgestimmte Versorgung mit den richtigen Qualitäten und Quantitäten an Nahrungsmitteln ist, mußte Tony Rominger bei der Tour de France 1994 leidvoll am eigenen Leib erfahren. Eine veritable Magen-Darm-Grippe mit verheerenden Turbulenzen im Verdauungstrakt führte zur Aufgabe des stärksten Herausforderers von Miguel Induráin. Kriminalistische Untersuchungen brachten Tathergang, Tatwaffe und Tatort zum Vorschein: «Es war ein mit feinem Läberli garnierter Salatteller im Climat-de-France-Hotel zu Cahors ... Vielleicht hocken in diesem Salat oder dieser Leber die Käfer, die ihn in ein paar Tagen vom Rad holen werden.»[4] Aber auch Uwe Raab und Erik Zabel («Stuhl imma dünna. Bis zum Wasser, möcht ick sagen») erwischt es bei dieser Tour auf unangenehmste Weise. Die Folge: «Beene wie Pudding.» In Frankreich bricht das große Rätselraten aus: Verdorbene Lebensmittel? Zusammenbruch der Immunabwehr durch die extremen Strapazen?? Doping??? «Die Karawane der Ausgemergelten leidet wie nie» *(Süddeutsche Zeitung)* – aber wie immer zieht die Karawane weiter.

«Verdrängt hat die isotonische Moderne die altehrwürdige Ovomaltine. So gehen die Zeiten hin – was für Ferdi Kübler recht war, muß für Alex Zülle noch lange nicht gut sein.»[5]

Ferdi Kübler wurde in einem Interview von der Zeitschrift *Sport* gefragt, ob es etwas gegeben habe, was ihm den Abschied aus der Profiszene erleichtert habe. Hat es! «Nach 18 Profijahren hatte ich einfach genug von den morgendlichen Beefsteaks. Ja keine Spaghetti, hieß es zu meiner Zeit. Um sechs Uhr morgens startete die Etappe. Um vier Uhr assen wir Fleisch. Ich mochte nicht noch weitere fünf, sechs Jahre diese Steaks in den Kopf hineinwürgen.»[6]

TOD AM MONT VENTOUX

13. Juli 1967: Der Tag, an dem Tom Simpson starb

Die Luft flimmert vor Hitze, der Staub des aufgeheizten Asphalts mischt sich mit dem Duft von Lavendelblüten. Wer im Hochsommer von Carpentras, nordöstlich von Avignon gelegen, auf der Departementale 974 in Richtung Vancluse-Plateau aufbricht, bewegt sich durch eine malerische Provence-Landschaft. In sanften Schwüngen zieht sich die Straße an Lavendelfeldern und Weinstöcken, Öl- und Mandelbäumen vorbei langsam bergan. Plötzlich liegt er vor den *cyclotouristes*, der 22 Kilometer lange Anstieg zum kegelförmigen Ventoux. «1910 Meter hoch ragt der Mont Ventoux aus der Ebene der Grafschaft Venaissin in der Provence empor, als hätte der Gletscher ihn vergessen oder als Wachtposten vor der Alpenkette zurückgelassen. Die von den Winden flachgescheuerte Silhouette des gigantischen Berges und seine dominierende Präsenz in der Gegend verleihen ihm den Nimbus eines Herrschers über ein grandioses Reich. Der Mont Ventoux ist von einer Steinwüste bedeckt, die aus der Distanz so weiß anmutet, als ob Schnee darauf läge.»[1] Vom Fuß des Berges windet sich die schmale Straße, immer steiler ansteigend, den Kegelberg hoch, die Pinien und Eichen, Buchen und Zedern hinter sich lassend. Irgendwann leisten nur noch einige zerzauste Kiefern und verdorrte Büsche Gesellschaft – und danach kommt nichts mehr außer trostloser, schmutzigweißer Steinwüste. Wo die Vegetation nicht mehr Gast sein will, weil Pflanzen und Bäume in dem ausgedörrten Boden keinen Halt finden, breitet sich vor dem atemlosen Betrachter eine bizarre Mondlandschaft aus. Von hier aus sind es noch 300 Höhenmeter bis zum Observatorium auf dem Gipfel des Berges. Bei großer Hitze zählen diese letzten Kilometer selbst für die an *blood, sweat and tears*- gewöhnten Radrennfahrer zum Schlimmsten, was die Tour der Leiden zu bieten hat. Die Hitze an jenem 13. Juli 1967, als Tom Simpson zu seiner letzten Fahrt aufbrach, war mörderisch: In den Häusern und Bars an der Strecke wurden nachmittags mehr als 40 Grad Celsius gemessen, in der Sonne müssen es über 50 Grad Hitze gewesen sein. Und doch war es nicht das glühende Inferno, das den Engländer umbrachte.

«Du verursachst Leiden wie die Pest ...»

... schrieb der provençalische Dichter Fréderic Mistral, der 1904 den Literaturnobelpreis erhielt, über den Schicksalsberg seiner Heimat: «Aber wir lieben dich, o König der Winde. Und Ventoux, den der Donner pflügt, Ventoux, verletzbar, erhebt, auf seinen Hügeln kauernd, sein weißes Haupt bis zu den Sternen.» 1336, ein halbes Jahrhundert vor ihm, hatte sein Bruder im Geiste, Francesco Petrarca, in dem kleinen Nest Malaucène seinen Bericht über die Besteigung des Mont Ventoux verfaßt. Diese Reisebeschreibung, adressiert an den in Paris weilenden Augustinermönch Francesco Dionigi, den Petrarca 1334 in Avignon kennengelernt hatte, zählt zu den berühmten Briefen der Weltliteratur. In ihnen berühren sich die Beschreibung der realen Berg-Welt des Ventoux und die spirituelle Sehnsucht nach gottgefälliger Harmonie. Der Mönch hatte ihm eine Abschrift der *Confessiones* des Kirchenlehrers Augustinus geschenkt, die Petrarca Zeit seines Lebens wie einen Talisman bei sich trug. Auf dem Gipfel stehend, schlug er die *Confessiones* «blind» an einer Stelle auf – und erlebte *sein* Saulus/Paulus-Erlebnis.

«Und es gehen die Menschen,
bestaunen die Gipfel der Berge
und die ungeheuren Fluten des Meeres
und die weit dahinfließenden Ströme
und den Saum des Ozeans
und die Kreisbahnen der Gestirne,
und haben nicht acht ihrer selbst.»[2]

Immer schon hat der Berg, «den man nicht unverdientermaßen Ventosus, den Windigen, nennt» (Petrarca), die Gefühle der Menschen berührt, die sich ihm näherten. Die monströse Unwirtlichkeit der Geröllwüste, die seinen Gipfel bedeckt, die Eiseskälte im Winter und die glühende Hitze im Sommer verbreiteten Schrecken. Der Ventoux, schrieb Roland Barthes 1957 in seinem berühmten Essay «Die Tour de France als Epos», «ist ein Gott des Bösen, dem man opfern muß. Als echter Moloch, als Despot der Fahrer, verzeiht er niemals den Schwachen, läßt sich einen ungerechten Tribut an Leiden bezahlen ... Sein absolutes Klima macht aus ihm ein verdammtes Gelände, einen Ort der Prüfung für den Helden, etwas wie eine höhere Hölle, in der der Fahrer die Wahrheit über sein Heil festlegen wird.»[3] In der Volksmythologie wurde der Ventoux wie eine steingewordene heidnische Gottheit verehrt. Von jedem Ort in der Provence aus ist ER zu sehen. Bei klarer Sicht bietet der von den Ortschaften Malaucène, Brantes, Sault und Bédoin eingerahmte Berg einen großartigen Panoramablick: im Norden die Rhone, im Süden der Golf von Marseille und im Osten «die Alpen selber, eisstarrend und schneebedeckt» (Petrarca). Der Mont Ventoux ist nicht nur einer der vier heiligen Berge der Provence, er zählt, wie auch der Sinai und der Himalaja, zu den sieben heiligen Gebirgen der Erde.

Die Tour-Gewaltigen haben den Ventoux, diese mythologieschwere steinerne Herausforderung, erst elfmal in die große Schleife eingebaut. Die Bezwingung von L'Alpe d'Huez ist Sport, Athletik, die Bezwingung des Mont Ventoux eine existentielle Konfrontation. Achtmal mußte er von Bédoin aus bezwungen werden, der härtesten Variante: «l'Impitoyable», «die Erbarmungslose». Selbst den großen Ferdi Kübler, Tour-

Sieger 1950 und bekannt als knochenharter Hund in den Bergen, zerlegte es am 18. Juli 1955 in den elenden Anstiegen. Die ersten fünfeinhalb Kilometer bis zur Spitzkehre von Saint-Estève sind ein Zuckerschlecken, verglichen mit dem, was dann auf die Fahrer zukommt. «Von Saint-Estève bis zum Chalet Reynard (1419 Meter, Distanz neuneinhalb Kilometer) weist die Straße, die durch den Wald führt, eine Steigung von neun Prozent auf! So brutal, das heißt ohne die kleinste Erholungsmöglichkeit, ist keine Paßstraße in den Alpen. Kein Wunder: Die Straße wurde Anfang des 20. Jahrhunderts für Autorennen gebaut. Deshalb hat sie auch kaum Kurven, die diesen Namen verdienen. Die Trasse ist vielmehr lieblos in die Waldflanken hineingeklatscht. Die sechs Kilometer vom Chalet Reynard (1419 Meter) bis zum Mont Ventoux (1912 Meter) könnten mit ihren acht Steigungsprozenten direkt erholsam sein, müßte man sich nicht durch die windgepeitschte oder sonnenversengte Gebirgswüste quälen.»[4] Ferdi Kübler hätte das wissen können. Auch wenn der Schweizer in jenem Jahr nicht dabei war, war der Troß bereits 1952 von Bédoin aus auf den Ventoux losgelassen worden bzw. der Ventoux auf ihn. Schon am Chalet Reynard war Kübler mit seiner Kraft am Ende. Den Gipfel erreichte er mit 20 Minuten Rückstand. Er stürzte mehrfach auf den letzten Kilometern vor dem Etappenziel Avignon, entkräftet, demoralisiert. «Der Mont Ventoux hat mich umgebracht», stammelte Kübler, als er seinen Ausstieg aus der Tour bekanntgab. «Umgebracht» hat der Berg einen anderen, zwölf Jahre später.

Tom und die wilde 13

Tom Simpson, am 30. November 1937 in Doncaster/Yorkshire geboren, war einer der herausragenden Radfahrer in den Jahren zwischen der Ära Anquetil und der Ära Merckx. Seine größten Erfolge waren der Gewinn der Flandern-Rundfahrt (1961), von Paris–Bordeaux (1963), dem mit 555 Kilometern längsten Eintagesrennen der Welt, von Mailand–San Remo (1964), der Lombardei-Rundfahrt (1965), Paris–Nizza (1967) und der Straßen-Weltmeisterschaft, die er 1965 im spanischen Lasarte knapp gegen den Klassesprinter Rudi Altig für sich entscheiden konnte. Geschätzt wegen seiner schneidigen, couragierten Renntaktik und überaus beliebt bei seinen Kollegen, hätten ihm viele den Tour-Sieg 1967 gegönnt. «Tom Simpson», schrieb die *F. A. Z.*, «war ein Rennfahrer, der überall auf der Welt nur Freunde kannte, der gern scherzte, gern lachte, Französisch wie Englisch und Flämisch sprach, oft mitten im Satz die Sprache wechselte und seit den Sechstagerennen, die er in den beiden Wintern in Deutschland gefahren hatte, auch etliches Deutsch dazwischenmischte.»[5] Nach den Außenseitersiegen von Felice Gimondi 1965 und Lucien Aimar 1966 hätte sich 1967 über einen Tour-de-France-Sieger Tom Simpson niemand

«... und haben nicht acht ihrer selbst»: Tom Simpsons letzte Fahrt

gewundert. Kurz vor seinem 30. Geburtstag stehend, wollte er es noch einmal wissen. Now or never.

Freitag, der 13. Juli 1967, die 13. Etappe von Marseille nach Carpentras; auf Platz 13 der Mannschaftswertung: das englische Team um Tom Simpson. Als die Fahrer morgens Marseille verließen, waren viele müde und zerschlagen. Die Nacht hatte kaum Kühlung gebracht, das Häusermeer war von der Hitze des Tages wie vollgesogen. Marseille – Carpentras – Mont Ventoux – Carpentras: anspruchsvoll für die Fahrer, aufregend für die Zuschauer – so hatte sich die Tour-Direktion Monate vorher die Choreographie dieser 13. Etappe ausgemalt. Niemand konnte ahnen, daß dieser 13. Juli der heißeste Tag des Jahres sein würde. Die Etappe schien von vornherein unter einem schlechten Stern zu stehen. Nach wenigen Kilometern hatte, wie schon so häufig, ein Hund einen Massensturz verursacht. Der Kölner Wilfried Peffgen mußte mit einem Schlüsselbeinbruch, der Italiener Mugnaini mit gebrochenem Arm ins Krankenhaus gebracht werden.

Brüllende Hitze lag über Carpentras, als die ersten Fahrer sich dem «Teufelsberg» näherten. Beim Chalet Reynard starteten Raymond Poulidor und Julio Jimenez eine Attacke, der Janssen, Simpson, Aimar, Gimondi und Pingeon nur mit Mühe folgen konnten. Drei Kilometer vor dem Gipfel hatte Tom Simpson Tritt und Rhythmus völlig verloren, bleich wie der Tod hing er über dem Lenker. (Das Auftaktbild des Kapitels zeigt Tom Simpson am Mont Ventoux, wenige Minuten vor seinem Kollaps.) Hans Blickensdörfers Reportage, die sich wie eine Abrechnung mit erbarmungslosen Naturgegebenheiten liest, hält einen der schlimmsten Momente in der Tour-Geschichte fest. «Das schmutzige Weiß der Bergkuppe ist ekelerregend. Wie von der flachen Hand des Teufels geformt, ragt sie aus der flachen Landschaft der Provence in die heiße, flimmernde Luft, fast 2000 Meter hoch; aber es ist nicht Schnee, was sich da vom dunstigen Blau des Horizonts abhebt, sondern kahles, gebleichtes, vulkanisches Gestein. Es ist der Gipfel des Mont Ventoux, und nie ist er mir von so trostloser Unheimlichkeit erschienen wie an diesem 13. Juli 1967, ein häßliches, geröllübersätes Ungetüm ... Als ich wieder nach vorn blicke, sehe ich einen Fahrer mit dem weißen Trikot der britischen Nationalmannschaft ... Dieser hagere, fast schmächtige Mann im britischen Trikot ist ganz offensichtlich nicht mehr Herr seiner Sinne und Muskeln. Er braucht die ganze Breite der Straße, und seine Zickzackkurven erinnern fatal an die eines Betrunkenen. Noch vielleicht hundert Meter kommt er voran. Dann scheint er auf der Stelle zu treten, ehe er sich, ganz langsam, wie in einem Zeitlupenfilm, nach rechts neigt ...»[6] Seine Betreuer setzten Simpson noch einmal aufs Rad. «Put me back on my bike», sollen seine letzten Worte gewesen sein. Dann stürzte er erneut, wurde bewußtlos. Tour-Arzt Dr. Pierre Dumas war sofort zur Stelle. 40 Minuten lang versuchte er mit Infusionen, Sauerstoff und Mund-zu-Mund-Beatmung das Leben des Engländers zu retten. Der zweite Tour-Arzt Dr. Macorigh begleitete Tom

«Der Ventoux ist ein Gott des Bösen, dem man opfern muß.»
(Roland Barthes)

Simpson per Hubschrauber ins Krankenhaus von Avignon. Mehrfache Reanimationen konnten ihn nicht mehr retten. Um 17.40 Uhr war Tom Simpson tot.

Lähmendes Entsetzen machte sich in der Kirche von Carpentras breit, dem improvisierten Pressezentrum dieser Etappe, als Felix Lévitan vor das Mikrophon trat und den Tod Simpsons bekanntgab. Als offizielle Todesursache wurde zunächst Herzversagen aufgrund totaler Erschöpfung genannt. Wenige Stunden später wurde bekannt, daß Dr. Dumas seine Unterschrift unter den Totenschein verweigert hatte. «Es ist nicht normal, daß ein durchtrainierter Sportler unter solchen Umständen stirbt», sagte er gegenüber *L'Equipe*. Das häßliche Wort Doping machte bald die Runde – in Simpsons Trikot und Gepäck waren Aufputschmittel gefunden worden. Bei der Obduktion fand man in seinem Körper einen Cocktail gefährlicher Substanzen, u. a. das Amphetamin Onedrine und Alkohol, bei der lähmenden Hitze dieses Tages ein tödlicher Mix: Aufputschmittel, um die Leistungsreserven bis zur völligen Neige auszuschöpfen, und Betäubungsmittel, um den Schmerz zu bannen.

Achtzehn Tage nach dem Drama um Simpson erschütterte der nächste Dopingfall den internationalen Radsport: Bei den Spanischen Meisterschaften starb Valentin Uriona an einer Überdosis Amphetamin.

Tribute to Tom Simpson

Schweigend standen die Zuschauer am nächsten Tag, dem französischen Nationalfeiertag, an den Straßen. Die 14. Etappe von Carpentras nach Sète glich einem Trauerzug; der Schock über den Tod des beliebten Briten lähmte jegliche Aktivität. Bereits am Start war abgesprochen worden, daß Simpsons Freund und Mannschaftskamerad Barry Hoban diese Etappe gewinnen sollte. «Die Etappe wird ebenso wie die Katastrophenfahrt vom Vortag in die Geschichte dieser ‹Tour der Leiden› eingehen», schrieb die *F. A. Z.*, «denn noch nie waren sich die Fahrer einig, nichts zu unternehmen, keine bedeutenden Veränderungen im Gesamtklassement zu verursachen und einen Fahrer eines bestimmten Teams gewinnen zu lassen.»[7]

Aus ganz Europa, vor allem aus Belgien, kamen 3000 Menschen zur Beerdigung von «Britain's greatest ever road racing cyclist» ins englische Harworth; eine große Gruppe stellte *Koninklijke Gentse Velosport*, Simpsons Radsportclub aus Gent, wo er mit seiner Familie seit Jahren lebte.

Die Tragödie um Tom Simpson überschattete alles, was an großem Sport bei dieser schrecklichen Tour de France 1967 geboten wurde:

- den überraschenden Sieg des hageren Roger Pingeon, der nach dem üblichen Debakel Raymond Poulidors (er verlor am Belchen in den Vogesen 16 Minuten) und der Schwächeperiode Lucien Aimars in den Alpen plötzlich «vom dritten Buben im Skat des Teamleiters Marcel Bidot zum ersten Mann der französischen Nationalmannschaft» (*F. A. Z.*) avancierte;
- die überraschende Leistung Dieter Puschels, der sicher unter den ersten Zehn klassiert gewesen wäre, wenn ihn in den Pyrenäen nicht «ein leicht angeschimmelter Fruchtsalat» aus dem Sattel geworfen hätte;
- den Achtungserfolg des dreiunddreißigjährigen Tour-Veteranen Hennes Junkermann, der sich tapfer von Platz 45 in den Alpen über Platz 20 in den Pyrenäen noch auf Platz 11 in Paris nach vorne gefahren hatte. Nicht auszudenken, wenn die Tour ausnahmsweise über 6000 Kilometer geführt hätte …

Aber selbst als Raymond Poulidor das letzte Teilstück von Versailles in den Parc des Princes in Paris am 23. Juli 1967 gewann und mit Pingeon erneut ein Franzose in Gelb *La Grande Boucle* beendete, blieb die Stimmung gedämpft. Tom Simpson war tot und nicht vergessen.

Trinkflasche und Lavendelstrauß – Erinnerungen an Tom Simpson

Kurz nach der Tour veröffentlichten der *Daily Mirror* und die Zeitschrift *Cycling* eine schmale Broschüre mit dem Titel «Tribute to Tom Simpson». Sie würdigte in bewegenden Worten und beeindruckenden Bildern das Leben und Sterben ihres Radsporthelden. Der Herausgeber Roger St. Pierre verriet den Lesern auch, woran Tom Simpson gestorben war. Seit Menschengedenken, so St. Pierre, hat sich der Mensch den schrecklichen Herausforderungen der Berge gestellt, um zu beweisen, daß er der Natur trotzen kann. In der Regel behält er in diesem titanenhaften Kampf die Oberhand. Aber manchmal schlägt der Berg in einem Akt von unbändiger Rache zurück, und in einem solchen Moment, wie am Mont Ventoux, erwächst aus dem Triumph die Tragödie.

Die längst bekannte Tatsache, daß Tom Simpson randvoll mit Dopingmitteln den «Schicksalsberg» herausforderte, glaubte Roger St. Pierre seinen Lesern verschweigen zu müssen.

Aber ein schönes Mahnmal haben englische Radsportler dem armen Tommy am Mont Ventoux errichtet, den «Simpsonstein». Für Hobbyradler ist es Ehrensache, hier für den großen Toten kleine Gaben niederzulegen. Einen Bremszug, eine Trinkflasche, ein verbogenes Vorderrad, einen ausrangierten Rennhelm oder ein Sträußchen duftenden Lavendel: Tribute to Tom Simpson.

SCHNELLE PILLE, SCHNELLE PULLE

Doping im Radsport – von Strychnin bis Epo

Pille im Urin, schneller Ruin? Zumindest bis in die achtziger Jahre gilt: Alle Großen im Radsport haben geschluckt und gespritzt, Ferdi Kübler, Jacques Anquetil, Tom Simpson, Freddie «Doc» Maertens, Joop Zoetemelk, Bernard Thévenet, Pedro Delgado, Rudi Altig oder Dietrich Thurau; selbst Eddy Merckx soll da keine Ausnahme gewesen sein. Als Anquetil im Sommer 1967 in einem Interview mit *France Dimanche* zugab, seiner Leistung mit unerlaubten Hilfsmitteln ab und zu schnellere Beine gemacht zu haben, erregte nur die Offenheit des Geständnisses Aufsehen, nicht aber der Fakt selbst: «Man muß seinen Körper genau kennen und sich vor allem ärztlich beraten lassen.»

Ob Strychnin, Cortison oder Amphetamin: die Steigerung der Leistungsfähigkeit durch Dopingmittel galt lange als Kavaliersdelikt. Eine läßliche Sünde, kein häßlicher Makel. Wenn mehr oder weniger alle etwas schlucken, wieso sich dann moralisch entrüsten, wenn bei einer der nur halbherzig betriebenen Kontrollen ein schwarzes Schaf den Biochemikern ins Netz ging? «Wer per anno bis zu 50 000 Kilometer strampelt (das Pensum eines tüchtigen Vertreters mit dem Auto), wer manchmal binnen acht Stunden 12 000 Kalorien verbrennt, wem in praller Hitze kurz vor dem Gipfel eines Zweitausenders die Gesichtszüge entgleisen – dem mag man nachsehen, daß er die Qual durch pharmazeutische Nachbrenner lindern möchte.»[1] Die Versuchung war und ist groß, gerade für die Fahrer aus der zweiten Reihe. Denn ein einziger Sieg bei einem Frühjahrsklassiker oder einer Etappe bei der Tour steigert ihren Bekanntheitsgrad und Marktwert beträchtlich.

Der Unterschied von damals zu heute ist evident: Doping in den neunziger Jahren ist kein Kavaliersdelikt mehr. Wer mit Anabolika, «Speed» oder anderen illegalen Aufbau-, Aufputsch- oder verschleiernden Mitteln erwischt wird, kann nicht mehr auf lächelnde Nachsicht und mildernde Umstände hoffen; gleiches wird erst recht für Wachstumshormone und Epo gelten, sobald sie bei Kontrollen zweifelsfrei nachweisbar sein werden. Heute heißt Doping: Verstoß gegen die Fairneß im Sport, arglistige Täuschung, Betrug, Ruinierung der eigenen Gesundheit und Gefährdung des Arbeitsplatzes. Wer in der High-Speed-Ära des (fast) konsequenzlosen Dopingmißbrauchs auffiel, hatte eine wenig abschreckende *Höchst*strafe zu erwarten: 1000 Schweizer Franken Geldbuße, 10 Minuten Zeitzuschlag, Zurückstufung auf den letzten Platz des Tagesklassements und, als Wiederholungstäter, einen Monat Sperre. Auf Bewährung. Augenzwinkernde symbolische Strafen, weder rufschädigend noch arbeitsplatzgefährdend: im Prinzip ein Akt von Komplizenschaft.

Strychnin, Vitaminpillen, Amphetamine, Anabolika, Epo ...

Wer heute biochemisch ‹veredelt› ist und auffliegt, ist übel dran. Beispiel: Tour de France 1997, 6. Etappe von Le Blanc nach Marennes. Der Tageszweite Abduschaparow wurde wegen Verstoßes gegen Artikel 111 der Antidoping-Vorschriften der UCI sofort disqualifiziert. Jean-Luc Vandenbroucke, Chef des belgischen Lotto-Teams, schickte den dreiunddreißigjährigen Usbeken wutentbrannt nach Hause. «Abdu» war gleich doppelt aufgeladen: mit dem anabolen Wirkstoff Clenbuterol, der u. a. in Asthmamitteln enthalten ist und die Atemwege erweitert, und der originär russischen Aufputschsubstanz Bromantan. Dem Usbeken wurde fristlos gekündigt; die Karriere des bärenstarken, gefürchteten Sprinters dürfte damit erledigt sein. (Bereits vorher war er fünfmal positiv getestet worden, aber lediglich brieflich verwarnt worden. Ihm wurde zugute gehalten, daß es keinen usbekischen Profiradsportverband gab, der ihn über «den letzten Stand der Dinge» in Sachen Doping hätte unterrichten können.) Rolf Aldag beschreibt klipp und klar, welche Konsequenzen ein positiver Dopingbefund für ihn und seine Kameraden vom Team Telekom hätte: «Bei uns würden 30 Leute ihren Job verlieren – Fahrer, Betreuer, Teamchefs, das weiß jeder von uns. Und auch andere Sponsoren könnten für andere Teams jetzt so entscheiden.»[2]

Heute reagieren Fahrer und Teamchefs auf das leidige Dopingthema zwar leicht gereizt, aber in der Regel souverän. Das war 1990 noch ganz anders. Mit seinem Buch «A Rough Ride» hatte der für den französischen Rennstall RMO fahrende irische Profi Paul Kimmage eine Bombe gezündet. Sein Enthüllungsreport über Aufputschmittel, Schmerztabletten, Hormone und ihre erschreckenden Wirkungen auf Körper und Psyche der Athleten hatte die Szene in Aufruhr versetzt. «Erst sind es Vitaminpillen, ohne die es angeblich nicht geht, dann bekommst du Vitamine gespritzt, und der Schritt zu richtigem Doping ist dann nicht mehr weit. (...) Ich nenne keinen einzigen Namen mit Ausnahme dessen meines früheren Mannschaftskameraden André Chappuis, den die Drogen kaputtgemacht haben.»[3] Kimmage, der selbst Amphetamine geschluckt hatte, wurde regelrecht exkommuniziert: Verräterliteratur.

Der letzte spektakuläre Dopingfall bei der Tour de France datiert aus dem Jahr 1988, als Gesamtsieger Pedro Delgado beim Zeitfahren nach Villard-de-Lans positiv getestet wurde und dennoch keinerlei rechtliche Sanktionen befürchten mußte. Bevor an diese einzigartige Doping / Nicht-Doping-Posse erinnert wird, ebenso wie an die «Fälle» Thurau, Pollentier, Zootemelk und PDM, sollen die Substanzen aus dem biochemischen Giftschrank vorgestellt werden, mit denen Radsportler Leistungsreserven zu mobilisieren, Energie und Aggressivität aufzuputschen und Schmerzen zu unterdrücken versuchen.

Weiß wie Schnee, rot wie der Tod

In den siebziger Jahren wurde in keinem anderen Sport soviel gedopt wie im Radsport; der Tour-Chefarzt Dr. Philippe Misérez – nomen est omen – sprach von einer wahren Seuche. Die Erinnerung an 1967 ist bei vielen noch wach. Es war das Jahr, als die deutsche Nationalmannschaft wie die zehn kleinen Negerlein dezimiert wurde. «Den ersten fuhr ein Wagen an, dem zweiten war ein Berg zu hoch, den dritten plagte Darmkatarrh, der vierte kam zu spät ins Ziel, dem fünften sprang ein Hund ins Rad, der sechste hatte Magenweh ...»[4] Vor allem aber war es das Jahr, in dem Tom Simpson am Mont Ventoux starb. «Man kletterte keinen Berg hinauf, sondern einen brennenden Kohlehaufen» (Raymond Poulidor). Bis in die Haarspitzen mit dem Amphetamin Onidrine vollgeknallt, war er in der Gluthitze dieses Julitages vom Rad gestürzt und ins Koma gefallen, aus dem er nicht mehr erwachen sollte.

Da aufgrund der rasanten Neuentwicklung von pharmakologischen Mitteln eine bloße Auflistung von Medikamenten sinnlos, weil stets veraltet wäre, werden die Listen nach dem Wirkstoffgruppen-Prinzip geordnet und typische Beispiele aufgeführt. Verbotene Wirkstoffgruppen sind danach u. a.:

- *Stimulanzien:* fördern die Aufmerksamkeit, Leistungsbereitschaft, Wettkampfaggressivität. Ihre Gefahr liegt in der Überbrückung natürlicher Schutzbarrieren des Körpers, so daß es im Extremfall zu lebensgefährlichen Organüberforderungen kommt.
- *Narkotika:* Diese Substanzen, die bestimmte Morphin-Rezeptoren stimulieren, unterdrücken die Schmerzempfindung und wirken euphorisierend.
- *Anabole Steroide:* Sie sind chemische Verwandte des männlichen Sexualhormons Testosteron, deren anabole Komponente den Eiweißstoffwechsel anregt (Verminderung des Körperfettanteils, Aufbau von Muskelmasse) und die Regenerationsfähigkeit positiv beeinflussen soll.

Der erste bekannte Dopingfall im Radsport endete tödlich: 1886 fiel bei Bordeaux–Paris der Engländer Linton tot vom Rad. Er hatte sich mit aufputschenden Mitteln präpariert. Als die Tour de France noch in den Kinderschuhen steckte, waren selbst hochtoxische Substanzen wie **Strychnin** im Umlauf, um den strapazierten Körpern auf die Sprünge zu helfen. In kleinen Dosen verabreicht, ist es ein klassisches Stimulans, das Kraft und Schnelligkeit fördert; bei zu hoher Dosierung verursacht das Gift allerdings Muskelkrämpfe und Stoffwechselturbulenzen.

Ende der siebziger Jahre warnten Ärzte vor einer neuen Substanz: **Cortison**, ein Hormon der Nebennierenrinde, für Tour-Arzt Dr. Misérez «ein wahres Desaster». Anders als Anabolika und Amphetamine zieht hochdosiertes

Cortison alle Organe und Stoffwechselprozesse in Mitleidenschaft. «Cortisongaben setzen die körpereigene Widerstandskraft gegen Infektionen herab, sie können die Knochen entkalken und damit brüchig machen, Magengeschwüre bewirken, Impotenz und Depressionen auslösen. Den Radrennfahrern kommt es auf eine andere Nebenwirkung an: Cortisongaben erhöhen auch noch den Blutzuckerspiegel, weil das Hormon durch vermehrten Eiweißabbau in der Leber Zucker freisetzt und überdies den Bedarf der Muskelzelle an Zucker senkt. Es entsteht eine Stoffwechsellage wie beim Zuckerkranken (‹Cortison-Diabetes›). Doch eben darauf kommt es den Präparierten an: Mit viel Zucker im Blut können sie länger hart durchtreten.»[5] Mit Cortison präparierte Athleten ließen sich häufig an drei auffälligen Indikatoren erkennen: 1. unerklärliche Leistungseinbrüche nach Top-Leistungen, 2. hohe Infektionsanfälligkeit, 3. auffallend schlecht verheilende Wunden und Brüche. Helmer Boelsen wies 1982 in *RadMarkt* auf den Zusammenhang von Cortisondoping und Leistungsschwankungen hin: «Bernard Thévenet, der zweimalige Tour-de-France-Sieger, hat in einer aufregenden Beichte zugegeben, seine Leistungen mit Cortison gesteigert zu haben. Aber er habe damit auch seine Gesundheit ruiniert. Man erinnere sich: 1975 wurde Thévenet zum erstenmal Toursieger, 1976 war er der ‹Versager des Jahres›, 1977 gewann er die Tour zum zweitenmal nach dramatischem Duell mit Hennie Kuiper, doch nach diesem zweiten Toursieg gab es kein Thévenet-Resultat mehr, das in den Annalen des internationalen Radsports erwähnenswert gewesen wäre. Und auch beim Karriereende von Eddy Merckx, bei Luis Ocaña, bei Joseph Bruyere und besonders bei Freddy Maertens glauben Fachleute, gleiche Symptome erkannt zu haben.»[6]

Ob Cortison tatsächlich für die erhoffte Leistungssteigerung sorgte, blieb umstritten. Schlechte Karten allerdings für diejenigen, die etwas haben, was Millionen andere auch haben: Heuschnupfen oder eine andere Allergie. Cortisonhaltige Aerosole? Kommen nicht in Frage: wirken psychogen. Epedrinhaltige Nasensprays? Kommen nicht in Frage: wirken anregend. Übrigens: Seit synthetisches Cortison bei Kontrollen nachgewiesen werden konnte, war dieser Spuk bald vorbei.

Eine beeindruckende Schilderung, wie nahe bei exzessivem Doping Leistungshoch und totaler Einbruch, Aufputsch und Absturz, Siegeslorbeer und körperlicher Ruin liegen können, findet sich in Kurt Stöpels Tour-de-France-Buch. Die Situation: Als sich die Fahrer auf der 19. Etappe dem Ziel in Malo-les-Bains nähern, wissen sie bereits, daß Gaston Rebry einen Riesenvorsprung herausgefahren hat – jener Belgier, der morgens im Fahrerhotel von seinem Manager Beckmann eines jener kleinen Aluminiumfläschchen zugesteckt bekam. Stöpel und Leducq begegneten in Malo-les-Bains dem «Überflieger» wieder …

Der Fall Thurau

In Hans Blickensdörfers vielgelesenem Tour-de-France-Roman «Salz im Kaffee», einer literarisch etwas hemdsärmeligen, aber ungemein spannenden und interessanten Prosa-Variation über alle Fehltritte, die Didi Thurau sich in seiner Karriere geleistet hat, finden wir ein Gespräch über Sinn und Unsinn von Doping, in dem es u.a. heißt: «Natürlich wird geschluckt. Es ist das alte Lied: sie denken an die Chancengleichheit und schreien nach dem Zeug wie junge Vögel nach Würmern. Und wer einen tauglichen Arzt hat, der kann, wenn du mich

DER GEIST AUS DER FLASCHE

«In langsamem Tempo fährt ein anderer Wagen an uns vorüber. Drinnen sitzt ein zusammengebrochener Rennfahrer. Er hockt in sich gekauert im Fond des Wagens, sein herzzerreißendes Schluchzen ist gräßlich anzuhören. Wer ist das, auf den Jeff Beckmann, der versierte Manager aus Brüssel, mit fahlen Wangen immer wieder einredet? Endlich erkenne ich ihn. Es ist Rebry, und als er sich aufrichtet, sehen seine entzündeten Augen wie irre durch die Gegend. Der Mund zeigt verräterisch einen leichten weißen Schaum an den Lippen. Sieht so ein glorreicher Sieger aus? Der Bürgermeister erzählt bedächtig das furchtbare Erlebnis, als der kleine Rebry wie ein Wahnsinniger angespurtet kam. Keiner hatte ihn hinter dem Ziel halten können. Er wäre in das Meer hineingerast, wenn nicht energische Hände den Sieger dieser mörderischen Etappe vom Rad geholt hätten. ‹Es war ein entsetzliches Bild›, führte der Bürgermeister weiter aus, ‹als Rebry wie im Fieberwahn delirierte und immer wieder schrie und tobte, daß er nach Paris weiterfahren müsse. Als ein Mechaniker der Belgier ihm das Rad abnehmen wollte, da riß er es mit aller Kraft in die Höhe und warf es in hohem Bogen auf das Pflaster. Seine Frau, die ihm den kleinen Sohn entgegenstreckte, erkannte er nicht, er schlug um sich, ein erschütterndes Bild.› ... In diesem Moment weiß ich es: Es kann kein Märchen sein, daß Beckmann einer der größten ‹Mixer› unter den Managern ist. Niemals habe ich in meiner sportlichen Laufbahn für derartige gesundheitsschädliche Gewaltmittel etwas übrig gehabt. Die Natur läßt sich nicht ungestraft vergewaltigen, jeder Organismus, der durch solche Dosis Gift aufgepeitscht wird, muß eines Tages versagen, ganz gleich, welche hervorragende Körperkonstitution auch der einzelne Rennfahrer besitzt.»

(*Kurt Stöpel: Tour de France. Ein Erlebnisbericht, Berlin 1952, S. 215*f.)

fragst, auch ziemlich gefahrlos eine Prise Cortison nehmen. Es kommt nur auf die dem Körper adäquate Menge an. Der Arzt muß ihn genau kennen, so, wie ich Buds Körper kenne. Das Schlimme ist, daß die meisten Fahrer das Zeug bei ihren Masseuren holen und nach dem Prinzip schlucken: Nimmst du zwei, nehm' ich drei.»[7]

«Wer heute nichts nimmt, der bringt auch nichts.» (Dietrich Thurau)

Didi Thurau zählte zu den Fahrern, die in ihrer aktiven Zeit ständig mit Dopingvorwürfen konfrontiert wurden. Wie auch viele seiner Kollegen unterschied er zwischen «guten» und «bösen» Amphetaminen und Anabolika, zwischen aufbauenden und aufputschenden Substanzen: «Wer heute nichts nimmt, der bringt auch nichts. Ich nehme nichts, was mich schnell kaputtmacht»: Diese Aussage hat Thurau viele Schläge (und überdurchschnittlich viele Dopingkontrollen) eingebracht, auch wenn er mit dieser Meinung in bester Gesellschaft war. Allein bei der Tour 1977 wurde eine Handvoll Spitzenfahrer positiv getestet und bestraft (Zootemelk, Menendez, Agostinho, Ocaña, Mendez); auch Thévenet, Thurau, Kuiper und vor allem Merckx wurden von Tour-Arzt Dr. Misérez argwöhnisch beäugt: «Eddy Merckx war nur, was die medizinische Behandlung anbelangt, mit solchen Mitteln auf die Beine zu stellen, die auf der schwarzen Liste stehen.»

1980 war Thuraus «schwarzes Jahr». Er stieg aus dem Giro und der Tour aus und war in drei Dopingaffären verwickelt. Beim Klassiker Gent–Wevelgem erschien er nicht zur Dopingkontrolle: Geldstrafe. Bei der Tour de Romandie wurde eine verbotene Substanz gefunden – Glück im Unglück: wegen eines Formfehlers kam er ungeschoren davon. Bei den im schweizerischen Le Locle ausgetragenen Deutschen Meisterschaften fiel er erneut positiv auf.[8] Doping-Kontrolleur Dr. Howald vom Forschungsinstitut der Eidgenössischen Turn- und Sportschule in Magglingen fand in der ersten Probe Spuren von Amphetamin und in höherer Konzentration Nikotin, was bei einem Nichtraucher Fragen aufwirft. Die Gegenprobe ergab dann allerdings ein völlig anderes Ergebnis: kein Amphetamin und nur ein Hauch Nikotin. Zum ersten Mal bei Dopingkontrollen waren Probe und Gegenprobe nicht identisch: «Das ist kein Wunder, sondern eine Premiere» (Dr. Howald). Die beiden Urinproben 88 a und 88 b, abgegeben im Abstand von rund 30 Minuten, konnten nicht identisch sein. Entweder Fremdurin eines starken Rauchers oder Konsum von Lutschtabletten mit hochkonzentriertem Nikotin, das bei richtiger Dosierung eine aufputschende Wirkung hat, kamen als Ursachen für die abweichenden Werte in Frage. Wie immer stand Untersuchungsergebnis gegen Unschuldsbeteuerung. An ein Komplott, wie Thurau unterstellte, mochte der Magglinger Dopingfahnder nicht glauben. «Das ist kaum anzunehmen. Denn an den unsauberen Machenschaften muß er selbst beteiligt sein. Der Urin lief ja aus seiner eigenen Blase.» Es sei «ein Unding, daß die zur Dopingkontrolle aufgerufenen Fahrer nach dem Rennen noch die Möglichkeit haben, in ihr Hotel zu fahren. Wie man hört, wird dann die Blase des Fahrers entleert und mit einem Katheter Fremdurin wieder eingeführt.» Zweifellos hat sich das Magglinger Institut in dieser Affäre nicht mit Ruhm bekleckert. Analyse nicht gleich Gegenanalyse: Was heißt das? Daß 1 + 1 auch 3 sein kann? Auch wenn im Fall Le Locle Zweifel an der Berechtigung des Dopingvorwurfs gegen den Frankfurter angebracht waren – in dubio pro Didi –: Weder bei seinen Kollegen noch bei der Fachpresse konnte er auf Nachsicht hoffen. *L'Equipe* ging mit dem Jungstar des Jahres 1977 gnadenlos ins Gericht: «Thurau ist nur noch ein Schatten seiner selbst. Es kann nicht mehr lange dauern, bis seine Karriere in weiteren Widersprüchen endet. Es ist eines Athleten unwürdig, wenn er seine sportliche Form in Toiletten und Hinterzimmern aufbaut. Thurau ist kein Salamander. Der kann im Feuer leben, der Sportler aber nicht in der Chemie.» Die *Gazzetta dello Sport* assistierte: «Zu lange hat Thurau auf Anabolika zurückgegriffen. Jetzt versucht er es mit anderen Mitteln und wird dabei erwischt. Es ist eine Tragödie für diesen so talentierten Sportler.»

Schwarzes Trikot für Michel Pollentiers Blasenzauber

Pollentier & Zootemelk

Spätestens seit dem Dopingfall Pollentier bei der Tour de France 1978 kann es keinen Zweifel mehr an der Existenz so kruder Praktiken wie Blasenspülung und Aufnahme von Fremdurin geben. Mit einem Bilderbuchskandal war die 16. Etappe der Tour zu Ende gegangen. Der Etappensieger des 240,5 Kilometer langen Teilstücks von St. Etienne nach L'Alpe d'Huez, Michel Pollentier, wurde wegen eines Betrugsversuchs, der an Dreistigkeit nicht zu überbieten war, sofort disqualifiziert. Als er beim obligatorischen «Pipi Reglementaire» das bereitgestellte Röhrchen nicht zu füllen vermochte, begleiteten ihn Ärzte und Jurymitglieder ins Hotel. Nach dem Motto «My home is my castle – hier mache ich, was ich will» klappte das Pinkeln bzw. der Urintransfer umgehend. Nur: Die Flüssigkeit im Röhrchen war kalt und konnte unmöglich von Pollentier stammen. Die findige Apparatur für diesen feuchten Trick bestand aus einer im Trikot eingebauten Gummiblase, deren Ausführungsschlauch unter dem Penis endete. Weitergehende karriereschädigende Konsequenzen als den Verlust des Gelben Trikots und den Ausschluß aus der laufenden Rundfahrt hatte Pollentiers Blasenzauber nicht. Während *Le Figaro* dem Belgier das «schwarze Trikot» für besonders schändliches Verhalten zusprach, erklärte sich dieser in einem Akt von kabarettreifer Vorwärtsverteidigung. Er habe «normal uriniert»; die Blase mit Fremdurin habe sozusagen nur auf der Reservebank gesessen – reine Vorsichtsmaßnahme: «Bei diesen neuen Mitteln weiß man ja nie.» Und überhaupt: «Ich glaube, man verfolgt uns seit langem, weil wir die kleinen Belgier sind und wir nur stören.» Während für Pollentier die Sache blamabel, aber glimpflich ablief, führte das gleiche Delikt einen anderen Urinjongleur geradewegs in den sicheren Hafen der Ehe: «Ein namenloser Radler wechselte den Beruf und heiratete, als aus der abgegebenen Urinprobe eine Schwangerschaft diagnostiziert wurde – die seiner Braut.»[9]

Im Unterschied zu Pollentier versuchte Joop Zootemelk, der im Doping-Skandaljahr 1983 zu den zahlreichen ‹Positiven› zählte, erst gar nicht, das *corpus delicti* aus der Welt zu fabulieren. Ihm war die Einnahme des anabolen Steroids Nadralon nachgewiesen worden. Anstatt zu lamentieren, die kleinen holländischen Störenfriede würden sowieso diskriminiert, war er geständig: «Nadralon nehme ich jedes Jahr in der Vorbereitungsphase. Es ist schade, daß ich wegen eines solch unbedeutenden Medikaments aufgefallen bin. Ich wollte hier gewinnen, jetzt ist alles vorbei.» Françoise Zootemelk soll es gewesen sein, die ihren Mann mit dem vernichtenden Satz daran hinderte, die Brocken hinzuwerfen: «Joopje, du mußt weiterfahren, denn was bist du ohne Fahrrad?»

Delgado & PDM

«DELGADOping!» überschrieb voller Zorn Klaus Angermann, als ZDF-Reporter (und seit 1998 für Eurosport) mittlerweile seit mehr als einem Vierteljahrhundert zum Inventar der Tour de France zählend, damals seine Kolumne in der Zeitschrift *Tour*.[10] «Nie zuvor ist der Name eines Tour-de-France-Siegers derart verunstaltet, so verächtlich gemacht worden … Pedro Delgado, der erste ‹positiv-negativ› befundene Tour-Sieger!» Was war geschehen? Nach der 13. Etappe der Tour de France 1988, dem Zeitfahren von Grenoble nach Villard-de-Lans, hatte die Dopingpolizei in seinem Urin Spuren des Rheumamittels Provenicid aufgespürt. Dieses Medikament war erst seit wenigen Wochen auf dem Markt. Auch für nicht von Rheuma gebeutelte Zeitgenossen besaß es den reizvollen Effekt, durch seine harntreibende Wirkung zuvor geschluckte muskelbildende Hormone wie Anabolika oder Testosteroide sozusagen in nichts aufzulösen, d. h. nicht mehr nachweisbar zu machen. Delgado hatte das zweifelhafte Glück, durch ein Nadelöhr schlüpfen zu können. (Das Auftaktfoto zeigt Pedro Delgado am 20.7.1988 in Limoges, als er eine Gegenanalyse forderte.) Das IOC und der Französische Radsportverband hatten dieses Kaschierungsmittel bereits auf ihre Dopinglisten gesetzt. Der in diesem Fall allein zuständige Internationale Radsportverband wollte Provenicid erst im August, kurz nach der Tour, auf den Index setzen. Diese Lücke im Regelwerk bescherte dem Mann in Gelb einen Freifahrtschein bis auf die Champs-Élysées.

Pedro Delgado, in Spanien nur «Perico» genannt, war spätestens seit der 16. Etappe in seiner Heimat ein Volksheld, als er im Anstieg nach L'Alpe d'Huez an die Spitze des Klassements gefahren war. Den Tourmalet in den Pyrenäen, nur einen Steinwurf von Spanien entfernt, nahm er wie entfesselt. «Der Adler über seinem Land», schrieb

In London frei erhältlich: Präparate von der Dopingliste des IOC (1988)

L'Equipe. Nichts schien den Kastilier aus Segovia daran hindern zu können, in die Fußstapfen seiner Landsleute Federico Bahamontès aus Toledo und Luis Ocaña aus Priego in Neu-Kastilien zu treten, die die *Große Schleife* 1959 und 1973 gewonnen hatten. Aber schon am nächsten Morgen erreichte die Tour-Direktion die Hiobsbotschaft aus dem staatlichen Analyselabor in Clichy. Eine gute Figur machte der ehemalige Medizinstudent Delgado bei seinen Erklärungen in eigener Sache allerdings nicht: «Erst war es der mysteriöse Mann mit der ‹schnellen Pulle›. Dann hatte Pedro Delgado alles abgestritten. Nichts, gar nichts, habe er genommen. Aber als das Gelbe Trikot strammer als je zuvor an seinem Körper saß, gab er auf einmal unverblümt zu: ‹Natürlich habe ich dieses Mittel genommen.›»[11] Schlechte Pressearbeit. Das klang ein wenig wie Diego Maradonas Lieblingsmärchen von der «Hand Gottes», die manchmal den Ball auf zauberische Weise ins gegnerische Tor befördere. Schade – dabei war Delgado eine grandiose Rundfahrt gefahren. Auch ohne Provenicid hätte er niemanden fürchten müssen. «Ihm das Gelbe Trikot zu lassen ist ein Verbrechen» (Andrew Hampsten). Und Eric Boyer, als Gesamtfünfter bester Franzose: «Er hat betrogen – er hat verloren.» Eine leicht masochistisch anmutende Solidaritätsbekundung kam dagegen vom Holländer Steven Rooks und dem Kolumbianer Fabio Parra, die bei einem Ausschluß des Spaniers wohl den Sieg unter sich ausgemacht hätten. Ohne Delgado, so ließen beide verlauten, würden sie aus der Tour de France aussteigen.

«Wer einmal gespürt hat, wie sich der Hunger ins Gedärm frißt ...»

Drei Jahre später, bei der Tour de France **1991**, wucherten erneut wilde Dopinggerüchte. Hätten sich die Spekulationen als wahr erwiesen, wären alle früheren Dopingvergehen zu läppischen Bagatellen degradiert worden. Ein ganzes Team mußte die Segel streichen und seine Fahrer aus dem Rennen nehmen: der erfolgsverwöhnte niederländische Rennstall PDM mit seinen Stars Erik Breuking, Sean Kelly und Raul Alcala, die in der Gesamtwertung die Plätze 3, 6 und 9 belegten. «Virus oder Doping?» fragte sich nicht nur das *Hamburger Abendblatt* am 17. Juli 1991. Eine mysteriöse fiebrige Erkrankung mit starken Muskelschmerzen hatte nacheinander alle neun PDM-Akteure gepackt und aus dem Rennen ins Bett befördert. «Noch einen Tag in diesem Zustand halte ich nicht aus. Ich habe nicht vor, mich umzubringen», beteuerte Erik Breuking, der große Kontrahent von LeMond und Induráin. Die Hypothese *Lebensmittelvergiftung* wurde rasch ad acta gelegt, weil nur die Fahrer, nicht aber die Betreuer und andere Teammitglieder betroffen waren. «Alles deutet auf eine Viruserkrankung hin und nichts auf eine Lebensmittelvergiftung», gab Tour-Arzt Dr. Gerard Porte zu Protokoll. Blutuntersuchungen ergaben schließlich, daß tatsächlich kein Verstoß gegen Dopingbestimmungen vorlag – und doch gab das offizielle Ergebnis zu denken.

Der PDM-Arzt hatte Intralipid-Ampullen unsachgemäß gelagert, seinen Cracks das verdorbene Präparat gespritzt und ihnen damit Salmonellen pur verpaßt. «Intralipid, eigentlich eine Fettlösung zur künstlichen Ernährung, hat für einen Ausdauersportler den immensen Vorteil, daß er sich nicht Unmengen schwer verdaulichen, von Schwarte umhüllten Schinkens in den Magen pressen muß, sondern die Fettdepots durch eine simple Infusion auf direktem Wege randvoll getankt werden. Ohne das Zeug, verriet ein deutscher Berufsfahrer, würde er entkräftet vom Rad kippen. Wer einmal gespürt hat, wie sich der Hunger ins Gedärm frißt, weiß den Turbo aus dem Apothekerfundus zu schätzen.» [12]

Epo: «Ketchup in den Adern»

So beschrieb *Der Spiegel* die verhängnisvolle Wirkung von Epo, der neuesten Modedroge der Ausdauerathleten, die sich nach Ansicht des Kölner Dopinganalytikers Wilhelm Schänzer «lawinenartig ausgebreitet» hat. Vorläufer des gentechnisch hergestellten Epo war das Blutdoping, ein Verfahren, das ursprünglich in der militärmedizinischen Forschung entwickelt wurde. Bei den Olympischen Spielen 1976 und 1980 geriet diese Methode, durch Transfusion von Eigenblut die körperliche Leistungsfähigkeit unmittelbar vor bedeutenden Wettkämpfen zu steigern, durch finnische (u. a. Lasse Viren) und italienische Sportler in die Schlagzeilen.

Das Prinzip ist einfach und doch technisch aufwendig: Durch das Abzapfen von eigenem Blut wird der Körper in eine Sauerstoffmangelsituation gebracht. Dadurch wird das Knochenmark angeregt, die fehlenden roten Blutkörperchen (Erythrozyten) neu zu ersetzen. Das abgenommene Blut wird bis kurz vor dem Wettkampf tiefgekühlt gelagert. Dann wird aber nicht das gesamte Blut reinjiziert, sondern nur die in ihm vorhandenen Erythrozyten. Die anderen Blutbestandteile werden vorher abgeschieden. Der durch Eigenblut aufgefrischte Sportler kann nun mit einem Überschuß an Sauerstoffträgern an den Start gehen: Schalt den Turbo ein …

Seit Epo gentechnisch hergestellt werden kann, ist diese aufwendige und teure Dopingvariante, der immer ein Hauch von Vampirismus anhaftete, obsolet geworden. 1991 veröffentlichte *Der Spiegel* einen alarmierenden Artikel über Epo, der viele Radprofis, Ärzte, Funktionäre und die sportinteressierte Öffentlichkeit aufschreckte. Insgesamt 18 belgische und niederländische Radrennfahrer, u. a. der zweifache Weltmeister Bert Oosterbosch, waren seit 1987 überraschend gestorben. Der Befund: plötzlicher Herztod. Obduktionen hatten, von vergrößerten Herzen abgesehen, nichts Auffälliges zutage gefördert – nicht ungewöhnlich für hochtrainierte Sportler, ebensowenig wie gelegentliche Herzrhythmusstörungen. Der amerikanische Sportmediziner Dr. Randy Eichner, Chef der Hämatologischen Abteilung an der Universität von Oklahoma, ging als Erklärung für den allzu häufigen Tod im Rennsattel einem anderen Verdacht nach: Epo. «Sie waren jung, austrainiert und mit ziemlicher Wahrscheinlichkeit gesund. Diese Menschen legten sich eines Tages hin und starben. Einfach so. Die Ärzte sagen, sie starben eines natürlichen Todes.» Natürlich nicht. Als der PDM-Profi Johannes Draaijer, 1989 Zwanzigster bei der Tour de France, in der Nacht zum 27. Februar 1990 an einer schweren Herzattacke verstarb, ging seine Witwe an die Öffentlichkeit: «Er hat Erythropoietin genommen.»

«… weiß den Turbo aus dem Apothekerfundus zu schätzen»

Epo gilt heute als einer der größten Erfolge der Gentechnologie. Anfang der achtziger Jahre war es Medizinern gelungen, Epo zu isolieren und die Erbinformation in die Eierstockzellen chinesischer Hamster zu implantieren. Seitdem ist synthetisches Epo in Massen verfügbar. Aber was macht nun dieses gentechnische Elaborat zur Wunderwaffe all jener, die im modernen Hochleistungssport den totalen Kick suchen? Epo ist der moleküldentische Nachbau des körpereigenen Hormons Erythropoietin, das in der Niere hergestellt wird und die Bildung der roten Blutkörperchen im Knochenmark steuert, die für den Sauerstofftransport zuständig sind. Nach der Logik – je mehr Sauerstoff, um so mehr Leistung – rückte die künstliche Vermehrung der roten Blutkörperchen ins Zentrum der Begehrlichkeiten. «Wenn man EPO ohne Arzt nimmt», warnte der US-Radprofi Andrew Hampsten, «ist das wie Selbstmord.»

Weil das ins Unterhautfettgewebe gespritzte Medikament noch immer nicht in Routinetests nachweisbar ist, haben insbesondere Skilangläufer und Radsportler (und ihre medizinischen Betreuer) in den neunziger Jahren auf breiter Front zu den Segnungen der Gentechnologie gegriffen. Schon bei den Olympischen Winterspielen von Lillehammer 1994 und den Nordischen Skiweltmeisterschaften in Thunder Bay 1995 wurden nach Aussage von Ernst Raas, Leiter des Innsbrucker Instituts für Sport- und Kreislaufmedizin, «explosive Blutwerte, die zum Teil 33 Prozent über Normal lagen», festgestellt. Rund 80 Prozent aller Radprofis und Spitzenamateure seien Epo-erfahren, behauptete Sandro Donati, Sekretär der italienischen Anti-Doping-Kommission, mit Hinweis auf geheime Unterlagen des Nationalen Olympischen Komitees Italiens. Ins Gerede gekommen war die «Wunderdroge», die erstmals 1990 auf dem Doping-Index des UCI auftauchte, durch Dr. Michele Ferrari, der sich zu der Ansicht verstieg, Erythropoietin sei ein harmloses Medikament; außerdem sei alles erlaubt, was nicht explizit verboten sei.[13]

Auf jeden Fall liegen die Vorteile einer Manipulation durch Epo auf der Hand. Anstatt mit realem oder simuliertem Höhentraining (Unterdruckhöhlen, Höhentunnel u. ä.) läßt sich auch im Flachland mit wenigen Spritzen die Anzahl der roten Blutkörperchen in die Höhe treiben. «Doch die gleiche Dosis, die einen Nierenkranken von tödlicher Blutarmut befreit, kann einen Sportler ins Grab bringen», schreibt *Der Spiegel* in seinem großen Epo-Report. «Denn unmittelbar nach dem Setzen der Epo-Spritze bilden sich Milliarden von roten Blutkörperchen. In den Adern der Athleten sind bald so viele Loren unterwegs, daß es zu Staus kommt. In der Regel setzt sich Menschenblut zu kaum mehr als einem Drittel aus festen Bestandteilen zusammen. Dieser Hämatokrit schwimmt in flüssigem Blutplasma. Bei EPO-Gedopten steigert sich der Hämatokrit auf 50 bis 65 Prozent. Selbst fünf bis zehn Tage nach der letzten Spritze nimmt der Anteil der Blutkörperchen noch zu. Wenn ein Sportler dann aufs Rad steigt und zu schwitzen beginnt, verschlammt das Blut. Es ist, als fließe Ketchup in den Adern. Im Becken oder Oberschenkel, im Verdauungstrakt oder Hirn können sich Thrombosen bilden. Die Athleten, soeben noch in bester Form, brechen wie vom Schuß getroffen zusammen.»[14] Nach Auskunft des deutschen Herstellers Boehringer Mannheim ist die häufigste Nebenwirkung von Epo die Erhöhung des Blutdrucks; bei Sportlern mit Herz-Kreislauf-Problemen potenziert sich so das Risiko von Herzinfarkten.

Jung, austrainiert, gesund? Plötzlicher Herztod bei 18 Radrennfahrern

Die UCI legte den kritischen Hämatokritwert, also den Feststoffanteil im Blut, mit 50 Prozent bei einer Schutzmarge von 1 Prozent fest (im Skisport: 54 Prozent). Wer also bei den unangekündigten

Bluttests, zu denen die Radprofis ihr schriftliches Einverständnis geben mußten, mit 51 Prozent oder mehr getestet wird, wird aus dem Rennen genommen und für vierzehn Tage nach Hause geschickt. «Die Kolumbianer können gleich zu Hause bleiben», kommentierte Bjarne Riis lakonisch. Die UCI spricht in einem solchen Fall nicht von Doping, sondern von «gesundheitlichem Risiko» und «mangelnder Startbefähigung». Pech haben allerdings Athleten wie Jens Heppner, die wegen ihrer *natürlichen* Blutwerte bei einer Epo-Kontrolle ausgesiebt werden würden: «Ich habe nichts unterschrieben, das wäre ja das Ende meiner Karriere.» Nach einem Höhentraining kann Heppners Hämatokritwert leicht auf 55 Prozent hochschnellen.[15] Der erste prominente Fahrer, der an der 50 Prozent-Hürde scheiterte, war Claudio Chiappucci. Nach der zweiten Etappe der Romandie-Rundfahrt war er unversehens in die Hämatokrit-Falle gestolpert und durfte die Koffer packen. Das war um so bitterer, weil «il diabolo» schon vorher beschlossen hatte, wegen einer Sehnenscheidenentzündung auszusteigen. Durch die 14tägige «Sicherheitssperre» wurde auch noch der Giro eines seiner Zugpferde beraubt.

Daß in Dopingproben häufig Reste von Aspirin gefunden werden, gilt als Indiz dafür, daß Epo mittrainiert, weil das Schmerzmittel Blut verflüssigt und so einer Blutverschlammung entgegenwirkt. Dennoch dürfte mit der Möglichkeit unangekündigter Blutkontrollen dem Epo-Doping die Spitze genommen sein. Für großes Aufsehen sorgte der Belgier Eddy Planckaert, der in einem Fernsehinterview zugab, 1991, in seinem letzten Profijahr, mit Epo experimentiert zu haben. Er war der erste namhafte Profi, der «das branchenübliche Schweigen» *(Tour)* brach: «Hätte ich Epo früher benutzt, wäre ich ein ganz großer Fahrer geworden ... Ich verstehe die Aufregung nicht. Jeder weiß, daß Radsportler etwas einnehmen – aber keiner will es sagen. Ich habe nur den Fehler gemacht, es auszusprechen. Vielleicht gelte ich in der Radsportwelt als Verräter. Aber ich bin froh, daß ich das Schweigen gebrochen habe.»[16]

EPOchale Telekom?

Und der vermeintliche Doping-Fall Telekom? Der ist schnell durchgeblättert und ad acta gelegt.

L'Equipe, das Schweizer Boulevardblatt *Blick* und der eidgenössische Straßen-Olympiasieger Pascal Richard hatten gegen Bjarne Riis und Jan Ullrich ein Gerücht in die Welt gesetzt, dessen Beseitigung rufschädigend war. Beschädigt allerdings hatten die Gerüchteköche ihre eigene Reputation. Eine mittelschwere Blamage. «Entweder wir lachen darüber oder gehen vor Gericht», gab Teamchef Godefroot die Marschroute aus. Zum Lachen war zwar niemand zumute, aber die magentafarbene gute Laune im Hause des Telekommunikationsgiganten wurde von «der Affäre» auch nicht nachhaltig getrübt. Jan Ullrich: «Das war schneller vorbei, als ich es mitgekriegt habe.» Pascal Richard bedauerte, korrigierte, entschuldigte sich. Shit happens. Schlamm drüber.

«EDDY MERCKX – DAS IST ATTILA!»

Der größte Radrennfahrer aller Zeiten

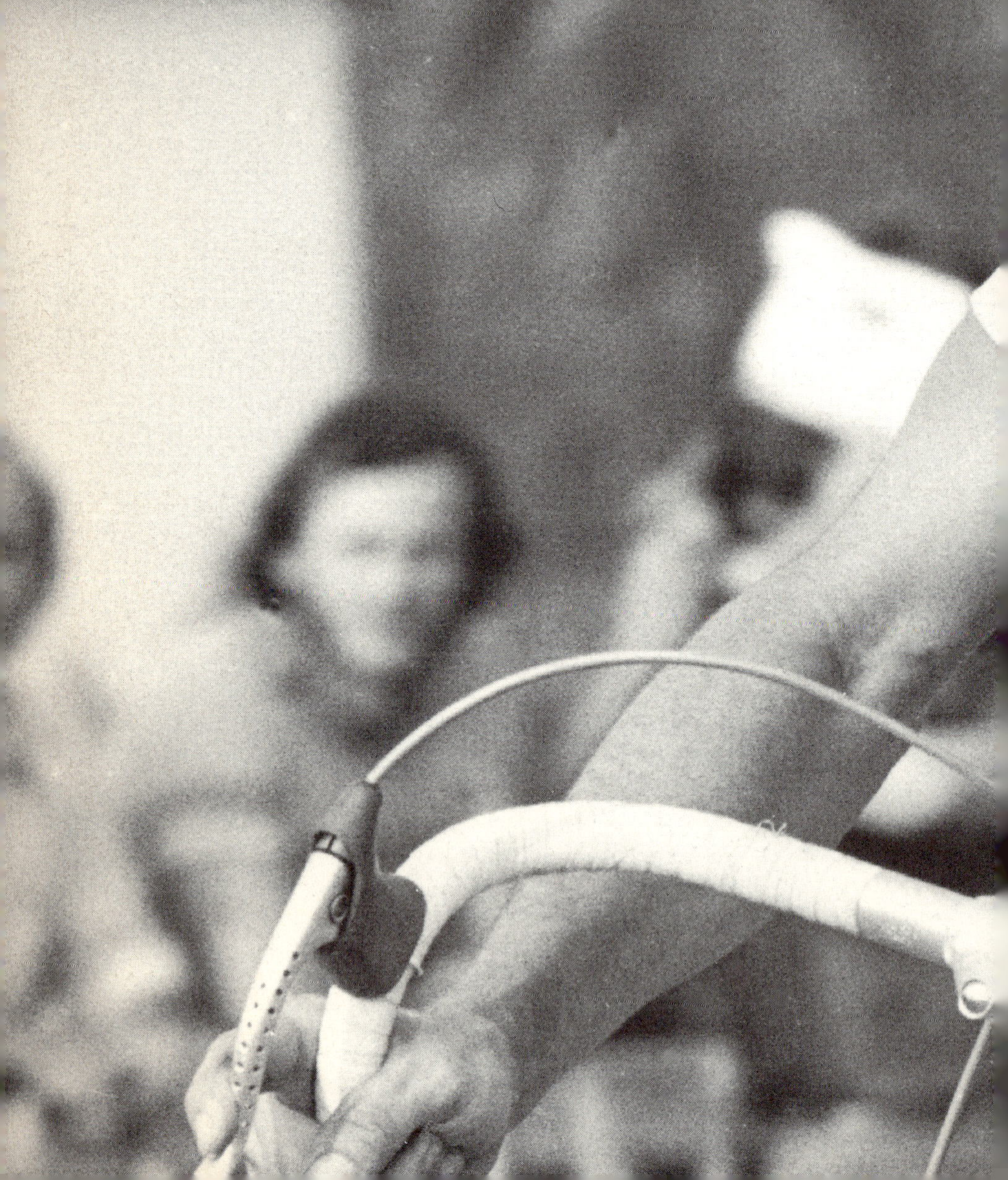

1970 kommentierte *L'Equipe* mit ungläubigem Staunen die Galavorstellung Merckx' bei seiner zweiten Tour de France: «Eddy Merckx – das ist Attila!» Seine Siege, vor allem aber die Art, wie er sie herausfuhr, setzten im Radsport neue Maßstäbe. «Eddy I.» fuhr in einer Klasse für sich: unangefochten, unanfechtbar, fast unschlagbar. Mit schläfrigem, fast phlegmatischem Gesichtsausdruck, aber hochkonzentriert kurbelte er vor sich hin, um dann urplötzlich zu explodieren. Viele seiner Siege waren Demütigungen, kleine Hinrichtungen seiner Gegner; sie brachten ihm den Kriegsnamen «der Kannibale» ein. «Für mich ist Eddy Merckx immer noch der Größte. Vom Frühjahr an wollte der alles gewinnen, der fuhr immer auf Angriff, immer auf Krawall» (Hennes Junkermann).

Anquetil, Hinault und Induráin setzten ihre Kräfte wohldosiert ein: hier eine Rundfahrt als Aufbautraining mitnehmen, bei einem Klassiker wie Mailand–San Remo voll auf Sieg fahren, dann bei der Tour de Suisse mitrollen und ausschließlich die Berghärte testen, um dann alle Kräfte bei der Tour de France freizusetzen. (Ebenso «filetieren» heute Stars wie Riis, Ullrich oder Virenque ihre Saison: endlose Trainingskilometer, gerne auch in südlichen Gefilden wie Mallorca oder Lanzarote, mehrere wohlgeplante Aufbaurennen; als Saisonhöhepunkt dann die Tour.) Ganz anders Eddy Merckx. Er fuhr zehn Jahre lang volles Programm, eine totale Saison nach der anderen – und er fuhr immer auf Sieg. In seinen besten Jahren tat er es nie unter 50 bis 60 Siegen pro Saison. Niemand nach ihm war auch nur annähernd so erfolgreich. Die Liste seiner Erfolge ist atemberaubend: Tour de France und Giro d'Italia (je 5 x), Straßen-WM (4 x), Vuelta, Tour de Suisse, Paris – Nizza, Flandern-Rundfahrt, Paris – Roubaix, Lüttich – Bastogne – Lüttich (5 x), Amstel Gold Race, Lombardei-Rundfahrt, Gent – Wevelgem, Fleche Wallone, Mailand – San Remo (7 x!) ... 445 Siege als Profi, 80 als Amateur, 98 auf der Bahn – ein Rekord für die Ewigkeit. Eddy Merckx – ein Solitär der Sportgeschichte.

Tour de France 1969: eine Demonstration

Die Zeit zwischen 1965 und 1968 mit den Tour-Siegen von Felice Gimondi, Lucien Aimar, Roger Pingeon und Jan Janssen wird in den Radsportchroniken als Interregnum verzeichnet: Es waren die Jahre, in denen Anquetil nicht mehr und Merckx noch nicht siegte.

Zu seinem ersten Auftritt bei der «Großen Schleife» reiste der hochfavorisierte Belgier mit einer Riesenportion Wut im Bauch an. Am Morgen der 17. Etappe des Giro d'Italia 1969 von Savona nach Pavia war die Nachricht wie eine Bombe eingeschlagen – die Dopingkontrolle hatte bei Merckx einen positiven Befund ergeben. Konsequenz: Ausschluß und vierwöchige Sperre. Damit wäre ein Start bei der Tour de France unmöglich gewesen. *L'Equipe* kommentierte: «Ohne Merckx ist die Tour enthauptet.» Tumulte am Start, die Fahrer reagieren empört. Marino Vigna, der Technische Direktor von Merckx' Team Faema, zog seine Fahrer sofort zurück. Schwer vorstellbar, daß der Belgier so dumm gewesen wäre, gerade bei einer «Schlafwagenetappe» durch ein Dopingvergehen das Rosa Trikot des Spitzenreiters zu gefährden. Altig, Gimondi und viele andere vermuteten ein Komplott. Denn die Chronik von Sabotageakten im Radsport ist lang, die Waffen naheliegend, manchmal auch bizarr: vom angesägten Rahmen und blockierten Bremsen bis zu vergifteten Erdbeertörtchen und mit Glasscherben gespickten Schinkenbrötchen, an denen sich beim selben Giro der Italiener Zilioli Zunge und Lippen zerschnitt.

Nach Merckx' Ausschluß war der Giro eine Farce, Etappensieger wurden ausgebuht. Parlamentarische Anfragen in Belgien machten den Fall Merckx zu einem nationalen Politikum. Claudine, die Frau des (zukünftigen) Tourminators, warnte: «Das Attentat hat ihn reizbar gemacht. Und ein gereizter Merckx ist so gefährlich wie zwei Merckxen.» (Diesen gewagten Plural hat die Sportredaktion des *Hamburger Abendblattes* überliefert.)

«Ein gereizter Merckx ist so gefährlich wie zwei Merckxen.»

Reizbar und gefährlich war Merckx dann in der Tat. Er hatte vor der Tour angekündigt, er werde fünf Tage brauchen, um wieder Tritt zu fassen. Am sechsten Tag übernahm er die Führung. Die Durchschnittsgeschwindigkeit der Etappen lag durch seine ständigen Attacken so hoch wie nie zuvor. Die einzige spannende Frage war: Wer wird Zweiter hinter Eddy Merckx? Nachdem das Gelbe Trikot im munteren Wechsel von den Schultern Rudi Altigs zu denen seines Kontrahenten und wieder zurückgewandert war, machte der Belgier am 4. Juli in den Vogesen ernst. Auf der Etappe von Mulhausen nach Belfort, bei brütender Hitze, riß er durch wilde Attacken das Feld früh auseinander, um es dann am Ballon d'Alsace zu pulverisieren – jenem «nur» 1300 Meter hohen Anstieg, dessen enge Kurven und steile Rampen ihn zu einer berüchtigten Klippe machen. Kurve – Anstieg, Kurve – Anstieg: die optimale Topographie für einen Überfall à la Merckx. Einen Kilometer unterhalb des Gipfels hatte er alle Favoriten weit abgehängt, Gimondi, Poulidor, Pingeon. Nur der spanische Bergspezialist Galera und Altig, der eine der besten Bergetappen seines Lebens fuhr, konnten mithalten. «Aus der nächsten Kurve schießt Merckx heraus wie ein Sprinter aus der Kurve einer Radrennbahn in die Gerade, aber diese Gerade steigt so an, daß der bis an die Grenze seiner Leistungsfähigkeit gegangene Altig den Kampf aufgeben muß. Plötzlich scheint er auf der Stelle zu treten, während der Belgier mit wütender, nie nachlassender Wucht dem Gipfel entgegenstrebt. Rudi Altig hat mehr gegeben, als er hatte. Er wäre vom Rad gefallen, wenn er versucht hätte, den diabolischen Rhythmus zu halten. Vom letzten Kilometer verliert er einen halben auf Merckx und muß auch noch Galera an sich vorbeilassen. Merckx gewinnt die Etappe auf dem Ballon d'Alsace vor Galera und Altig und übernimmt das Gelbe Trikot – um es nicht mehr abzugeben.» [1]

Rudi Altig kämpfte unverdrossen weiter, aber ein Platz an der Sonne (und auf dem Treppchen) war für den gebürtigen Mannheimer niemals in Reichweite. Nach der Schlacht in den Vogesen ging es für ihn am Berg nur noch bergab. In Paris lagen der Zweite der Gesamtwertung, Roger Pingeon, 17 Minuten, Poulidor 22 Minuten und Gimondi mehr als eine halbe Stunde hinter Merckx zurück. Eine Deklassierung – Abstände, wie es sie in der Geschichte der Tour nicht oft gegeben hat. «Der Kannibale» gewann, neben sechs Etappen, alles, was es auf der Tour überhaupt zu gewinnen gab: Gesamtsieg, Punkte-, Berg-, Kombinations- und Mannschaftswertung. Von den insgesamt ausgeschütteten 450 000,– DM Prämien gewann er allein 100 000,– DM. Der geniale Minimalist Jacques Anquetil («Monsieur Chrono») hätte sich an Merckx' Stelle nach den Vogesen darauf beschränkt, seinen Vorsprung zu verteidigen, kühl, souverän, notfalls mit Sekundenabständen pokernd. Der Belgier dagegen brillierte bei allen Alpenetappen (Zweiter hinter Pingeon, Zweiter hinter van Springel, Sieg vor Gimondi) und fuhr in den Pyrenäen allen davon.

1970: Erneuter Triumph des «Merckxismus»

Als der Radsportexperte Helmer Boelsen – früher für die *F. A. Z.*, später für die *Frankfurter Rundschau* unterwegs – eine Bilanz der Tour des Jahres 1970 zog, schienen die Superlative bereits alle verbraucht. Als dritter Fahrer nach Coppi und Anquetil hatte Merckx das Double erreicht: Im Juni gewann er den Giro, im Juli die Tour. Vorher hatte er schon die Siegestrophäen bei der Belgien-Rundfahrt und der Belgischen Straßenmeisterschaft, bei Paris–Nizza, Paris–Roubaix, Gent–Wevelgem und beim Fleche Wallone in seiner unnachahmlichen Art «abgeschleppt»; dazu kamen Treppchenplätze bei der Sardinien- und der Flandern-Rundfahrt, eine Bilanz, wie sie viele andere erfolgreiche Fahrer in einer ganzen Karriere erzielen. «Und das Jahr ist noch gar nicht zu Ende. Die Kritiker des Jahres hören schon auf, Eddy Merckx an alten Größen wie Coppi oder Bartali, Anquetil oder Bobet, Koblet oder Kobler, van Steenbergen oder van Looy zu messen. Um seinen Sieg 1970 zu werten, zieht man seinen Sieg 1969 heran, nicht die fünf von Anquetil, die drei von Bobet oder die zwei von Coppi.» [2]

Mit dem triumphalen Sieg beim 54

Kilometer langen Zeitfahren von Versailles nach Paris (Schnitt: 46,518 km) egalisierte er den 40 Jahre alten Rekord des Sprintstars Charles Pelissier, der 1930 acht Etappen für sich entschieden hatte. Joop Zootemelk war in Paris mehr als zwölf, Gösta Pettersson mehr als fünfzehn Minuten abgehängt. Der «Merckxismus», schrieben die Gazetten, sei zu einer neuen, verhängnisvollen Spielart des Absolutismus geworden. Nie zuvor hatte ein Fahrer die Konkurrenz derart dominiert; und nie zuvor gab es jemanden, der von den Frühjahrsrundfahrten über die Klassiker, den Giro und die Tour bis zur Straßen-Weltmeisterschaft im Herbst auf einem konstant hohen Niveau fuhr, ohne zu straucheln, ohne einzubrechen. «Der Stil von Eddy Merckx ist nicht von Eleganz, sondern von außergewöhnlicher Wucht geprägt. Er ist kein ‹Purist›, wie es Koblet war oder Anquetil, die mit ihren Maschinen verwachsen schienen. Ähnlich wie Coppi stellt er seinen Sattel extrem weit nach hinten, ohne aber die aerodynamische Wirkung des unvergessenen italienischen Campionissimo zu erreichen. Obwohl Merckx im Gegensatz zu Coppi ein ‹Stampfer› ist, ermöglicht ihm die außergewöhnliche Kraft seiner Hüften das Treten großer Übersetzungen auf lange Distanzen. Merckx gehört, wie Coppi und Anquetil, zu denen, die ‹hoch› treten, große Übersetzungen in Schwung halten ... Bergkönige wie Bahamontès und Gaul traten viel ‹niedriger›, weshalb ihr Stil auch leichter und flüssiger wirkte als der von Merckx. Trotzdem glaube ich nicht, daß sie den Belgier, wenn dieser Vergleich möglich wäre, im Hochgebirge abgehängt hätten. Denn Eddy Merckx ist der Kompletteste von allen, ihm macht keiner etwas vor, und sein Stampfen ist das Wuchtigste, was je den Lenker eines Rennrads erschütterte» (Hans Blickensdörfer).

Der kleine Eddy: Schwimmen, Basketball, Fußball bei den White Stars Brüssel?

Das Funktionieren der «Maschine Merckx» war und blieb – jenseits der außergewöhnlichen physiologischen Parameter (Herzvolumen, Ruhepuls, Hebelwirkung, Regenerationspotential) – ein Mysterium. Unbestreitbar, daß «der Kannibale» Raubbau an seinem Körper trieb (Jacques Anquetil: «Wahnsinn!»), und doch fuhr er ein Jahrzehnt ohne Einbruch auf höchstem Niveau. Was hätte Merckx 1978, als er seine Karriere beendete, eigentlich noch gewinnen können – oder müssen?

Merckx «tötet den Radsport durch seine Langeweile verbreitende Überlegenheit»; er «unterminiert in seiner Gier nach Höchstgagen die Fortexistenz seiner Zunft»; er «kauft der Konkurrenz den Schneid ab, indem er sie aufkauft und seiner Mannschaft einverleibt»: Vorwürfe solchen Kalibers ertrug der Belgier mit Gleichmut. Sport zu betreiben, ohne immer und immer wieder siegen zu wollen, hätte er als Zeitverschwendung empfunden. «Man sollte Merckx dafür bezahlen, in Zukunft nicht mehr beim Giro zu starten», gab der Italiener Dancelli, immerhin einmal Gewinner des Frühjahrsklassikers Mailand–San Remo, nach Merckx' Giro-

Triumph 1970 resigniert zu Protokoll. Daß aber auch dieser Ausnahmeathlet verwundbar war, demonstrierte Luis Ocaña bei der 58. Tour de France 1971.

1971: Das Denkmal wackelt

Jacques Anquetil lag selten richtig, wenn er seine prognostischen Fähigkeiten an seinem Nachfolger erprobte. Ende der sechziger Jahre auf Merckx' Vielstarterei und dessen Leidenschaft für ständiges Attackieren angesprochen, war sich der Franzose sicher: «Diesen Raubbau hält er keine weitere drei Jahre durch.» Anquetil irrte sich. Aber auch Ferdi Kübler, Tour-Sieger 1950 und noch 1971 populärster Schweizer Sportler, lag mit seiner Vorhersage gründlich daneben: «Ich möchte den sehen, der heute Merckx zu schlagen imstande ist. Dazu bedürfte es schon eines Anquetil, Bobet, Coppi, Bartali oder solcher Kletterkönige wie Gaul oder Bahamontès. Aber die gibt es nicht mehr.» Aber es gab einen Luis Ocaña, der Merckx zum ersten Mal den Nimbus der Unbesiegbarkeit nahm.

«Ich will das Gelbe Trikot nicht. Es gehört mir nicht.» (Eddy Merckx)

Von vornherein war klar, daß die Entscheidung an den vier neuralgischen Stellen fallen würde: bei den Bergankünften auf dem Puy de Dôme (5. Juli) und dem Col de Nover (8. Juli), beim Bergzeitfahren nach Superbagnères (13. Juli) und bei der Überquerung der Pyrenäenriesen Peyresourde, Aspin, Tourmalet und Aubisque (14. Juli). Schon am Puy de Dôme im Massive Central hatten Ocaña, Zootemelk und der Portugiese Agostinho Merckx das Hinterrad gezeigt und ihm 15 Sekunden abgenommen.

Die 11. Etappe von Grenoble nach Orcières-Merlette brachte eine der größten Überraschungen in der Geschichte des internationalen Radsports. Bei dieser Königsetappe in den Alpen wurde Merckx von einem wie entfesselt losstürmenden Luis Ocaña deklassiert wie niemals zuvor in seiner Karriere. Gleichmäßig rund und aggressiv fahrend, war der Spanier nach 77 Kilometern einer kleinen Spitzengruppe enteilt, die bereits drei Minuten vor Merckx lag. Knapp sechs Minuten betrug Ocañas Vorsprung im Ziel auf van Impe und 8:42 Minuten auf Merckx, der sich ächzend, stöhnend, schaudernd ins Ziel rettete. Damit lag der «Unbesiegbare» nach den Alpen fast zehn Minuten zurück – zuviel, um in den Pyrenäen und beim abschließenden Zeitfahren einen Mann in der Form Ocañas noch einzuholen, den die französischen Zuschauer frenetisch feierten.

Aber wieder einmal wurde dem «Sonnenkind» Ocaña schlechtes Wetter zum Verhängnis. Auf der 14. Etappe von Revel nach Luchon brach bei der Abfahrt vom Col du Monte ein schweres Gewitter mit Regenschauern, Hagel und Windböen über die Fahrer herein. Auf seifigem Asphalt stürzte auch Luis Ocaña. Ein Hubschrauber brachte ihn mit schweren Prellungen an Schulter und Brustkorb ins Krankenhaus von Saint Gaudens. Eddy Merckx, dem so sein dritter Tour-Sieg wie eine reife

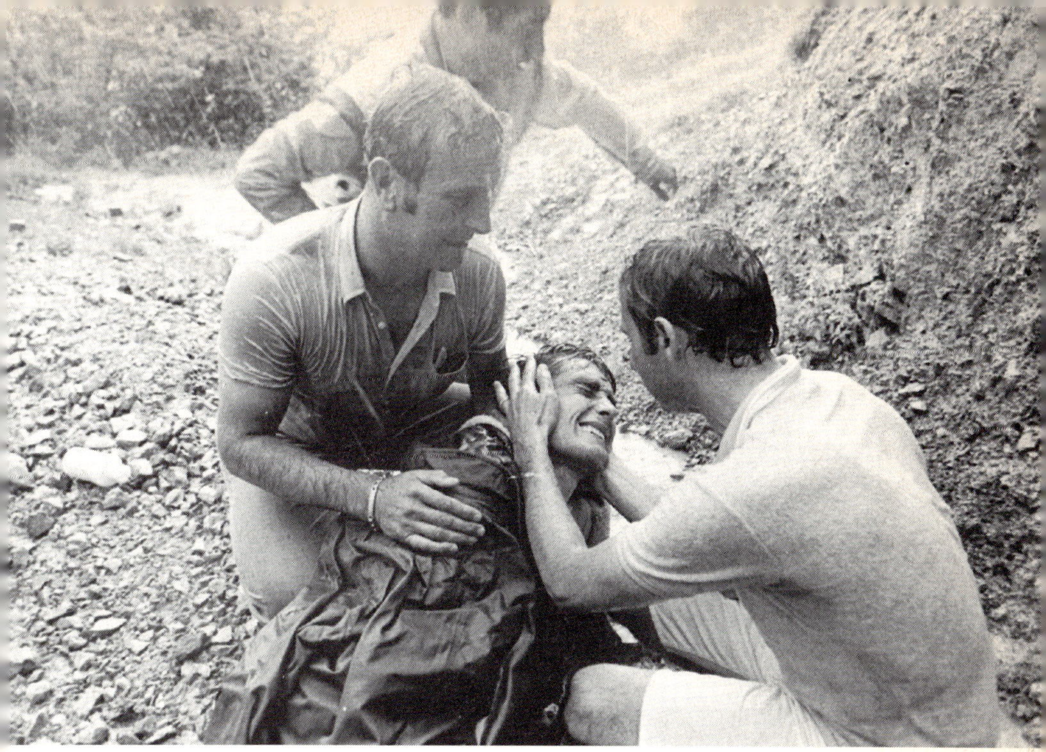

In Regen, Wind und Hagel: Louis Ocañas Sturz am Col du Monte

Frucht zufiel, verzichtete aus Respekt vor Ocaña am nächsten Tag auf das *Maillot Jaune.* «Ich möchte am liebsten nach Hause. Ich will das Gelbe Trikot nicht. Es gehört nicht mir.» Wie 1969 war für die große Hoffnung des spanischen Radsports die Tour nach einem Sturz zu Ende. Ocañas große Stunde schlug 1973: In dem Jahr, in dem Eddy Merckx die Kombination Giro und Vuelta d'España einem Start bei der Tour de France vorzog, ließ der Spanier Bernard Thévenet, dem Zweiten, mit mehr als einer Viertelstunde Vorsprung keine Chance. Es wurde viel spekuliert, weshalb Merckx sich 1973 nicht am historisch einmaligen Triple versuchte: Spanien-Rundfahrt, Giro und Tour. Wer außer Merckx hätte diese mehr als 10000 Kilometer lange Tortur durchhalten und siegreich beenden können? Der Belgier winkte ab: «Das wären 60 Etappen in drei Monaten gewesen. Das stehe ich nicht durch. Das hält meine Mannschaft nicht aus.» Vor allem das.

1975: Der König wankt, der König stürzt

Schon vor dem Startschuß zur 62. Tour de France 1975, die am 26. Juni mit dem

Prolog in Charleroi begann, waren Zweifel am Fortbestand der Ära Merckx laut geworden. Der Belgier, meinten viele Experten, befände sich deutlich jenseits seines Leistungszenits: müde und angeschlagen, ohne den Biß, die Antrittsschnelligkeit und Kletterstärke früherer Jahre. Sollten nach sieben fetten Jahren auf ihn jetzt auch die sprichwörtlichen sieben mageren Jahre warten?

Eine schwere Angina im Frühjahr hatte Merckx' Saisonplanung durcheinandergewirbelt. Er schob, als eine Art verschärftes Training, die neuntägige Tour de Suisse ein, wo ihm sein Erzrivale Roger de Vlaeminck Hacken und Hinterrad zeigte. Merckx: «Ich bin zur Zeit nicht Merckx.»

Und doch sah es zunächst ganz nach dem heißersehnten sechsten Tour-Sieg aus – bis zum 13. Juli 1975, bis zu jener ersten Alpenetappe über 217,5 Kilometer, die von Nizza über fünf Pässe hinweg nach Pra Loup führte. In einer gnadenlosen Parforcejagd nahm Thévenet Merckx 1:58 Minuten und das Gelbe Trikot ab. Merckx hatte die Paßstraßen zum Col des Champs (2190 m) und Col d'Allos (2250) in großem Stil genommen. Vor dem letzten Anstieg zum Wintersportzentrum Pra Loup hatte er schon mehr als eine Minute zwischen sich und Thévenet geschoben, als dieser plötzlich unwiderstehlich anzog, so als sei er den ganzen Tag untertourig gefahren, um alle Kraft in diesen einen Antritt zu stecken. Meter um Meter schob er sich an Eddy Merckx heran, stellte ihn, ließ ihn stehen. Merckx brach ein, wie man es bei ihm erst einmal erlebt hatte, 1971 auf der Etappe nach Orcières-Merlette. «Der Kannibale» zerbrach förmlich unter der brutalen Wucht der Attacke.

Am französischen Nationalfeiertag fuhr Thévenet in Gelb; am Col de l'Izoard vergrößerte er sein Zeitpolster um weitere 2:23 Minuten. Die Tour war entschieden, noch bevor der heimtückische Leberhaken eines «Fans» am Puy de Dôme und ein schwerer Sturz samt Jochbeinbruch Merckx' Hoffnungen endgültig begruben. Aber der «Löwe von Flandern» gab nicht auf. Er biß sich durch und erreichte Paris als Zweiter, 2:47 Minuten nach Thévenet. 500000 begeisterte Franzosen, unter ihnen Staatspräsident Giscard d'Estaing, bereiteten dem siebenundzwanzigjährigen Radprofi aus dem Dorf St. Julien de Civry im Department Saone et Loire einen überschwenglichen Empfang.

Die Zeit titelte in ihrer Tour-Retrospektive am 25. 7. 1975 «Merckx am Ende? Sucht ohne Heilungschancen» und kommentierte: «Eddy Merckx wird die Schuld auch bei sich suchen müssen: Jahrelang verwöhnte er die Zuschauer mit abstrakten Leistungen, die niemand wegen ihres beispiellosen Ausmaßes mehr einzuordnen vermochte, so sehr, daß alles, was bei ihm nicht mit Platz eins endet, einen Denkmalsturz auslöst.» Und doch ist auch richtig, daß Eddy Merckx in Paris niemals zuvor mit soviel Respekt und Freundlichkeit empfangen wurde, von Häme keine Spur. Nach großem Kampf fand er sich in die Niederlage ein, gelassen, ohne Ausflüchte. Die ihm früher oft entgegengebrachte kalte Bewunderung schlug in Sympathie um: Merckx est mort, vive Eddy!

Das Ende einer Ära

19. März 1978: Eddy Merckx kommt bei der «Ronde van het Waasland», einem Radrennen in Kemzeke westlich von Antwerpen, als Siebter ins Ziel. Irgendwann während der rund 200 Kilometer weiß er plötzlich, daß dies sein letztes Rennen sein wird. «Ich habe meiner Familie und meinen engsten Freunden geschworen, dann aufzuhören, wenn es mir keinen Spaß mehr macht – und zwar in aller Stille, ohne Blumen, Pauken und Trompeten.» Einen besseren Zeitpunkt für den Rücktritt als nach dem siebten Triumph bei Mailand–San Remo 1976 hätte es nicht geben können; aber Eddy blieb auf dem Rad. «Als der König abtrat, war er nur noch zweite Wahl», schrieb *Die Welt.* Im November 1977 war der große Belgier, zum ersten Mal seit 1966, nicht mehr auf der Liste der 23 Profifahrer der ersten Kategorie. «Er wird langsam untergehen wie die Sonne, nicht plötzlich verlöschen wie eine Sternschnuppe», hatte Merckx' Arzt im Molteni-Team prophezeit.

Die *Neue Zürcher Zeitung* brachte nach seinem Rücktritt die widersprüchlichen Seiten des Ausnahmeathleten auf den Punkt: «Eddy Merckx war professionell, unersättlich, spektakulär. Er war mit dem Kopf ein Professional im besten Sinn des Wortes, mit dem Herz jedoch ein Amateur. Er hatte seinen Preis und war bei Gagenforderungen alles andere als zimperlich, kannte aber auch seine Verpflichtungen gegenüber Vertragspartnern und Publikum und hat – zumindest bis ins Jahr 1975 – auch bei sogenannten ‹kleinen Rennen› stets sein Bestes gegeben. Der Professional Eddy Merckx vertiefte sich beinahe grüblerisch in kleinste technische Details, der ‹Amateur› in ihm war ehrgeizig bis zur Unersättlichkeit, ging jahrelang so verschwenderisch mit seinen Kräften um, daß früher oder später der Körper sich gegen diese Beanspruchung auflehnen mußte.» [3]

Auf den verschwenderischen Umgang mit seinen körperlichen Ressourcen angesprochen, pflegte Merckx den Kopf zu schütteln: Raubbau, was heißt schon Raubbau? «Ich hatte eine Gabe des Himmels und konnte selbst nicht viel dafür. Die schönsten Jahre meines Lebens verbrachte ich auf dem Velo. Ich hatte das Gefühl – wie soll ich sagen –, daß es nach dem Radsport kein anderes Leben gäbe für mich. Zum Glück hatte ich Frau und Kinder, sonst hätte ich vielleicht Dummheiten begangen.»

15 TAGE GELBFIEBER

1977 – das Jahr des Didi Thurau

Was Spannung und Klasse betraf, zählte die 64. Auflage der Tour de France sicher nicht zu den aufregendsten. Ihr eigenartiger Verlauf hatte viel mit der Entscheidung der Organisatoren zu tun, die «Giganten der Landstraße» nach dem Prolog direkt in die erste Pyrenäenetappe zu schicken. Diese trennte sofort die Spreu vom Weizen und sorgte damit für eine Konstellation, die den jüngsten Fahrer des Feldes, den zweiundzwanzigjährigen Dietrich Thurau, 15 Tage lang auf einer Wolke in Gelb schweben ließ. Mit ihm fieberten Millionen Landsleute, die sich über Nacht zu einer Radsportnation formiert zu haben schienen. Nach Jahren der radsportlichen Dürre knüpfte Thurau an die großen Erfolge von Hennes Junkermann, Rudi Altig und Rolf Wolfshohl in den sechziger Jahren an.

Was wie der Beginn einer Traumkarriere des früh zum «Jahrhunderttalent» stilisierten Thurau aussah, war aber schon ihr Höhepunkt. Das ahnte in diesem Juli 1977 noch niemand, am allerwenigsten der junge Frankfurter selbst.

Zwischen Pyrenäen und Alpen

Der Etappenplan der Tour de France wird nach dem Baukastenprinzip zusammengesetzt. Es gibt unzählige Möglichkeiten, den Parcours durch Frankreich abzustecken: links herum oder rechts herum, mit oder ohne Abstecher ins Zentralmassiv und in die Vogesen, mit oder ohne Exkursionen ins benachbarte europäische Ausland. Nur drei Bauklötzchen müssen immer eingebaut sein: die Pyrenäen, die Alpen und Paris. Mit der Entscheidung, nach dem Prolog in Fleurance und einem Mannschaftszeitfahren das noch kalte Feld sofort in die schwerste Pyrenäenetappe zu schicken, hat das Organisationskomitee der Tour de France den Fahrern, sich selbst und auch den Zuschauern keinen Gefallen getan.

Für die Startnummer 99, Dietrich Thurau, begann *la Grande Boucle* optimal. Er gewann den Prolog mit drei Sekunden vor Gerri Knetemann, seinem Teamkameraden von TI-Raleigh. Daß Thurau aber auch nach den Pyrenäen noch Gelb tragen würde, war schwer vorstellbar. Am Tourmalet waren er und Eddy Merckx bereits 2:20 Minuten hinter den Kletterkünstlern van Impe, Thévenet und Zootemelk zurückgefallen. Hätte Hennie Kuiper, der Kapitän von TI-Raleigh, das Tempo der Spitzengruppe nicht erfolgreich heruntergebremst, die Karriere in Gelb des Frankfurters wäre schon hier zu Ende gewesen. So aber ereignete sich Erstaunliches. Merckx und Thurau, der Altstar und der Frischling, harmonierten bei der Verfolgung der enteilten Kletterer glänzend, und schon vor dem Aufstieg zum Aubisque, der letzten Barriere in den Pyrenäen, hatten sie aufgeschlossen. Beim Sprint der 14köpfigen Führungsgruppe auf der Autorennstrecke in Pau hatte Thurau wieder die Nase vorn, knapp vor Merckx.

Bereits in den Pyrenäen war das Feld gesprengt. Vierzehn Fahrer waren nach der 3. Etappe übriggeblieben: Sie würden den Sieg unter sich ausmachen. Die Gruppe hinter ihnen lag bereits sieben, das große Feld vierzehn und mehr Minuten zurück. Beim Einzelzeitfahren in Bordeaux demonstrierte Didi Thurau seine Klasse: Mit der extremen Übersetzung von 56:12 nahm er Merckx sage und schreibe 50 Sekunden (639 Meter) ab. Nun lag er fast eine Minute vor dem Belgier und 1:25 Minute vor dem heimlichen Tour-Favoriten Bernard Thévenet, dem Sieger von 1975. Das französische Publikum reagierte auf den blonden Deutschen geradezu enthusiastisch («Thüroo! Thüroo!»). Die *L'Equipe* adelte ihn seiner stilistischen Eleganz wegen als «rouleur de charme», die Höchstnote für künstlerischen Ausdruck. Jacques Goddet, der Autor vieler pathosschwerer *L'Equipe*-Kolumnen, schwelgte in höchsten Tönen: «Zwei große Athleten kamen aus dem Dunkel. Der Erzengel Thurau und der Gott Merckx. Beide liegen nach den Pyrenäen auf den ersten Plätzen, aber beide haben auch schon ihre Verletzlichkeit auf hohen Bergen gezeigt. Thurau ist ein idealer Mann in Gelb. Er besitzt den Charme und die Schönheit der Jugend.» [1]

Was viele befürchtet hatten, trat ein: Die Stars schlossen einen Waffenstillstand, ließen den Youngster in Gelb auf den Flachetappen gewähren und vertagten die Entscheidung über Sieg und Niederlage auf die Alpenetappen. Die Langeweile war vorprogrammiert. «Für diese Tour», schrieb die *F. A. Z.*, «wäre es sicherlich das beste, wenn es noch vor den Alpen einen Angriff der Favoriten auf die passiven Kletterkünstler wie van Impe, Zootemelk und Thévenet gäbe.» [2] Das Problem dabei war, daß die «passiven Kletterkünstler» selbst den harten Kern der Favoritengruppe stellten. Merckx war deutlich über seinen Zenit hinaus, Thurau zu jung und unerfahren, und der große Allrounder Hennie Kuiper, der Radweltmeister von 1975, hatte sich erst die Alpen als ideales Terrain für seinen Angriff ausgesucht. Und so bummelte das Hauptfeld mit allen Favoriten provozierend langsam durch die französische Provinz. Startzeiten mußten vom Rennleiter vorverlegt werden, um die Zielankünfte in den geplanten TV-kompatiblen Zeiten «abfeiern» zu können. Kampfprämien, die damals noch ausgelobt wurden, mußten mangels Kämpfern einbehalten werden. Das Journal *Dimanche* machte sich zu Volkes Sprachrohr: «Zehn Tage kommen uns schon wie eine Ewigkeit vor. Die Langeweile kommt auf, und die Zuschauer am Straßenrand for dern von den Rennfahrern: Fahrt schneller, ihr Faulenzer!»[3]

Himmel und Hölle

Als Thurau die Pyrenäenetappe von Auch nach Pau mit dem Aspin (1389 Meter), dem Tourmalet (2113 Meter) und dem Aubisque (1780 Meter) als «das schwerste Rennen meiner bisherigen Laufbahn» bezeichnete, ahnte er noch nicht, welche Schinderei der Aufstieg zum Wintersportzentrum L'Alpe d'Huez für ihn werden sollte. Mit seiner erfrischenden Unbekümmertheit war es vorbei, als es auf der 14. Etappe von der Uhrenstadt Besançon aus in die nahen Alpen ging. Der Manager Daniel Doucet war aus Paris angereist, um den Erfolg und Provision versprechenden jungen Mann unter Vertrag zu nehmen. Eine deutsche Illustrierte hatte Thuraus Eltern nach Angers einfliegen lassen und ein «geheimes Familientreffen» arrangiert, um eine Exklusivreportage in den Kasten zu kriegen. Selbstverständlich war mittlerweile auch die deutsche Presse fast vollzählig in Frankreich eingefallen. Auch die Veranstalter der großen Sechstagerennen gaben sich die Klinke in die Hand und setzten Thurau mit ihren Gagenangeboten unter Druck. Beim «Ruhe»tag in Freiburg, als «alle Blätter bis zum *Lahrer Hinkenden Boten* zum Interview» anstanden (Hans Blickensdörfer), wirkte Thurau zum ersten Mal überfordert, zermürbt, genervt. Und dabei hätte er in diesen Stunden nichts nötiger gebraucht als Ruhe, Abgeschiedenheit, Konzentration auf sich und die vor ihm liegenden Aufgaben. (Davon würde auch Jan Ullrich 20 Jahre später ein Lied singen können.)

«Er besitzt den Charme und die Schönheit der Jugend.» (Jacques Goddet)

Den größten Respekt besaß Thurau vor dem Vorjahressieger Lucien van Impe, der als begnadeter Bergfahrer nur 2:15 Minuten Rückstand aufwies. Aber nicht er, sondern Zootemelk attackierte auf der ersten Alpenetappe nach Morzine-Avoriaz. Der junge Frankfurter quälte sich bis zur totalen Erschöpfung, um das Gelbe Trikot zu retten; ganze elf Sekunden fehlten ihm schließlich auf Thévenet. Aber auf den 121 Kilometern von Morzine nach Chamonix schlug der deutsche Tour-Debütant noch einmal zurück. Er fuhr konstant seinen Rhythmus, ließ sich von den enteilenden Menendez, van Impe, Thévenet und Zootemelk nicht aus der Ruhe bringen. Wie am Tourmalet in den Pyrenäen schien er 27 Kilometer vor dem Ziel, auf dem Col de Forclaz, einem Berg der schwersten Kategorie, schon abgeschlagen. Aber auf der Abfahrt riskierte er Kopf und Kragen, kam heil runter, stellte die Spitzengruppe und gewann den Spurt in Chamonix. Nach dieser großartigen Attacke sah Thévenet in ihm seinen schärfsten Gegner, und auch der Tour-Veteran Joop Zootemelk zog den Hut: «Was der Junge geleistet hat, ist unglaublich. Ich habe ihn beobachtet, und ich fürchte, er wird am Dienstag nicht schwächer als heute fahren.»

Zootemelk irrte sich. Was Thurau bisher durchgestanden hatte, war vielleicht das Fegefeuer; jetzt wartete auf ihn die Hölle. Zwei Alpenriesen, der Col de la Madeleine (1983 Meter) und der Col du Glandon (1924 Meter), waren zu bewältigen, bevor die Fahrer sich ein letztes Mal die steilen Rampen hinauf nach L'Alpe d'Huez (1860 Meter) quälen sollten, Serpentine um Serpentine, Meter um Meter, insgesamt mehr als 60 Kilometer Steigungen. Bereits beim 20 Kilometer langen Anstieg zum Glandon zerstoben die Hoffnungen Thuraus: die Fahrt über Straßen mit teilweise zerborstenem Asphalt, durch Staub, Schotter und Schmelzwasser war teuflisch, Minute um Minute wuchs der Rückstand.

Diese knochenharte Etappe brachte die Spannung in die Tour zurück. Vergessen war die Langeweile, das öde Taktieren der ersten zwei Wochen. Vorne an der Spitze fuhr Kuiper, der nominelle und jetzt auch reelle Kapitän von Thuraus Team, in einem mitreißenden Ausscheidungsrennen alle seine Konkurrenten in Grund und Boden – alle bis auf einen: Bernard Thévenet. Am Anstieg zur monströs häßlichen Ski-Enklave L'Alpe d'Huez jagte er Lucien van Impe vor sich her, bis das belgische Leichtgewicht vom Mann in Gelb schließlich passiert wurde.

«Der Todesflug des Erzengels»

Zwölfeinhalb Minuten nach seinem Kapitän traf Thurau endlich ein, nachdem er, völlig entkräftet, auf der Zielgeraden noch einmal hingestürzt war. Blutend, geschunden und mit Tränen in den Augen erreichte er das Ziel in L'Alpe d'Huez. Jacques Goddet kommentierte in *L'Equipe* Thuraus Debakel pathetisch («Todesflug des Erzengels») und nüchtern zugleich: «In der Stunde der Wahrheit hat Thurau keinen Einbruch erlebt wie van Impe oder Merckx. Er ist ins zweite Glied zurückgefallen. Thurau gehört zu den Ausnahmeathleten wie Freddie Maertens oder Francesco Moser, die den Kampf gegen die Berge immer verlieren werden.» Schlimmer noch als Thurau erwischte es den dreiunddreißigjährigen Eddy Merckx. Daß er nicht mehr der «Kannibale» früherer Jahre war, wußten alle, die ihn sahen. Aber gerade auf der Königsetappe schlug er sich mit kolikartigen Magenschmerzen herum, wurde mehrfach vom Tour-Arzt betreut. Wie betäubt vor Schmerz, taumelte er die Pässe hoch; im Ziel, vierzehn Minuten nach Hennie Kuiper, sah er aus «wie vom Galgen geschnitten» (so die Metapher, in die sich der *Spiegel*-Reporter Hans Halter in jungen Jahren verliebt haben muß und von der er im Laufe eines langen Journalistenlebens nicht mehr loskam. In der Niederlage zeigte der Belgier Stolz und Größe: Bei der Tour de France aufzugeben wäre ihm nie in den Sinn gekommen. Nie wurde der jahrelang mit fast übermenschlicher Konstanz aggressiv fahrende Merckx so respektiert und bewundert bei Fahrern und Publikum wie in solchen bitteren Momenten der Niederlage. «Bei meinem Stundenweltrekord in der Höhenluft von Mexico City, da bin ich bis an die Grenzen des menschlichen Leistungsvermögens vorgestoßen. Mehr kann einer freiwillig nicht leisten, dachte ich – bis heute. Ich habe heute so gelitten, wie ich es nicht für möglich gehalten habe.»

Auch für andere endete diese Hochgebirgsetappe fatal. An 30 Fahrern exekutierten die Tour-Verantwortlichen ein Exempel, unter ihnen so bekannte Namen wie Sercu, van Linden, Bracke oder der Siegburger Klaus-Peter Thaler, der eine couragierte Rundfahrt gefahren war. Statt Gnade vor Recht ergehen zu lassen, wurde der komplette «Alpenbummelzug» mit den 30 Spätheimkehrern wegen Zeitüberschreitung aus dem Rennen genommen: eine späte Rache am Fahrerfeld für das verschleppte Rennen zwischen Pyrenäen und Alpen.

Der Rest ist schnell erzählt. Hennie Kuiper war Thévenet in L'Alpe d'Huez bis auf acht Sekunden auf die Pelle gerückt: der Kampf um Sekunden als «Bauernkrieg». Die beiden Bauernsöhne Bernard Thévenet aus St. Julien-de-Civry und Hennie Kuiper aus dem holländischen Ossendrecht waren zum finalen Duell angetreten. Mit einem glänzenden Auftritt beim gefürchteten, mit giftigen Steigungen gespickten 50-Kilometer-Einzelzeitfahren in Dijon entschied Thévenet das Rennen für sich. Mit dem Sieg beim Zeitfahren auf den Champs-Élysées am letzten Tag erfüllte sich Didi Thurau einen Herzenswunsch und krönte sein großartiges Tour-Debüt. Er schob sich nicht nur an Merckx vorbei auf den fünften Platz. Mit 15 Tagen im Gelben Trikot, fünf Etappensiegen und dem Gewinn des Weißen Trikots für den besten Tour-Neuling hat er mehr erreicht als jemals ein anderer deutscher Fahrer bei der Tour de France vor ihm. Jacques Anquetil pries ihn als Mann der Zukunft, und Louison Bobet, Tour-Sieger der Jahre 1953–1955, vermutete:

«Als die Spitzengruppe von einem Zitronenfalter überholt wurde, gaben viele Rennfahrer das Rennen auf.» (Günter Grass)

«Die Tour de France 1978 gewinnt nur der, der Thurau schlägt.» Dagegen kamen Jacques Chirac, dem damaligen Bürgermeister von Paris, in seiner Laudatio Maß und Maßstab völlig abhanden: «Seit Konrad Adenauer hat keiner für die deutsch-französische Freundschaft mehr getan als Dietrich Thurau.»[4] Und da soll ein junger Mensch aus Frankfurt-Schwanheim nicht überschnappen!

Didi Thuraus Rückkehr nach Frankfurt wurde zu einem Triumphzug. Der Bund Deutscher Radfahrer, die Radsportvereine und die Fahrradindustrie schwelgten in Vorfreude auf die reiche Ernte. Alle wollten vom Didi-Boom profitieren.

Didi: Wunderkind, Sorgenkind

Am 16. September 1988, elf Jahre nach seinem beeindruckenden Tour-Debüt, wurde der einstige Star des deutschen Radsports mit einem ihm zu Ehren ausgeschriebenen *Grand Prix Didi Thurau* in den wohlverdienten Ruhestand verabschiedet. Für weniger talentierte Sportler wäre es eine große Karriere gewesen mit Spitzenplazierungen bei der Tour de France, beim Giro d'Italia, bei der Tour de Suisse und der Vuelta de España, mehreren Siegen bei großen Frühjahrsklassikern und zwei zweiten Plätzen bei Straßenweltmeisterschaften. Trotz des überragenden physischen und stilistischen Potentials ist Thurau nicht der Nachfolger von Eddy Merckx geworden. In die Fußstapfen des großen Belgiers trat statt ihm ein Mann, der fünf Tage jünger war als Thurau, aber ungleich professioneller und zielstrebiger seinem Beruf als Radprofi nachging: Bernard Hinault.

Dietrich Josef Thurau, als «Didi» 1977 quasi von der ganzen Nation als Sonnyboy *Made in Germany* adoptiert, fehlte zuviel, um *der* Star zu werden, der er werden wollte: Geduld, Bescheidenheit, Reife, aber auch kluge Berater, gute Freunde. Wie bei anderen auch, die von ziemlich weit unten ziemlich schnell nach oben kamen, ging ihm das Unterscheidungsvermögen für Wichtiges und Unwichtiges verloren. Belgiens Rad-As vergangener Tage, Rik van Looy, beobachtete Thurau als neuen Kapitän des belgischen Rennstalls Ijsboerke beim Giro d'Italia 1978, und erkannte schnell, was dem Deutschen vor allem fehlte – Professionalität und eine solide Lebensführung: «Nit immer 'rumreisen, Interviews, Autogrammstunden, Kirmes. Rennen! Trainiere! Trainiere!»[7] Wo ein Jan Ullrich über Jahre systematisch und verantwortungsvoll aufgebaut wurde, hat Thurau kaum ein Fettnäpfchen ausgelassen. Bereits 1980 wurde das elendige Megatalent in den Sportfeuilletons gnadenlos zerrupft. «Man machte ihn zum Meister, als Thurau noch Geselle war. (...) Die Schußfahrt ins mausgraue Mittelmaß muß sich Thurau zum Teil selbst anlasten. Viel zu lange von einer falschen Selbstüberschätzung geblendet, verpulverte er für eine ‹schnelle› Mark auf der Winterbahn seine Kraft und kam so auf der Straße zusehends schwerer in Tritt. Freunde und Helfer verprellte er immer wieder durch großspurige Töne und Attitüden. Thurau verschliß sich, ohne es rechtzeitig zu merken. Für diesen schleichenden Erosionsprozeß hat er jetzt zu büßen»[5]:

- Ruinierung eines soliden Aufbaus für die Straßensaison durch exzessive Präsenz auf den Winterbahnen (Gage: bis zu DM 50000,– pro Rennen).
- Er machte Geld, wo immer es sich machen ließ: Didi hier, Didi da – und abkassieren. Bernard Hinault drastisch: «Thurau hat Blödsinn gemacht. Der hat nichts ausgelassen, kein Sechstagerennen, keine Showveranstaltung, bei ihm war alles eine einzige Melange. Er wollte Geld verdienen und hat alles genommen, was gekommen ist. Und dann ist er gegrillt worden.»
- Er war in viele Dopingfälle verwickelt, allein drei in seinem «schwarzen Jahr» 1980. Seine Äußerungen «Wer nichts nimmt, wird auch nichts» und «Ich nehme nichts, was mich schnell kaputtmacht» klingen *heute* geradezu frivol. Daß er, wie viele andere, leistungssteigernde Mittel genommen hat, leugnet der «blonde Engel» auch heute nicht: «Es muß halt immer jeder selbst entscheiden, was nimmt er, und was nimmt er nicht. Wenn sich damals jemand mal etwas vorgenommen hatte, hat er Amphetamine genommen. Man mußte dabei natürlich auch im Rahmen bleiben, damit nichts passiert. Nur mittlerweile hat auch das Doping eine andere, eine gefährlichere Dimension bekommen. (…) Ich behaupte mal, ich hatte früher immer die Kontrolle darüber.»[6]

«Nit immer rumreisen. Rennen! Trainiere! Trainiere!» (Rik van Looy)

- In seinem Glanzjahr 1977 für TI-Raleigh unterwegs, wechselte er danach die Rennställe «wie Steuerflüchtlinge ihren Aufenthaltsort» *(Der Spiegel)*. Von Ijsboerke trennte er sich im Streit und mit einer Konditionalstrafe von DM 100000,–, um zu Puch-Compagnolo-Sem (Rennleiter: Rudi Altig) wechseln zu können. Aus Konrad Kotters Kondor-Team wurde er unsanft herausgedrängt («Geschäftsschädigung»). Es folgten Hoonved-Bottecchia, Del Tongo (für die er als «Leutnant» von Giuseppe Saronni 1983 einen großartigen Giro d'Italia fuhr), das Team von Peter Post …

Heute ist der Frankfurter wieder an vielen Rennstrecken zu finden. Nicht um Ruhm und das ganz große Geld geht es dort, aber erbittert fighten muß auch der, dem Thurau die Daumen drückt: Sein Sohn Björn fährt Rennen im Trikot des RV Henninger Sossenheim. Eher stoppelig blond als blond-gelockt wie sein Vater, aber durchaus vielversprechend. Warten wir also auf die nachwachsende Generation aus dem Hause Thurau.

Christoph Siemes

KRAFTAKT

180 Kilometer lang, vier Pyrenäenpässe hoch

Berge sind was für Alpinisten, Murmeltiere und Lawinen. Ich aber will radfahren. Habe ein lächerlich buntes Trikot an, eine hautenge Hose mit antibakteriellem Sitzpolster und ein Paar Schuhe, mit denen ich keine zehn Meter vernünftig gehen kann, die mich aber dank einer ausgetüftelten Bindung an mein Gefährt ketten werden. Das wartet neben mir, federleicht, Ferrarirot, geradezu blödsinnig grazil, wenn ich an das denke, was auf uns beide zukommt.

Was mache ich überhaupt hier? Weiß doch eh schon jeder, daß Radrennen auf der Liste «Sportarten, die dich fertigmachen» ganz oben steht. Danach kommt lange nichts. Dann Rudern, jenes knapp zehnminütige Gepaddel, an dessen Ende die Athleten gern vor Erschöpfung aus dem Boot kotzen.

6.50 Uhr. Gerade habe ich mich am Stadtrand von Pau, Südfrankreich, in den Sattel gehievt. Irgendwann heute abend will ich Loudenvielle im Vallée de Louron erreichen. Dazwischen liegen 180 Kilometer und ein Teil der Pyrenäen – das Massif de Néouvielle, ein zwei- bis dreitausend Meter hohes Granitbollwerk. Wenn ein Herz wirklich in die Hose rutschen kann, sitze ich jetzt auf meinem. Gletschereis und Erosion haben sich in Jahrmillionen Mühe gegeben, diese Botschaft klar, schroff und schön auf die Felsen zu schreiben: Das hier ist nix für Radfahrer. Geht woanders spielen.

Würde ich ja gern. Aber diese 180 Kilometer sind die 9. Etappe der Tour 97. Meine Etappe.

Die Tour de France ist der Schrecken eines Radrennens mal 21. 21 Etappen und ein Prolog innerhalb von 23 Tagen. Ein Tag Pause. 3870 Kilometer. Durchschnittsgeschwindigkeit über 40 Kilometer pro Stunde. 22 Teams mit knapp 200 Fahrern werden am 5. Juli in Rouen starten. Ungefähr die Hälfte wird am 27. Juli beim allerletzten Spurt über die Champs Élysées noch dabeisein. Von dieser Hälfte wird wiederum eine Hälfte das sein, was man gewöhnlich krank oder verletzt nennt. Und dennoch fahren: mit schweren Verstauchungen, Hautabschürfungen, Infektionen.

Die 9. Etappe dieser Tour ist eine festliche Angelegenheit. Sie findet statt am 14. Juli, dem französischen Nationalfeiertag. Zum Ergötzen der Zuschauer, die am Straßenrand bei einem Picknick sich selbst und die Athleten feiern, wird die Tour ihre ersten Opfer fordern und Helden formen. Die Roller und Sprinter, die die ersten acht Etappen im Flachland dominieren, haben nichts mehr zu bestellen. Die vier Pyrenäenpässe teilen das Feld auf in gewöhnliche Profis, die ganz gut Fahrrad fahren, und in Genies, die das Zeug zum Tour-Sieger haben. Und ein paar werden feststellen, daß sie weder das eine noch das andere sind. Die geben dann auf.

Und was zum Teufel mache ich dann hier?

Arbeit am Mythos, sozusagen. Stiftung Streckentest. Einen Maßstab finden für die Leistung dieser radrasenden Menschmaschinen mit ihren eimergroßen Lungen. Wie fühlt sich ein Oberschenkel an nach 180 Kilometern bergauf, bergab, wie eine Wade? Wird der Gewinner der Tour seine mehr als zwei Millionen Francs Siegprämie redlich erstrampelt haben? Kann ein Mensch so etwas ohne Doping überhaupt schaffen?

«Nein, nein!» hätte ich gestern beinahe gerufen beim bloßen Anblick der Berge. Und wäre ohne Test gleich wieder heimgefahren. Von Pau aus hat man nämlich einen beängstigend schönen Blick auf den Felsriegel, der Frankreich von Spanien trennt. Wilde Zacken am Horizont, Schneefelder in den steilen Flanken. Und ganz links der steilste Zahn – das erste Ziel: der Pic du Midi de Bigorre, 2865 Meter. Etwas unterhalb verläuft die Strecke. Drei Sterne im Reiseführer – ist eine Reise wert. Mit dem Auto.

Aber das war gestern. Über Nacht ist der Himmel fast auf die Straße gefallen; Wolken hängen im Tal des Gave de Pau wie Wattebäusche im Dreitagebart. Kein Berg, nirgends; eine schöne Täuschung, die auf den ersten Kilometern Beine macht. Die einzigen Zeugen meiner Raserei: Kühe mit morgenmüdem Blick. Selbst der Begleitwagen, der mich in der Stunde der größten Not und Verzweiflung einsammeln soll, ist im Nebel verschwunden, die Nabelschnur zerrissen.

Treten, treten, treten. Aber bloß nicht verausgaben! Das ist zunächst das schwerste: Geduld bewahren. Kleiner Gang, runder Tritt. Nach einer Stunde und 28 Kilometern endlich wieder Kontakt zur rollenden Bodenstation. Heimat! denke ich beim Anblick der blauen Karre. Macht Spitzensport eigentlich dumm?

Woran denken wohl die Profis, wenn sie hier entlanghasten? An die Lieben daheim? An ein Bett? Ans Geld? Oder doch, vor aller Moral, ans Essen?

Rund 9000 Kalorien verbraucht ein Tour-de-France-Teilnehmer pro Tag, da wird essen zu einer Hauptbeschäftigung. Nichts ist schlimmer als ein Hungerast zwischendurch, die plötzliche Leere im Bauch, in der wie in einem schwarzen Loch alle Kraft verschwindet, die Schwindelanfälle, der kalte Schweiß auf der Stirn, obwohl das Herz rasend Blut durch den Körper pumpt. Ist die Vorratskammer einmal derart ausgeplündert, der Blutzuckerspiegel unter die Fußsohlen abgesackt, hilft nur eine eilends anberaumte Fresserei. Berufsradfahrern passiert ein solcher Einbruch in der Regel nicht mehr; sie wissen, daß auch essen gelernt sein will. Schon zum Frühstück gibt's Kalbssteak (pro Kilometer wenigstens ein Gramm, sagt eine alte Faustregel), dazu Nudeln, Reis, Kartoffeln. Da ich vor dem Start im Hotelzimmer keine Bratpfanne finden konnte, muß ich unterwegs reinschaufeln, was geht: Bananen, Müsliriegel, Traubenzucker.

Die Wolkendecke hebt sich, die freundliche Flachlandsimulation endet. Hinter Ferrières, nach 38 Kilometern, muß ich zum ersten Mal den Rettungsring werfen und in den kleinsten Gang schalten: 42 Zähne auf dem vorderen Kettenblatt, 26 Zähne auf dem größten Ritzel hinten. Pro Pedalumdrehung komme ich jetzt gerade mal 3 Meter 45 weit. Bis zur ersten Paßhöhe, dem Col du Soulor, sind es noch 13 Kilometer. Oder fast 3800 Pedalumdrehungen.

Radrasende Menschmaschinen in der Stiftung Streckentest

Am 14. Juli wird kein Mensch so eine Kinderübersetzung fahren. Das größte Ritzel, das ein Profi sich gestattet, hat 21 Zähne. Selbst wenn er sich in seinen kleinsten Gang flüchten sollte, schafft er pro Umdrehung fast einen Meter mehr als ich. Vom Tempo, in dem er die Kurbeln kreisen läßt, mal ganz zu schweigen. Ein Blick auf die offizielle Marschtabelle der 9. Etappe zeigt, was das heißt: Die Profis sollen die fünfzig Kilometer bis zur Paßhöhe in knapp eineinhalb Stunden fahren. Das heißt auch: Wenn sie mit der Schufterei fürs erste fertig sind, fange ich gerade mal an.

Und das sieht so aus: Hände oben in der Mitte des Lenkers, Rücken gebeugt, wiegender Tritt. Alle zwanzig Sekunden für einige Umdrehungen aus dem Sattel, dann tritt es sich leichter. Aber was für ein Selbstbetrug: Zurück im Sattel, scheint man zurückzurollen. Immer ist der Mund weit aufgerissen, um ja genug frische Pyrenäenluft hineinzusaugen, hineinzufressen. Und gelegentlich einen Fluch herauszustöhnen: Scheiße! Hört das denn nie auf?! Ich kann nicht mehr. Ich will nicht mehr.

Zum Glück gibt es keine Zeugen, nur Vögel lärmen unverständlich herum. Die Körpermaschine stampft und dampft, doch nicht genug, um den Kopf zu vernebeln. So ist alles Denken Masochismus: Allein mit meinem Wahn, es irgendwie schaffen zu wollen, fällt mir nur ein, warum es nicht klappen kann. Klar, der Col du Soulor ist mit 1474 Metern nur wenig höher als das Schwarzwälder Schauinsland, das ich viele Male gefahren bin. Aber das ist lange her. Der einzige Anstieg seit Jahren: der Süllberg in Blankenese. Höhe über Normalnull: 70 Meter.

8.45 Uhr. An der Baumgrenze, Felsen, Nebel, Regen, grau in grau. Noch 'n Gedicht dreht im Kopf unaufhaltsam seine Runden: Hofmannsthal, «Reiselied». «Wasser stürzt, uns zu verschlingen, / Rollt der Fels, uns zu erschlagen ...» Plötzlich in einer Kehre Gegenverkehr: Ein paar Säue galoppieren über die Straße. Unterm Schweinemist auf dem Asphalt zu erahnen: die Anfeuerungsschriften für die Idole der Pedale. Jaja, Induráin. Chiapucci. Jalabert. Und immer wieder Tony, in jeder Kurve, an jedem neuen Aufbuckeln der Straße. Alles vergeblich. Der Schweizer Tony Rominger teilt mein Schicksal: niemals Tour-Sieger zu sein.

Die Sicht ist gleich null. Wenn die Profis hier auch so ein Wetter haben, sind sie und die Sponsoren angeschmiert:

keine Fernsehbilder von der telegenen Qual. Die Paßhöhe markiert heute ein Reisebus; schemenhafte Regenjacken und Tweed-Schiebermützen kaufen Souvenirs. Verständnislose Augenpaare starren mich an. Ich starre zurück: Ist es nicht mindestens ebenso bescheuert, Ansichtskarten von einem Ort zu kaufen, den man nicht gesehen hat?

9.15 Uhr. Glücksgefühle. Ein Viertel der Strecke überstanden, und die Beine spüre ich auch noch. Fertig machen zur Abfahrt. Profis stecken dafür lediglich eine Zeitung unters Hemd, die ihnen die Zuschauer reichen; so machten es schon die Fahrer der «heroischen» Epoche der Tour vor dem Ersten Weltkrieg, als die Etappen noch über 400 Kilometer lang waren. Mir reicht ein kleines Heldentum, ich ziehe lieber ein zweites Trikot und eine winddichte Jacke über, setze Helm und Brille auf. Kopfschutz halten die meisten Tour-Fahrer ebenfalls für Amateur-Schnickschnack. Daran hat auch der Tod von Fabio Casartelli nichts geändert, der bei der Tour vor zwei Jahren auf der Abfahrt vom Col de Portet d'Aspet stürzte. Im Fernsehen sah ich seinen Leichnam auf der Straße liegen; den Kopf auf einem Stein am Straßenrand zerschmettert.

Mit dem Schreckensvideo im Schädelkino behutsame Sturzfahrt nach Argelès – Gazost. Der ganze Körper schmerzt vor Anspannung und Konzentration; selbst Tempo 60 – die Profis fahren 90 – verzeiht keine Abschweifungen.

Radfahren im Gebirge ist auch eine Berg-und-Talfahrt der Gefühle. Nur zehn Kilometer nach dem Gipfelrausch ist aus dem Helden ein Häufchen Elend geworden, von der nun vollends durchgebrochenen Sonne mürbe gesiedet. Der Sport versorgt einen doch hinreichend mit existentiellen Erfahrungen: Angst, Zweifel, Einsamkeit.

Jede Straße, jeder Paß hat einen eigenen Charakter: zierlich geschwungenes Rokoko oder expressiv ansteigend. Oder einfach geradeaus. Die D 918 hinauf zum Tourmalet hat etwas von einem Prügelstock: Fast kurvenlos liegt sie zunächst da, acht Prozent Steigung im Schnitt, auf mehrere hundert Meter im voraus zu besichtigen. Dem hoffärtigen Radler bimst sie ein: Hab' ich dir nicht gesagt, daß du zu Hause bleiben sollst? Selbst den Profis wird hier noch bang ums übergroße Sportlerherz. Wenn sie bei Tempo 30 und Puls 180 überhaupt noch eine Kalorie zum Fürchten bereitstellen können.

Plötzlich sehe ich vor mir noch mehr Unbelehrbare auf ihren Rädern in der Steigung wie Fliegen auf der Leimrute. Jeder behält jeden im Auge, schöpft aus dem Leiden der anderen Kraft – ein zäher, keuchender Lindwurm mit vielen bunten Gliedern.

Eins strampelt dreißig Meter vor mir. Ein kleiner Zwischenspurt nur, und ich wäre an seinem Hinterrad. Könnte ansaugen, hätte einen Fixpunkt innerhalb des hin und her schaukelnden Gebirgspanoramas. Ist zwar nicht die feine Art; *wheelsucker*, Hinterradschlotzer, sind verpönt. Aber es macht alles so viel leichter! Nur dreißig Meter ist der rettende Reifen entfernt. Doch es geht nicht. Der Puls ist bei 160. Jetzt ein Spurt, dann kocht der Körper über, und das ganze Projekt geht noch vor der

Hälfte in die Binsen. Lächerliche dreißig Meter! Der Berg lehrt Geduld.

Aber warum, verdammt noch mal, müssen Holländer keine Geduld haben? Zwei Oranje-boven-Trikots fliegen vorbei, unten dran je ein Paar glattrasierte Beine, oben drüber Seehundschnäuzer als Schweißfänger. Verzweifelt starren wir Kriechtiere dieser höher entwickelten Spezies hinterher. So muß sich Rominger gefühlt haben, als der fünffache Tour-Sieger Miguel Induráin ihn Jahr für Jahr lächelnd in Grund und Boden fuhr.

Radfahren im Hochgebirge – Schreckensvideo im Schädelkino

Fünf Stunden, 97,7 Kilometer. Tourmalet bedeutet «ungünstiger Umweg». Namen sind Nachrichten. Es gab eine Zeit, da schafften Flachlandbewohner den Paß nur, wenn sie in Sänften getragen wurden. Als der Tour-Erfinder Henri Desgrange auf Anregung seines Mitarbeiters Alphonse Steines 1910 erstmals die Pyrenäen in die Streckenführung aufnahm, wurde er als Verrückter, Menschenschinder, Mörder bezeichnet. Bei einer Streckenbesichtigung im Frühjahr 1910 kommt Steines fast ums Leben, als er sich zu Fuß durch meterhohen Schnee über den Tourmalet wühlt. Hier und heute ist Sommer. Blühende Wiesen. Nur ein Lkw verpestet hinter Barèges, dem letzten Dorf vor der Paßhöhe, die Luft. Minutenlang steht öliger Qualm über der Straße und verklebt die Lunge. Verrückt. Mörderisch.

Noch drei Kilometer. Hochgebirge ringsum, Disteleinsamkeit. Schafe wälzen sich wie irr im Schotter der Straße. Raubt die dünne Luft etwa den Verstand? Verwaiste Skilifte wie Narben auf einem verwüsteten Gigantenkörper. Letzte Pause. Ich bin der einzige, der unterwegs absteigt. Aber ich bin auch der einzige, für den oben noch nicht Schluß sein soll. Bei der Tourmalet-Premiere 1910 gewann der Franzose Garrigou eine Prämie von hundert Francs: Er war als einziger Fahrer die Holzfällerwege hinaufgekommen, ohne abzusteigen.

Ein Mitstreiter läßt sich kurz von meinem Begleitwagen ziehen. Kann wohl nicht mehr, was?! Ein bißchen Schummeln, ein bißchen fremde Hilfe ist auch bei den Profis üblich. In so einem Mordsberg nehmen die Spezialisten den weniger zähen Kollegen bis zu einer halben Stunde ab. Und wenn die Tour-Kommissare die Spitzengruppe observieren, lassen sich die Abgeschlagenen schon mal vom Materialwagen ziehen oder von frenetischen Zuschauern anschieben.

Geschafft. Ungläubig schaue ich auf das Schild: Col du Tourmalet, 2115 Meter. Starker Wind bläst Nebel den Hangabsturz hinunter, ein Wolkenwasserfall. Den Körper in einem Salzpanzer, starre ich hinab auf die Straße, die ich hinaufgekrochen kam. Rings um das Restaurant, eine in eine Felsnische geduckte Hütte, herrscht Radlerbetrieb wie in Peking oder wenigstens Münster. Stolz geschwellt stöckeln alle auf ihren Radlerschuhen herum, futtern Trockenobst und beäugen die Rennmaschinen der Konkurrenz. Für sie ist hier oben schon Feierabend. Schlaffis.

13.44 Uhr. Fünfzehn Minuten hat die Abfahrt nach St. Marie de Campan gedauert. Eine Viertelstunde Raserei als Lohn für die Mühen des Anstiegs. Der Rest ist ein verkrampfter Oberkörper: Arme und Schultern fühlen sich an wie eine Faßdaube, ein eiserner Ring, an den Lenker geschmiedet.

St. Marie de Campan ist seit 1913 einer der mythischen Orte der Tour. Damals brach dem überlegen führenden Eugène Christophe gleich zu Beginn der Abfahrt vom Tourmalet die Gabel. Zu Fuß lief er die vierzehn Kilometer hinab in die Schmiede des Dorfs und hämmerte sich sein Gefährt zurecht. Fremde Hilfe bei Pannen war verboten; die unerbittlichen Kommissare brummten Christophe sogar eine Strafminute auf, weil ein Junge aus dem Dorf den Blasebalg für ihn getreten hatte. Also, jetzt keine Beschwerden, es könnte alles noch viel schlimmer kommen.

Selbstgeißelung im Schatten einer Madonnenstatue: Schlaffi!

Der Rest ist schnell erzählt, die wachsende Erschöpfung läßt nur wenig Energie übrig für umfassende Bestandsaufnahmen. Irgendwo in einer Ecke des Körpers sollten noch ein paar Kohlehydrate in Reserve liegen, Muskel- und Leberglykogen, 300 bis 400 Gramm. Die gehören jetzt angeknabbert und verbrannt; die freigesetzte Kraft in die schlapp und schlapper werdenden Beine transportiert. Um 14.50 Uhr, 136 Kilometer und 8 Stunden nach dem Start, erreiche ich den dritten Gipfel: Col d'Aspin 1489 Meter. Die Marschtabelle verniedlicht ihn als Berg der 2. Kategorie (zwei unter dem König Tourmalet). Doch niedlich sind hier allenfalls die Kühe, die zutraulich und cool die Kofferräume der Touristen-Pkw inspizieren. Die Straße ist ein Aas, tut zwischen Tannenwald und sanfter Au idyllisch, jubelt einem dabei aber eine Steigung von 7,5 Prozent unter. «Unvergeßlich» nennt so etwas der Reiseführer. Irgendwie hat er ja recht, meine Finger zucken unkontrolliert.

Es folgt das alte Spiel: die Rüttelpartie Abfahrt. Plötzlich steht eine merkwürdig dürre, aber eisenharte Leitplanke im Weg. Film ab: Kollisionspunkt oberes Drittel Vorderrad – Gabel schlägt nach hinten und bricht – Fahrer über den Lenker und die Leitplanke in den Abgrund katapultiert – Rettungshubschrauber – Bedauern und altkluge Kommentare: Wie konnte es nur …

Ende der Filmvorführung: Irgendwie komme ich heil aus der Kurve heraus und an den Fuß der finalen Herausforderung: Col d'Azet, 1580 Meter, durchschnittliche Steigung 8,2 Prozent. Mehr als am Tourmalet! Der Rücken reißt wie ein überdehntes Brett kurz vor dem Zerbrechen, die Beine fühlen sich an, als würde irgendein Körperzwerg sie von innen mit einem Hammer bearbeiten. Ich streike.

Bei der echten Tour wird hier die Entscheidung fallen; einige Fahrer werden die erschöpften Fratzen der Konkurrenten richtig deuten und ein letztes Mal das Tempo verschärfen. Ich dagegen habe schon Schwierigkeiten, meinen Blick auf die Umgebung scharf zu stellen. Selbstgeißelung im Schatten einer

Madonnenstatue am Ortsausgang von St. Lary-Soulan: Wie vermelde ich mein Aus den Kollegen? Den Lesern?

Da flüstert die Besatzung meiner rollenden Bodenstation: Du schaffst das! Jetzt kannst du nicht mehr aufgeben. «Habt ihr diese Steigung da gesehen?» frage ich matt. Gleich hinter der Mutter Gottes hebt die Straße an, als sei's die Abkürzung zum Himmelreich. «Das täuscht», behauptet das Säuseln der Sirenen an meiner Seite.

Die Hitze aber ist echt. Südhang. Grillengeschrei. Die Pyrenäendörfer Estensan und Azet haben schon auf Sommerbetrieb umgeschaltet: Hunde, wie tot in den Schatten gelegt, Menschen runter von der Straße, Jalousien zu, Siesta. Zwecks Selbsthypnose starre ich auf die gleißenden Firnfelder des Pic d'Arrouyette, ein paar tausend Meter (oder so ähnlich) über mir. Nur nicht immer auf die Straße schauen. Ich bin mittlerweile so langsam, daß ich mit jedem Steinchen dort unten ein längeres Gespräch führen könnte. Alle vier Pedalumdrehungen aus dem Sattel. Das war zu Beginn auch mal anders.

Um 17.20 Uhr platzt der Hinterreifen. Zeigt mir, was schlappmachen heißt. Einfach so. Zu heiß, zu steil, was weiß ich. Noch zwei Kilometer. Nach dem Reifenwechsel kommt so etwas wie die 98. Luft. Ich schalte sogar einen Gang rauf, 24 Zähne, 3,73 Meter pro Umdrehung! Und schalte kleinlaut 300 Meter vor dem Gipfel wieder zurück. Aber noch trete ich.

Nach elf Stunden sehe ich das Ziel – tausend Meter unter mir. Das heißt aber auch: Ich bin oben. Bis hierher habe ich doppelt so lange gebraucht, wie die Profis am 14. Juli für die ganze Etappe benötigen werden. Oder einfacher: Sie werden doppelt so schnell fahren wie ich. Und nicht nur an einem Tag. Alle Tage, einundzwanzigmal. Man könnte also sagen: Insgesamt leisten sie das Zweiundvierzigfache meiner Tortur.

Vor dem Ortseingang von Loudenvielle versuche ich eine Art Schlußspurt. So machen es die Riis, Ullrich & Co schließlich auch: nach mindestens zwei Stunden am absoluten Limit aus der ausgelaugten Körperhülle den letzten Saft pressen, noch einmal, falls ein Konkurrent bis hierher Schritt gehalten hat, den größten Gang einlegen und auf 60 Stundenkilometer beschleunigen. Ich schaffe es bis 35 km/h, dann kommen das Ortsschild und die Zieldurchfahrt. Wie machen sie es nur, daß sie beim Jubeln die Arme so locker über den Kopf heben? Ich bringe die Ellbogen gerade noch auf Schulterhöhe. Es ist 18.17 Uhr. Den Mund krieg' ich nicht mehr zu. Ist das ein Lächeln?

Ein paar Häuser, ein Einkaufszentrum, ein kleiner See – das ist Loudenvielle. Belanglos. Doch heute: der schönste Ort der Welt. Was mache ich hier? Die Teilnehmer der Tour de France werden am 15. Juli um 9.30 Uhr, sechzehneinhalb Stunden nach Ende der 9. Etappe, wieder in den Sattel steigen und Richtung Andorra aufbrechen. Die 10. Etappe wird 252,2 Kilometer lang sein und über sechs Pässe führen. Die Königsetappe. Das hier, das war nur die Vorhölle. Zum Warmwerden.

GRUPPETTO

Im «Bus» durch die Pyrenäen

Sprinter sind Hasardeure, riskieren Kopf und Kragen. Sprinter sein heißt: vorne zu fahren, ganz vorne.

Aber manchmal fahren sie auch hinten, und zwar ganz hinten. Dem Genuß der Ebenen folgen die Höllenqualen der Berge. Dort zollen sie ihren meist einseitigen Talenten Tribut. «Das ist, wie wenn man langsam ein Glas über eine Kerze stülpt. Wenn man nicht ganz vorsichtig ist, erstickt die Flamme» (Olaf Ludwig).

Im schlimmsten Fall droht der Ausschluß aus dem Rennen, die rote Karte für die rote Laterne. Denn die Tour-Gewaltigen haben ins Reglement eine tückische Falle eingebaut, die Karenzzeit: Wer mit zu großem Rückstand ins Ziel kommt, kann disqualifiziert werden. Der geduldete Zeitrückstand auf den Tagessieger kann, je nach Etappe, zwischen fünf und zwanzig Prozent betragen. «Die Folge: Wie von unsichtbarer Hand gesteuert, finden sich die Sprinter in den Bergetappen zusammen. In der Schicksalsgemeinschaft, die sie *Gruppetto* oder *Bus* nennen, machen sie auf verlorenem Posten eine Rechnung mit den Variablen Siegerzeit, Streckenprofil, Karenzfaktor und eigene Geschwindigkeit auf, um den Krafteinsatz zu minimieren. Ihr Ziel: möglichst kurz vor Toresschluß ins Ziel zu kommen» (Jörg Grünefeld). Der *Bus*, die Interessengemeinschaft der Abgehängten, bietet vielerlei Vorteile: Windschutz, aktuelle Zeitansage – und Geborgenheit. Welcher Horror, als schlechter Bergfahrer eine knochenharte Hochgebirgsetappe allein am Ende eines Feldes überstehen zu müssen, hinter sich nur noch den Besenwagen, das Aus, das Nichts! Von Bummelzug kann keine Rede sein – auch wer am Schluß des Feldes fährt, fährt ständig am Limit.

Die Berechnung des maximalen Rückstands ist eine zu ernste Sache, um sie Pi mal Daumen vorzunehmen. Gesucht ist also jemand, der nicht nur verläßlich rechnen kann, sondern auch über genügend Autorität verfügt, die müde Truppe zusammenzuhalten: der «Busfahrer». Lange ist es her, daß ein gewisser Manfred Donike bei der Tour de France von sich reden machte. Seine Stärken lagen weder im Flachen noch im Steilen. Aber konkurrenzlos gut soll er als *Gruppetto*-Chef gewesen sein. Jahre später machte Donike wieder von sich reden: Als Leiter des Instituts für Biochemie an der Deutschen Sporthochschule in Köln war er zum Gottvater der Dopingbekämpfung avanciert.

DAS HERZSCHLAG-FINALE

1989: Greg LeMond düpiert Laurent Fignon

In jenem Jahr waren die französischen Gazetten heiß auf einen französischen Tour-Sieger. Lange, zu lange war es her, seit Bernard Hinault mit seinem fünften Tour-Triumph für die Radsport-Großmacht Frankreich Ehre eingelegt hatte. Anstatt daß einer der ihren auf heimischem Boden gewann, gewann einer der Iren (Stephen Roche 1987), Spanier (Pedro Delgado 1988) oder jener smart-geschäftstüchtige Amerikaner Greg LeMond, der 1986 auf den Champs-Élysées sein Stück «Ein Amerikaner in Paris» zelebriert hatte, als er dem Lokalmatador Hinault bei dessen letzter Tour den sechsten Sieg wegschnappte. Als sei es ein ehernes biologisches Gesetz, scheiterten bisher die Größten der Großen an dieser Titanenaufgabe – das härteste Radrennen der Welt mehr als fünfmal zu gewinnen: Anquetil, Merckx, Hinault und ein Jahrzehnt später auch der Baske Miguel Induráin. Jan Ullrich hat vorerst bescheidenere Ambitionen angemeldet. «Mein Traum ist es, die Tour dreimal zu gewinnen. Ich spreche nicht von sechsmal, was noch niemand geschafft hat»[1] – eine für Ullrich ungemein couragierte Aussage, die ihm im vergangenen Jahr wohl noch nicht über die Lippen gegangen wäre.

Das Trio Bernard Hinault, Laurent Fignon und Greg LeMond beherrschte die Profiszene der achtziger Jahre, sieht man von Stephen Roches berauschendem Jahr 1987 und Pedro Delgados dopingverhangenem Erfolgsjahr 1988 ab. Bei den Duellen der «großen Drei» flogen die Fetzen. Ob in gemeinsamen oder konkurrierenden Teams fahrend: sie bekämpften sich mit Haken und Ösen, lieferten sich spektakuläre Schlachten. 1984: Fignon vs. Hinault, 1985: Hinault vs. LeMond, 1986: LeMond vs. Hinault, 1989: Fignon vs. LeMond. Aber was Dramatik und Dramaturgie anging, reichte an die Tour de France 1989 nichts heran. Es war das Duell zweier «Neugeborener». Der eine, Greg LeMond, der wie durch ein Wunder einen Jagdunfall überlebte und seine Auferstehung emphatisch (und marketingbewußt) feierte; der andere, aus der Bahn geworfen durch eine nicht endenwollende Kette von Verletzungen, Unfällen und Operationen, hatte zum ersten Mal beim Giro d'Italia 1989 wieder große Form gezeigt. Von Temperament und Ausstrahlung waren sie absolute Antagonisten. Aber in ihrem unbedingten Willen, diesen «französischen Juli 1989» mit einem Sieg zu beschließen, standen sie sich in nichts nach. Aber wer hätte ahnen können, daß diese «archaische Schlacht Mann gegen Mann» *(L'Equipe)* auf ein Ende nach Art eines Western-Shootout zulaufen würde?

Laurent Fignon, «der Intellektuelle»

Die Italiener nannten ihn «il professorino», den «kleinen Professor». Mit seiner runden Nickelbrille und dem schütteren, semmelblonden Haar, das er im Nacken zum Pferdeschwanz gerafft trug, zeichnete ihn sein Äußeres nicht gerade als prototypischen Radsportler aus. Bis zu seinem kometenhaften Aufstieg bei der Tour de France 1983 «war er nur der nette junge Mann, dem man im Vorbeigehen guten Tag sagte, wenn man zum Interview zu Bernard Hinault wollte», charakterisierte ihn damals ein französischer Journalist. Bevor ihn Cyrille Guimard 1981 nach der Korsika-Rundfahrt für Amateure überredete, das halbherzig betriebene Studium der Veterinärmedizin an den Nagel zu hängen und als Wasserträger Hinaults ins Profiteam Renault-Gitane einzusteigen, galt der gebürtige Pariser nur als eines unter den zahlreichen mitfahrenden Talenten. «Er verfügt über eine natürliche Rennintelligenz, er wird ein sehr guter Profi werden, besser als er als Amateur war», begründete Guimard sein Vertrauen. Die Auszeichnung als bester Nachwuchsfahrer beim Giro 1982 (Rang 15) und der siebte Platz bei der Vuelta de España 1983 ließen eher auf eine mittelprächtige Karriere schließen: physisch stark, taktisch clever, ein solider Mannschaftsfahrer mit bescheidenen eigenen Ambitionen ... Dachte man.

Dann kam die Tour de France 1983. Seit Eddy Merckx' großartiger Premiere 1969 war er der erste Debütant, der die Tour gewann, und mit 23 Jahren einer der jüngsten. Knieprobleme Hinaults standen am Anfang seiner Karriere, und eigene Knieprobleme beendeten sie 1993. Am Anfang stand die Erklärung Hinaults, nach einer Saison der Leiden wegen seines chronisch entzündeten rechten Kniegelenks bei der Tour zu pausieren. «Le blaireau», «der Dachs», wie der Bretone von Freund und Feind genannt wurde, zog sich in seinen Bau zurück, leckte seine Wunden – und kam aus dem Staunen über das Spektakel nicht mehr heraus, das der Radsportwelt in jenen drei Wochen geboten wurde. Natürlich profitierte Laurent Fignon vom Fehlen seines Chefs und von den Verletzungen, Stürzen und Formtiefs mancher arrivierter Konkurrenten. «Wenn Zootemelk nicht des Dopings angeklagt worden wäre ... Wenn Pascal Simon sich nicht das Schulterblatt gebrochen hätte ... Wenn die großen Gipfelstürmer in den Pyrenäen und Alpen, Millar, Arroyo, Delgado, Winnen, Bernaudeau, van Impe, nicht irgendwann einmal versagt hätten ... So hieß es bisher. Nach dem Sieg im Zeitfahren von Dijon redet man nicht mehr darüber.»[2] Während Fignon auf der 6. Etappe beim Einzelzeitfahren über 58,5 Kilometer vom Holländer Bert Oosterbosch noch deklassiert worden war (Rückstand 3:19 Minuten), explodierte er förmlich am vorletzten Tag der Tour beim Zeitfahren in Dijon, das er mit einer halben Minute

Vorsprung auf den Spanier Angel Arroyo, den Zweiten im Gesamtklassement, für sich entschied. Es war die wundersame Entpuppung eines Namenlosen zum Champion, beflügelt von der Magie des Gelben Trikots. Nach der kräftezehrenden Alpenetappe von La Tour-du-Pin nach L'Alpe d'Huez übernahm die «neue Geheimwaffe von Renault-Gitane-Chef Cyrille Guimard» *(Le Matin)* die Spitze; damit waren die Diadochenkämpfe um den Thron Hinaults beendet. Pascal Simon, der andere beeindruckend fahrende Außenseiter, der trotz gebrochener Schulter sechs Etappen lang heulend und zähneknirschend sein Gelbes Trikot verteidigt hatte, mußte vor L'Alpe d'Huez endgültig vom Rad steigen, jenem Gipfelpunkt der Tour, der von monströser Häßlichkeit und doch mythenumflort ist: «Trostlose Berge. L'Alpe d'Huez friert in der Sommersonne – ein Schlafdorf für den offenen Tourismus-Vollzug. Bettenburgen, häßlich, nichts weiter (...) Im Juli aber kann es passieren, daß von einem Tag auf den anderen bizarres Leben in das triste Dorf taumelt. L'Alpe d'Huez hupt, brüllt, tobt. Dann hast du das Gefühl, im Dorf sei kollektive Tollheit ausgebrochen. Dann kommt die Tour.»[3]

Hinault, Fignon, LeMond – bei ihren Duellen flogen die Fetzen

Daß auf Fignons Tour-Sieg ein Makel liegen würde, war von vornherein klar. Nicht nur Hinault fehlte, auch die italienischen Asse Saronni, Baronchelli und Visentini zogen wieder einmal den Giro der Tour vor. Ob Joop Zootemelk (Dopingverdacht) oder Hennie Kuiper (er fuhr nach Hause, weil sein Vater im Sterben lag) in der Endabrechnung eine Rolle gespielt hätten – wer kann es wissen? Der siebenunddreißigjährige Lucien van Impe hatte sich ausschließlich auf die Bergwertung konzentriert, die er zum sechsten Mal gewann und damit Bahamontès' Rekord egalisierte. Während sich Fignon gewohnt unaufgeregt nach seinem Überraschungscoup gab, freute sich sein Teamchef Guimard lautstark über die rosigen Perspektiven für 1984: «Wer soll meine Equipe noch schlagen können? Mit Hinault, Fignon, Madiot und LeMond sind wir nicht mehr auszurechnen.»

Als am 29. Juni **1984** in Montreuil-sous-Bois der Startschuß zur 71. Tour de France fiel, war dieses Dream Team des Radsports bereits Geschichte. Hinault hatte im Streit Guimards Rennstall verlassen, weil ihm das Newcomer-Duo Fignon/LeMond vor die Nase gesetzt worden war. Hinault war klar favorisiert: stark in Form, routiniert und siegeshungrig wie eh und je. Dagegen galt Fignon als Emporkömmling; an seiner spröden Art bissen sich ganze Heerscharen von Journalisten ein Jahrzehnt lang die Zähne aus. Aber als Fignon am 22. Juli 1984 Paris im *Maillot Jaune* erreichte, lagen ihm Frankreich und die Radsportwelt zu Füßen. Eine solche Demonstration von überragender Klasse hatte zuletzt Eddy Merckx geboten: dominierend im Zeitfahren, stark in den Bergen, souverän auf den Flachstücken. Er gewann fünf Etappen, fuhr drei Wochen stets vorne mit und wurde von Tag zu Tag stärker. Fignons Triumphfahrt animierte *Die Welt* zu der zeitlos schönen Headline «Paris umjubelt blonden Studenten der Tiermedizin mit Nickelbrille»[4]. Fignon konnte seine Angriffswut gegen all seine großen Widersacher stetig steigern. Spätestens in den Alpen muß Hinault geahnt haben, daß ihm am Ende nicht Sekunden, sondern Minuten zum Sieg fehlen würden. Vor L'Alpe d'Huez war sein Angriff erwartet worden, aber es kam anders. Hinter dem starken Kolumbianer Luis Herrera erreichte Fignon das Etappenziel, 2:56 Minuten vor Hinault. Als dieser am nächsten Tag noch einmal drei Minuten einbüßte, hatten sich sein Schicksal und das der Tour 1984 innerhalb von drei Tagen entschieden. Denn von der 16. Etappe an gewann Fignon im Zwei-Tages-Takt: in La Ruchère-en-Chartreuse, La Plagne, Crans Montana und Villefranche. Pascal Jules über seinen mit der Kraft eines Berserkers fahrenden Mannschaftskameraden: «Hinault ist schon ehrgeizig, aber Laurent, das habe ich noch nicht erlebt. Wenn er gewollt hätte, hätte er jede einzelne Etappe gewinnen können.» Seine gute Form hatte er bereits beim Giro unter Beweis gestellt, wo ihn Stundenweltrekordler Francesco Moser im abschließenden Zeitfahren abfing – eine Niederlage, die den Renault-Kapitän mächtig wurmte: «Ohne sein Wunderrad hätte Moser nicht gewonnen.»

Auch nach seinem glanzvollen Sieg behielt Fignon kühlen Kopf. Allzu bohrendes Interesse an seiner Privatsphäre pflegte er brüsk zurückzuweisen. Wer ihm aber Respekt entgegenbrachte und ein Mindestmaß an Distanz hielt, erlebte einen freundlichen, bescheidenen Mann. Vorher befragt, wie er es denn fände, hinter Hinault Zweiter zu werden, antwortete er: «Das wäre doch eine wunderbare Sache.» Ob ihm der Sieg gegen Hinault 1984 nicht wichtiger sei als die Hinault-lose Tour 1983? «Ehrlich gesagt war mir das erste Gelbe Trikot lieber – es ist ein bißchen so wie mit der ersten großen Liebe. Im vorigen Jahr war ich ein Newcomer, während ich dieses Jahr zu den Favoriten gehörte.» Verletzungen, Operationen, Krankheiten: die Schattenseiten seines Metiers lernte Fignon in den nächsten Jahren schmerzhaft kennen. Von nun an ging's bergab – bis 1989, als er zu einem der erregendsten Duelle der Radsportgeschichte gegen Greg LeMond antrat, seinen Adjutanten von 1984.

Greg LeMond, «der Sonnyboy»

Anfang der achtziger Jahre sorgte Tour-Organisator Felix Lévitan für gehörigen Wirbel, als er in New York anfragte, ob man sich dort ein Engagement bei der Tour de France vorstellen könnte. Seine Idee: Der komplette Troß aus Fahrern, Betreuern, Organisatoren und Journalisten sollte mit mehreren Concorde der Air France nach New York fliegen. Am ersten Renntag würde es dort ein Zeitfahren auf dem Broadway geben; auf der 2. Etappe sollten die Fahrer ein Rundstreckenrennen vor den Augen Hunderttausender begeisterter Amerikaner durch den hügeligen Central Park absolvieren. Im Zentrum der Marketingstrategie sollten die beiden US-Radasse Jacques Boyer und Greg LeMond stehen, die 1981 Hinaults Renault-Gitane-Team unter Vertrag genommen hatte. Teil zwei von Lévitans leicht größenwahnsinnigem Szenario sah eine «Tour du Monde» vor, ein Radrennen rund um die Erde. «Pro Land wäre nur eine Etappe zu vergeben – etwa eine Bergprüfung im Hohen Atlas, Rundstreckenrennen auf den Seychellen, Kampf Mann gegen die Uhr in den USA, und das jeweils zu dem Preis, den Tour-Chef Lévitan ausländischen Etappenorten für die Startberechtigung jetzt schon abknöpft: eine Million Schweizer Franken.»[5] Zwar wurde es nichts mit Lévitans Fly & Drive-Gigantomanie, aber LeMond entpuppte sich als wahrer Exportschlager für die US-Radindustrie.

Das außergewöhnliche Talent LeMonds, 1961 in Lakewood / New Jersey als Sohn eines Maklers geboren, zeigte sich schon früh. Der belgische Radprofi Noel Dejonckheere hatte 1976 in den Staaten den damals Fünfzehnjährigen bei Rennen beobachtet und schwärmte von dem «kleinen Eddy Merckx» aus der Neuen Welt. Drei Jahre später durfte sich der schmächtige Bursche bereits Radweltmeister der Junioren nennen. Als Gregory Lemond verließ er Minneapolis / USA, als Greg LeMond kam er in Europa an. So freundlich, gutgelaunt und unkompliziert, wie ihn seine Fahrerkollegen und Journalisten erlebten, verhielt er sich auch beim Übergang zum «big M»: Na, dann eben LeMond! Bereits in seinem zweiten Profijahr holte er bei der Straßenweltmeisterschaft in Goodwood Silber und gewann die Tour de l'Avenir. Ein Jahr später durfte sich der Zweiundzwanzigjährige im schweizerischen Altenrhein nach einer bravourösen Alleinfahrt über 15 Kilometer auf der letzten Runde das Regenbogentrikot des Weltmeisters überstreifen. 1984 glänzte er bei seinen Giro- und Tour-Debüts jeweils als Dritter.

Greg LeMond – der «kleine Eddy Merckx aus der Neuen Welt»

1985, als Vorjahressieger Fignon wegen einer Achillessehnen-Operation die Tour auslassen mußte, stellte sich den Experten und Radsportfans nur die eine Frage: Noch einmal Hinault oder schon LeMond? Daß beide Topfavoriten der Tour in einer Mannschaft fuhren, hatte einen simplen Grund: money. Und wo es in den achtziger Jahren in Frankreich nach Geld roch, manchmal auch stank, war Bernard Tapie nicht weit. Seine berufliche und private Vita müßte Filmproduzenten eigentlich scharenweise anlocken. Schlagersänger, Autorennfahrer, Immobilienmakler, Finanzjongleur, Spekulant respektive «Sanierer», Besitzer des Profiradteams *La Vie Claire*, Präsident von Olympique Marseille, Anfang der neunziger Jahre Mehrheitseigner von Adidas, 52 Tage sozialistischer Minister für Städteplanung, Bankrotteur, Knastbruder: eine schillernde Figur, ein windiges Stehaufmännchen, immer unterwegs zwischen Abenteuer und Konkurs, Jet-set und Unterwelt. Tapie hatte vom Radsport eingestandenermaßen nicht die leiseste Ahnung, wie von so vielem nicht, was er voller Lust und Ehrgeiz anpackte. Aber in einer champagnerseligen Nacht in der Bar Alcazar überzeugte ihn Jean de

Gribaldy, Besitzer dieses Etablissements für Pariser Nachtschwärmer und selbst sportlicher Leiter des Skil-Teams um Sean Kelly, daß sich nicht nur mit maroden Firmen Geld machen ließ. «Mir ist der Radsport völlig gleichgültig», ließ Tapie die Öffentlichkeit wissen, «mich interessiert nur die Popularität Hinaults, die ich für unsere Geschäftsgruppe einsetzen möchte.» Der Herr über 44 Firmen und 7200 Angestellte (Umsatz 1984: 1,7 Milliarden Mark) hatte das Glück, daß Hinault mit Guimards Rennstall gebrochen hatte. Mit 3,2 Millionen Mark war Hinaults Vertrag bei Tapie (Laufzeit bis 1986) unwiderstehlich gut dotiert. Daß Tapie vom Radsport nicht die Bohne verstand, nahm der Bretone hin: Geld macht umgänglich. Der zweite Erfolgsgarant bei *La Vie Claire* war Paul Köchli, der in diesen Jahren als bester Radtrainer der Welt galt. «Köchli, gelernter Innenarchitekt, gilt in Frankreich als der gründlichste Methodiker seines Berufs. Er erstellt Computerprogramme für seine Fahrer, macht sich die Lehren der Biomechanik zu eigen und arbeitet mit wissenschaftlichem Ehrgeiz an der Vervollkommnung seiner profunden Kenntnisse. Theoretisch, taktisch und praktisch ist dieser Tüftler, der sich weiterhin Trainer und nicht sportlicher Leiter nennen lassen will, seinen Kollegen derzeit ganze Längen voraus.»[7] Und als weiteres schlagkräftiges Argument kam Greg LeMond hinzu, der für eine Million Dollar Jahresgage von Renault abgeworben worden war. So hatte Tapie sich ein zweites Eisen ins Feuer gelegt.

Für Bernard Hinault lief die Tour wie am Schnürchen – bis zur 14. Etappe von Autrans nach St. Etienne. Er hatte erwartungsgemäß den Prolog gewonnen, fuhr früh in Gelb und definierte so LeMonds Aufgabe, ihm bei der Verteidigung der Führung zu assistieren. Bei der Ankunft in St. Etienne stockte den Zuschauern der Atem, als gut 200 Meter vor dem Ziel ein Sturz mehrere Fahrer zu Boden riß. Im Knäuel der Gestürzten lag auch Hinault, der sich einen doppelten Nasenbeinbruch, Platzwunden am Kopf und Quetschungen am Oberschenkel zuzog. Blutüberströmt, zerknautscht und benommen, rappelte er sich auf und rollte langsam über die Ziellinie – mehrere Minuten später, aber ohne eine einzige Sekunde Zeitverlust. Denn laut Reglement ist bei Stürzen unmittelbar vor dem Ziel die bei der *Flamme rouge* genommene Zeit maßgeblich, dem roten Stoffdreieck, das die letzten tausend Meter anzeigt.

Hinaults Nase war vom Sturz gebrochen, nicht aber seine Moral, gemäß seiner Maxime: «Nur wenn man die Kraft hat, ein wenig länger als der Gegner den Schmerz zu ertragen, kann man durchhalten.» Die beiden nächsten Etappen stand er im Schutz seiner Mannschaftskameraden durch. Aber die Strapazen beim Aufstieg nach Luz Ardiden machten ihm das Atmen schwer und schwerer, und in diesem Moment holte sein «Kronprinz» LeMond zum großen Schlag aus. Die Machtfrage war gestellt. LeMonds wilder Attacke, flankiert von Stephen Roche und dem starken Spanier Chozas, hatte Hinault nichts mehr entgegenzusetzen und fiel schnell zurück. Hätte Paul Köchli den ehrgeizigen Amerikaner nicht zurückgepfiffen, vermut-

RENAULT
elf
L'EQUIPE
MIKO
RENAULT
elf
CYCLES GITANE

lich wäre die Tour 1985 hier gegen Hinault bereits entschieden worden. So aber erreichte LeMond schließlich 2:52 Minuten nach Pedro Delgado als Fünfter das Ziel in Luz Ardiden, wo er nur 1:11 Minuten auf seinen Kapitän gutgemacht hatte, weil Köchli ihm mehr als diese Drohgebärde untersagt hatte: «Bernard hat einen Durchhänger, aber er kommt durch. Wenn du ab haust, greifst du ihn an. Ich kann das nicht zulassen.» Keine Frage: Freundschaft zu Hinault hin, Respekt her, Greg LeMond hätte an diesem Tag gegen das eherne Prinzip der Hackordnung bei *La Vie Claire* verstoßen und seinen Chef vom Sockel gestürzt. Gegenüber der amerikanischen Fernsehgesellschaft CBS erklärte er später: «Ich bin stinksauer auf Trainer Köchli. Er hat mich dazu gezwungen, die Tour an dem Tag zu verlieren, an dem ich drauf und dran war, sie zu gewinnen.» Siegenwollen ist eine Sache, Siegendürfen eine andere. Um die rebellische Nr. 2 bei der Stange zu halten, soll Tapie das Stillhalteabkommen mit einer zusätzlichen Aufwandsentschädigung von einer Million Francs, rund 300000 Mark, versüßt haben. Wie Ulfert Schröder für *Die Welt am Sonntag* dichtete: «Und nun ist Greg LeMond die glitzernde Schaumkrone auf der Angelsachsen-Welle, die vier Leute unter die ersten Zehn der Tour geschwemmt hat: neben LeMond die beiden Iren Roche und Kelly und dazu den Australier Phil Anderson.»[8] Zwar verkürzte der Amerikaner bis Paris den Rückstand auf Hinault noch auf 1:42 Minuten, aber einen weiteren Putschversuch gegen den tapfer kämpfenden Bretonen wagte er nicht mehr. Merke: Ein Versprechen ist ein Versprechen, und ein Haufen Dollars war schon immer Erotik pur für LeMond. Aber auch sein Kontrahent wurde in die Pflicht genommen. Er sollte im nächsten Jahr als «Königsmacher» seinem jungen Mannschaftskameraden zu Diensten sein: «Ich danke Greg für seine Unterstützung. Im nächsten Jahr werde ich mich revanchieren und Greg zum Toursieg verhelfen.» Tapies Geschäftsinteressen in den Vereinigten Staaten legten dieses Szenario für den Besitzer von *La Vie Claire* nahe. Aber ein Jahr ist eine lange Zeit für einen Sportler, der unmittelbar vor dem Karriereende steht und die einmalige Chance hat, als erster die Tour zum sechsten Mal zu gewinnen.

«Ich war meistens vorne und zündete Knallfrösche.» (Bernard Hinault)

1986 erinnerten sich Greg LeMond und auch Teamsponsor Tapie an Hinaults Versprechen, bei einem erneuten Kopf-an-Kopf-Rennen für den Amerikaner zu fahren. Aber erinnerte sich auch Hinault daran?

Der Bretone muß mit einem ausgeprägten Machtgen auf die Welt gekommen sein. Die brisante Mischung aus Mut, Cleverness, Übermut und Unbescheidenheit ließ ihn nach Eddy Merckx zum erfolgreichsten Radrennfahrer der letzten Jahrzehnte werden.

Sein Glaubensbekenntnis: § 1 «Ich bin Hinault. Ein Bretone, dickköpfig und kampflustig. Ich fürchte niemanden, und ich bin auch wie niemand anderer.» § 2 «Wie die anderen Fahrer habe ich einen

Kopf und zwei Beine. Also gibt es keinen Grund, weshalb ich Komplexe haben sollte.» § 3 «Wenn man siegen will, muß man immer selber siegen.»

In einer Hinsicht war Bernard Hinault ein Muttersöhnchen: «Als ich klein war, wollte ich immer alles, und das sofort. Bernard ist wie ich», beschrieb seine Mutter Lucie einmal den dominanten Charakter, den sie ihrem Sohn mit auf den Lebensweg gab. Anders als der introvertierte Anquetil oder der scheue Induráin verkörperte der Bretone als Radrennfahrer immer die pure Männlichkeit: sich durchschlagen, rackern, attackieren, polarisieren. Seine Maxime: «Du mußt angreifen, immer angreifen, weil dir niemals etwas geschenkt wird.» Er war der Prototyp eines Patrons: fürsorglich und autoritär, ein Leitwolf, der von seinem Team bedingungslose Loyalität verlangte, sich aber auch für seine Helfer bei Vertragsverhandlungen oder Prämienregelungen ins Zeug zu legen wußte.

Vor dem Tour-Start war von der geplanten Hinault/LeMond-Rochade öffentlich nichts mehr zu hören. Weder beim Giro, wo er den großen Drei aus Italien – Roberto Visentini, Giuseppe Saronni und Francesco Moser – nicht allzuviel entgegensetzen konnte oder wollte, noch bei der Tour de Suisse, bei der er seinem führenden Landsmann Andrew Hampsten den Rücken freihielt, fuhr LeMond so stark, daß ihm automatisch der Status des Team-Kapitäns zugefallen wäre. «Er hat es in den Beinen, nicht im Kopf», spielte Fignon die Chancen seines Lieblingsfeinds herunter. Zur Loyalität wäre Hinault sowieso nur auf den «normalen» Etappen verpflichtet gewesen, nicht aber im Hochgebirge und bei den Einzelzeitfahren. Dort wurden noch nie Geschenke gemacht. Hans Blickensdörfer: «Die Sache erinnert an Coppi und Bartali im gleichen Team, aber auch an zwei Männer, die es auf die gleiche Frau abgesehen haben. Einer zieht dabei den kürzeren. Und keiner wollte es sein.» [9]

Hinaults Ritt über den Col de Marie Blanque auf der 12. Etappe bescherte ihm das heiß ersehnte *Maillot Jaune*. Aber nur einen Tag später schlug LeMond zurück und gewann die 13. Etappe von Pau nach Superbagnères eindrucksvoll. Hier stieg, von schwacher Form demoralisiert und von Fieber geschwächt, Laurent Fignon vom Rad. Exakt eine Woche vor dem Ende der Tour bahnte sich in den Alpen die Vorentscheidung an. Zum ersten Mal schlüpfte Greg LeMond auf der 17. Etappe von Gap nach Serre-Chevalier in das Gelbe Trikot, 2:47 Minuten vor Hinault. Ganz Frankreich erwartete für den kommenden Tag den Sturz, die Demütigung ihres Idols, als der Col du Galibier (2640 Meter) und der Aufstieg nach L'Alpe d'Huez ihre beängstigenden Schatten vorauswarfen. Aber wieder einmal blamierte Hinault alle, die ihn schon zum alten Eisen zählten. Wenig hätte gefehlt, und sein amerikanischer Co-Kapitän wäre in den steilen Kurven von L'Alpe d'Huez «auseinandergeflogen», zermürbt und ausgebrannt. Aber auch LeMond zeigte großartige Moral und hielt durch. Nach einem der denkwürdigsten Tage in der Geschichte der Tour de France fuhren beide Hand in Hand über die Ziellinie, der Amerikaner respektvoll ein paar Zentimeter hinter Hinault. «Jetzt bin ich überzeugt, daß ich die Tour gewinnen kann», freute sich LeMond. Und Hinault – einmal Patron, immer Patron – ergänzte: «Greg gewinnt die Tour, aber ich bleibe der Chef.» Beim 58-Kilometer-Zeitfahren in der bergigen Umgebung von St. Etienne wuchs der Amerikaner über sich hinaus; trotz Sturz verlor er auf seinen ehemaligen Herrn & Meister nur 25 Sekunden. Damit war die Tour, drei Tage vor Paris, endgültig unter Dach und Fach. *La Vie Claire*, die heile Welt des Bernard Tapie, war wieder in Ordnung. Seinen Geschäftsinteressen in den Vereinigten Staaten (Ski, Bindungen, Sportgeräte, Sportnahrung) kam der Sieg des Sonnyboys aus Lakewood/USA sehr entgegen.

Wenige Monate später, im November 1986, fünf Tage vor seinem 32. Geburtstag, verabschiedete sich Bernard Hinault mit einem rauschenden Fest in Quessoy, seinem Wohnsitz in der Bretagne, von seinen vielen Freunden und Kollegen. 1988 erschien seine Autobiographie unter dem Titel «Le peloton des souvenirs» in der Éditions Robert Laffont, Paris (deutsch 1989 im Aachener Verlag Meyer & Meyer). Sie ist ein spannendes und oft auch amüsantes Dokument einer großen Radsportkarriere.

1989: Greg is back!

«Wenn es eine Weile nicht läuft, ist man gleich tot. Spart euch doch die Begräbnisse auf. Wenn einer tatsächlich stirbt, ist es noch früh genug, eine große Sache daraus zu machen», hatte Laurent Fignon die Presse abgewatscht, nachdem er endlich aus seinem «Tal der Tränen» (Infekte, Schlüsselbeinbruch, Achillessehnenoperation) mit neuer Kraft und großen Ambitionen wiederaufgetaucht war. Totgesagte leben länger.

Das traf auf Greg LeMond in ganz anderer Weise zu. Ein lebensgefährlicher Jagdunfall im Frühjahr 1987 hätte seine Karriere fast für immer beendet. Bei der Truthahnjagd lief er seinem Schwager vor die Flinte. «Ich war praktisch tot. 30 Schrotkugeln stecken noch immer in meinem Körper, zwei sogar im Herzbeutel.» [10]

Unerbittlich gegen sich und seinen Körper, arbeitete er sich Schritt für Schritt an sein altes Leistungsniveau heran: vom Beinahe-Krüppel zum Champion. Auch durch einen entzündeten Blinddarm und eine Sehnenoperation ließ er sich nicht mehr aus der Bahn werfen. «They never come back» – diese alte Maxime hatte schon Muhammad Ali zweimal außer Kraft gesetzt. LeMonds Comeback-Versuch im holländischen PDM-Team verlief für beide Seiten enttäuschend. Da der Amerikaner in Geldsachen keinen Spaß verstand, kehrte er PDM den Rücken, als diese sich anschickten, seine Jahresgage «leistungsbezogen zu gestalten», sprich: um 200000 Dollar zu kürzen. LeMond unterschrieb bei ADR, wo er wenigstens anerkannter Leader war und sich nicht mit vier weiteren Assen wie bei PDM um den Platz an der Sonne in der Teamhierarchie prügeln mußte.

«Die Großen sterben nie!» *(L'Equipe)*

Niemals zuvor kämpften drei Fahrer dermaßen verbissen, Reifen an Reifen, Lenker an Lenker über Tausende Kilometer um den Sieg: Fignon, LeMond und Delgado, allesamt Herren im besten Radsportalter und alle angeschoben vom zweiten Karrierewind. Leicht hätten es mit dem Iren Stephen Roche auch «vier Muskeltiere» sein können: Dem Giro-Sieger, Tour-Champion und Straßen-Weltmeister von 1987 war der Lenker mit voller Wucht gegen das eben ausgeheilte Knie geprallt. Unerträgliche Schmerzen ließen ihn am Tag danach das Handtuch werfen.

Halb Frankreich lachte, und ganz Spanien litt, als Pedro Delgado den Start zum Prolog um volle zwei Minuten und 40 Sekunden vertrödelte. In aller Seelenruhe hatte er sich in der Nähe der Place de Paris in Luxemburg eingerollt, als sein Signal für das Einzelzeitfahren ertönte. Das Debakel wurde für den «Hans-guck-in-die-Luft» (Delgado über Delgado) noch schlimmer, als er, nervös und geschwächt nach einer schlaflosen Nacht, beim Mannschaftszeitfahren das Tempo seiner Kollegen nicht halten konnte und sich und seiner Mannschaft den unglaublichen Rückstand von 7:20 Minuten aufbürdete. Der Titelverteidiger und Mitfavorit hatte nach zwei Etappen mehr als zehn Minuten auf die Spitze verloren, Platz 197 – aus und vorbei. Andere wären ausgestiegen. «Perico» Delgado aber heulte sich gründlich aus, biß die Zähne zusammen und beschloß, von nun an zu attackieren, jeden Tag aufs neue, bis nach Paris.

Das große Duell begann auf der 5. Etappe, beim Zeitfahren Dinard–Rennes über 73 Kilometer. LeMond verblüffte mit einem aerodynamischen Scott-Triathlonlenker, Experiment geglückt: Durch Wind und Wetter fuhr er Bestzeit vor Delgado und Fignon und durfte die nächsten fünf Tage das Gelbe Trikot «spazieren fahren». Rückstand Fignon: **5 Sekunden**.

In den Pyrenäen, im ruppigen Anstieg nach Superbagnères, drehte Fignon den Spieß um. Zwar war der Schotte Robert Millar, ein ausgewiesener «Kletteraffe», nicht zu halten, ebensowenig Delgado, der sich Minute um Minute nach vorn fuhr, aber der Mann mit Pferdeschwanz & Nickelbrille erreichte zwölf Sekunden vor seinem ärgsten Widersacher das 1800 Meter hoch gelegene Ziel. Rückstand LeMond: **7 Sekunden**.

Auch der Kapitän des *Système U*-Teams durfte sich fünf Tage am gelben Leibchen erfreuen, das Karussell aber drehte sich unerbittlich weiter. Beim Bergzeitfahren von Gap nach Orcières-Merlette, als Steven Rooks von *PDM* die Konkurrenz in Grund und Boden fuhr, verlor Fignon 47 Sekunden auf LeMond. Rückstand Fignon: **40 Sekunden**. Kraftvoll assistiert von seinem Edeldomestiken Miguel Induráin, der selbst schon die 9. Etappe von Pau nach Cauterets gewinnen konnte, trennten Delgado nach einer wahren Parforcejagd durch die Pyrenäen- und Alpenmassive noch ganze 2 Minuten und 53 Sekunden vom *Maillot Jaune*. «Delgados Attacken haben die Tour auf den Kopf gestellt!» *(L'Equipe)*

«Paris umjubelt blonden Studenten der Tiermedizin mit Nickelbrille», lautete 1984 eine zeitlos schöne Headline *(Die Welt)*.

Am «Berg der Holländer» vor L'Alpe d'Huez fuhr Gerd-Jan Theunisse allen auf und davon. Auf der letzten Alpenetappe brach LeMond ein, der mit seinen Kräften völlig am Ende zu sein schien. Anders als die starken Teams *PDM* und *Système U* war seine Mannschaft «geplatzt», vier Fahrer ausgeschieden. Rückstand LeMond: **50 Sekunden.** Fignon profitierte von einer taktischen Finte der *PDM*-Stars Kelly, Theunisse, Alcala und Rooks: Sie hatten das Tempo hochgehalten – bis zu dem Moment, als Fignon mit einer scharfen Attacke Delgado und LeMond entwischte; *PDM* sabotierte ungeniert die Verfolgung des Ausreißers. Jean-Marie Leblanc sarkastisch über die Motive des Quartetts: «Altruismus ist entschieden nicht ihre Kardinaltugend und Hingabe nicht ihr Credo.» Sondern was? Hier war noch eine offene Rechnung mit ihren ehemaligen Mannschaftskollegen LeMond und Delgado zu begleichen. Um was es ging? Um Geld natürlich. Diven unter sich …

Laurent Fignon, anstatt im siebten Radhimmel zu schweben, lieferte sich unterdessen einen munteren Kleinkrieg mit der Journalistenmeute, die ihm für unbotmäßiges Verhalten den «Prix Citron», die «goldene Zitrone», verpaßt hatte. Nicht jeder hat das Zeug, sich durchs Leben zu lächeln: «Die Presse ist nicht immer nett zu mir, ich bin nicht immer nett zu mir. Warum soll ich da nett zu Journalisten sein?» Mit brüsken Bemerkungen wie «Denken Sie sich interessantere Fragen aus, das ist schließlich Ihr Geschäft» machte sich der bekanntlich weder auf den Kopf noch auf den Mund gefallene Pariser bei der schreibenden Zunft wenige Freunde. «Zum Volkshelden», ätzte *Der Spiegel*, «taugt der eigensinnige Hauptstädter nicht. Er ist eben nicht ein Kerl, so französisch wie ein Croissant (…). Obendrein haben ihn Medienleute zum Intellektuellen gestempelt, was er wohl hauptsächlich seiner türkisfarbenen Blüm-Brille und zwei Semestern Studium an einer mathematisch-technischen Universität zu verdanken hat. Stallgeruch verleiht jedenfalls ein derart abgehobenes Image nicht. Eher ließe sich der Sting-Typ unter den Straßenfahrern als Popidol der Jugend, vor allem der weiblichen, verkaufen, die ihm fähnchenschwingend zujubelt. Auch Pedro Delgado hat Abitur, doch die Spanier nehmen ihm das nicht übel …» [11] Soviel zum Thema IQ und Popularität.

Für das abschließende Zeitfahren von Versailles nach Paris hatte sich «Laurent, le magnifique», der ungeliebte Star, ein luxuriöses Zeitpolster erarbeitet, 50 Sekunden für bloß 24,5 Kilometer. «Ich kann pro Kilometer zwei Sekunden langsamer fahren als LeMond», rechnete er seinen Landsleuten vor. «Es müßte schon ganz dumm kommen, sollte ich diese Tour noch verlieren.» Es kam dumm, sehr dumm, wie wir wissen.

LeMond hatte seinen Sportdirektor José de Cauwer angewiesen, ihm keine Zwischenzeiten vom Begleitauto aus zuzurufen. Die Unterarme auf Stützschalen ruhend, die Hände um den U-förmigen Triathlonlenker gespannt, jagte er wie entfesselt über die Strecke, ungeheuer kraftvoll, ruhig, effizient. Fignon dagegen wirkte verkrampft und unruhig, als habe sich eine schreckliche

Ahnung in seinem Kopf eingenistet. Auf halbem Weg war sein Vorsprung bereits auf 30 Sekunden geschmolzen und auf 11 bei Kilometer 20,5. Exakt zwei Minuten früher auf der Avenue de Paris in Versailles gestartet, erreichte LeMond 2:58 Minuten vor Fignon das Ziel. Der letzte Kilometer auf den Champs-Élysées hatte die Entscheidung gebracht; am Schluß trennte beide die Winzigkeit von **8 Sekunden.** Welch demoralisierender Schlag für Laurent Fignon, der vorher Leib und Leben *gegen* diesen Ausgang des letzten Einzelzeitfahrens gewettet hätte. Ganze 82 Meter trennten die Führenden des Klassements, bezogen auf die Tour-Gesamtdistanz von 3285 Kilometer, winzige 0,00253 Prozent! Mit seinem Söhnchen Geoffrey genoß LeMond die Siegerehrung und strahlte «wie ein Pennäler am ersten Schultag aus signalblauen Augen in die Kameras» *(Der Spiegel).* Leben wie G. in Frankreich! Dagegen stand am Schluß jenes denkwürdigen Tages das «Super U» auf Fignons Trikot nur noch für superunglücklich, todtraurig.

Vermutlich hatte LeMond seinen zweiten Tour-Sieg auch seinem High-Tech-Zubehör zu verdanken. Experten fanden bei Windkanaltests an der Texas A & M University heraus, daß drei Faktoren den Luftwiderstand des schmächtigen Amerikaners auf 85 Prozent jenes Werts verringerten, der für Fignon errechnet wurde: der Triathlonlenker, der von dem Industriedesigner Jim Gentes entwickelte windschlüpfrige Helm und die aerodynamisch perfekte, ruhige Fahrhaltung LeMonds. Denn «wichtiger als die Größe der im Wind stehenden Fläche ist die Anzahl der Luftwirbel, die Arme, Beine und Körper produzieren. Die zusammengeführten Arme lassen den Gegenwind außen vorbeiwehen.» [12]

«Ist Gott ein Kalifornier?» *(L'Equipe)*

Laurent Fignon erlebte mit dem 8-Sekunden-Trauma seinen definitiven Karriereknick und konnte trotz mehrerer Rennstallwechsel (von *Système U* über *Castorama* zu *Gatorade*) keinen einzigen großen Sieg mehr erringen. Bei der Tour de France 1993 kam für ihn bei einer Alpenetappe das bittere Ende: An 18. Stelle liegend, stieg der Altstar mit höllischen Knieschmerzen vom Rad. Kurz darauf war seine Karriere zu Ende. «Die Beine sind leer, die Nase gestrichen voll», trauerte *Sport* ein wenig sentimental dem großen Kämpfer hinterher.

Mit dem begehrten Double, dem Gewinn von Tour de France und Straßen-WM in einem Jahr, und der Wahl zum Weltsportler des Jahres 1989, krönte Greg LeMond eines der erstaunlichsten Comebacks, das die Sportgeschichte kennt. Der «Geschäftsmann im Sattel» *(Süddeutsche Zeitung)* kannte seinen Marktwert und wußte ihn in klingende Münze umzusetzen. Der belgische Rennstall *ADR* überwies ihm vor seinem Tour-Sieg 600000 Mark per anno, kein schlechtes Salär für einen, der dem Tod gerade noch von der Schippe gesprungen war und an dessen Leistungspotential Zweifel angebracht schienen. Der geschäftstüchtige Sohn eines geschäftstüchtigen Vaters liquidierte kurzentschlossen den Vertrag mit den Belgiern. Danach bot ihm *Seven Eleven* das Dreifache, und *fast* hätte LeMond unterschrieben. Aber sein Gagenpoker lohnte sich. Für eine Summe von umgerechnet 10,5 Millionen Mark band er sich für drei Jahre an den französischen Rennstall Z, die radelnde Werbeabteilung des Kinderkleidungsfabrikanten Roger Zannier. «Ich werde nicht mehr irgendein Sieger sein, seit meinem Jagdunfall bin ich ein Auferstandener»: sprach's, stand auf und kassierte ab. Zusätzlich konnte er noch Werbung in eigener Sache machen, denn das Z-Team war auf Rädern unterwegs, die LeMonds Namen trugen und von seinem Vater Bob in den Vereinigten Staaten vertrieben wurden.

Mit dem Aufstieg Miguel Induráins begann der Abstieg LeMonds. 1990 hatte er noch einmal die Tour dominieren können; er brachte gut zwei Minuten Vorsprung auf einen spektakulär agierenden Claudio Chiappucci und auf Erik Breuking nach Paris. Sosehr seine freundliche, offene Art auch Anklang fand, so sehr stießen seine Geldschachereien und die «parasitäre Saisonplanung» seine Profikollegen ab. Während der Frühjahrsklassiker «pflegte er zu Hause fischen zu gehen» (Claude Criquieleon), beim Giro oder der Tour de Suisse rollte er sich für die Tour de France ein. Der Velo-Puritaner Eddy Merckx sah darin den Verfall all dessen, was Radsport zu seiner Zeit groß, bedeutend, spektakulär gemacht hatte. «Es ist beschämend für den Radsport, wenn LeMond die Tour gewinnt.»[13] Wie auch andere Größen des Radsports verpaßte er den Abgang zur rechten Zeit. Als der Dreiunddreißigjährige 1994 auf der sechsten Etappe der Tour de France für immer vom Rad stieg, stand er «vor den Trümmern seines eigenen Mythos» *(F. A. Z.)*.

DIE TOUR DE FRANCS – EINE ROLLENDE GELDMASCHINE?

Die Kommerzialisierung eines Mythos

Frankreich putzt sich im Juli jeden Jahres für seine große Jubelfeste heraus. Das eine ist der Nationalfeiertag: Dann wird die Bastille wieder und wieder erstürmt; das ganze Land berauscht sich an allem, womit es Europa und die Welt beschenkt hat, Croissants und Burgunder, Piaf und Piccoli, liberté, égalité, fraternité, Jungfrau von Orléans, kurz: Frankreich berauscht sich an sich selbst. Das andere Fest dauert drei Wochen und heißt Tour de France.

Streckenführung, Transport, Unterbringung, Verpflegung, medizinische Versorgung – die ebenso charmanten wie waghalsigen Improvisationen aus den Kindertagen der Tour sind einer gigantischen, effizient arbeitenden Organisationsmaschinerie gewichen, die das nach den Olympischen Spielen zweitgrößte Sportspektakel der Welt logistisch, medial und finanziell im Griff hat. Daß der Charme der frühen Jahre angesichts der Dimensionen des Unternehmens Tour de France (Etat: 60 Millionen Mark) auf der Strecke geblieben ist, wen wundert's? «Ich kenne kein außergewöhnlicheres Spektakel», schrieb der Tour-Gründer Henri Desgrange verzückt über sein den Kinderschuhen längst entwachsenes Baby. Ob *er* es heute überhaupt noch wiedererkennen würde?

- Rund 3500 Personen, darunter 500 Rennfahrer bzw. Betreuer, 400 Organisatoren, 1800 Journalisten und 800 *hard working guys* der Caravan publicitaire, der rollenden Werbetruppe, sind auf den rund 4000 Kilometern kreuz und quer durch Frankreich (und manche seiner Nachbarstaaten) dabei.
- 13000 Polizisten sichern den Kurs, der von 15 Millionen Menschen gesäumt wird; sie stehen an Kreuzungen, Feldwegen, Hauseinfahrten und potentiellen Gefahrenpunkten.
- Mehr als 50 Fernsehsender übertragen live in 140 Länder.
- Die Societé du Tour de France lobt gut vier Millionen Mark an Prämien aus. An den Sieger werden allein 660000 Mark ausgeschüttet, der Zweite muß sich mit der Hälfte trösten. Dem Letzten des Feldes werden üppige 800 Mark und ein paar tröstende Worte mit auf den Heimweg gegeben. C'est la vie.

Desgrange, Goddet, Lévitan

Mittlerweile hat sich die Tour de France zu einem Wirtschaftsunternehmen mit beträchtlicher Eigendynamik entwickelt.

Die Societé du Tour de France gehört zu einem der drei Profitcenter der Editions Ph. Amaury S. A. Neben den Sportzeitungen *L'Equipe* und *France Football* und dem Boulevardblatt *Le Parisien* gehört der Gruppe die Amaury Sport Organisation (ASO), die jährlich mehr als 170 Millionen Francs umsetzt. Seit 1981 hat sich die Tour de France zur ‹cash cow›, zur Haupteinnahmequelle, der vom Ski-Heroen Jean-Claude Killy präsidierten ASO gemausert.

Die Geschichte von *La grande boucle*, der «großen Schleife», ist in geschäftlicher Hinsicht untrennbar mit fünf Personen verbunden: Henri Desgrange, Victor Goddet, Jacques Goddet, Felix Lévitan und Jean-Marie Leblanc.

Der Journalist Henri Desgrange war ein Populist und Spieler, ein Machtmensch, der gerne hoch pokerte. Sein Meisterstück war das Ausbooten seines übermächtig erscheinenden Konkurrenten Pierre Giffard, Herausgeber von *Le Vélo*, durch die Installierung eines Mythos: der Tour de France. Victor Goddet war als ungemein kreativer Finanzjongleur an seiner Seite, der selbst dann noch Geld für die Realisierung von Desgranges traumtänzerischen Ideen auftrieb, wenn objektiv keines da war. Das Duo war unschlagbar: Hans-Dampf-in-allen-Gassen *und* kühler Rechner, Visionär *und* Buchhalter, aufeinander angewiesen wie rechte und linke Gehirnhälfte. Während Desgrange ständig in Sachen Tour unterwegs war und oft mit dem Kopf in den Wolken steckte, kaufte Goddet heimlich Aktie um Aktie auf, bis er zur Überraschung Desgranges Mehrheitseigner und dieser faktisch Goddets Angestellter war. Erstaunlicherweise arbeiteten sie trotzdem weiter einvernehmlich zusammen. Beide Tour-Väter starben in den Kriegsjahren, ebenso ihr engster Mitarbeiter Lucien Cazalis.

Nach dem Ende des 2. Weltkrieges schlug die Stunde von Jacques Goddet. Er erbte die Leidenschaft Desgranges und die Firmenanteile seines Vaters. Mit 26 Jahren war er bereits Chefredakteur von *L'Auto*; 1940, nach dem Tod seines Vaters, wurde er Eigentümer und Generaldirektor der Zeitschrift, die in No. 10, rue du Faubourg-Montmartre, residierte. Als Beigabe übernahm er auch die Verantwortung für die legendäre Pariser Radrennbahn Vélodrom d'Hiver.

L'Auto wurde nach Kriegsende zu *L'Equipe*: Der neue Name war zeitgemäßer, geschmeidiger als der alte und deckte das Spektrum der Sportarten ab, über die kontinuierlich berichtet wurde. Bald stieg Emilien Amaury, Besitzer der auflagenstarken Tageszeitung *Le Parisien Liberé*, als Mitveranstalter der Tour de France ein. Ironie des Schicksals: So wie Vater Goddet seinem Freund und Geschäftspartner das Zepter aus der Hand gewunden hatte, so mußte Goddet junior jetzt zähneknirschend hinnehmen, daß die Aktienmehrheit seines Familienerbstücks *L'Equipe* von Amaury übernommen wurde. Zwar blieb er Präsident der Zeitung, aber in der Organisation der Tour wurde ihm der ehemalige Sportchef und spätere Generaldirektor des *Parisien Liberé* zur Seite gestellt.

Der Gegensatz zwischen diesen beiden Männern hätte nicht schroffer sein können. Goddet, allseits beliebt und geachtet als Tourdirektor und Kolumnist, ein Bonvivant mit Witz und Charme, dessen Revers gern eine Chrysantheme zierte und der gerne einmal in der Uniform eines britischen Kolonialoffiziers, mit Tropenhelm, Khakihemd und knielangen Shorts, die Parade «seiner Männer» abnahm. «Dies ist eine banale Geschichte, weil sie häufig passiert, eine flüchtige Geschichte, weil sie wenig mehr als vier Stunden gedauert hat, eine Geschichte, die sich nur unbemerkt ereignen konnte, weil sie im Magma der Tour versinkt» – so kann nur in *L'Equipe* eine Reportage anfangen. Goddet etablierte in seinem Leib-und-Magen-Blatt diesen epischen Stil einer «detailversessenen, tranceartigen, nicht enden wollenden Erzählung» (M. Nauert). «Jacques Goddet hat sie alle überlebt, die Giganten und Sklaven der Landstraße, die Kaiser und Könige unter den Pedaleuren, deren Ruhm vergilbt, während er, der Patron und Ideologe der längsten, schwersten und berühmtesten Radrundfahrt der Welt, jung geblieben ist als ihr Prophet und, gewiß auch, als ihr Profiteur.» [1]

Tour-Direktor Felix Lévitan: Machtmensch, Geldmensch

Dagegen galt Félix Lévitan als arroganter, berechnender Machtmensch, bei Sportlern wie Journalisten gleichermaßen gefürchtet. «Lévitan, das war die Peitsche, Goddet das Zuckerbrot» *(Die Weltwoche).* 25 Jahre war der kleine, energiegeladene Tour-Directeur den Radrennfahrern, ganz Feldherr, im offiziellen Führungswagen vorangefahren. Um das Rennen spektakulär zu halten, hatte er die Rundfahrt schwerer und schwerer gemacht, mit Schikanen gespickt (immer mehr extreme Hochgebirgspassagen, Zeit- und Disziplinarstrafen für Nichtigkeiten, rüdes ‹Abbürsten› unbotmäßiger Medienvertreter). 1987 wurde der «Napoleon aller Berufsradfahrer» *(Der Spiegel)* dann gestürzt und von seinen Funktionen entbunden. Ihm wurde vorgeworfen, er habe durch Geheimabsprachen mit der amerikanischen Firma BRIC, die die Rechte an der Tour-Vermarktung in den USA besaß, 838 000 Dollar an den Konten der Societé du Tour de France vorbeigeschleust. Jahrelang prozessierte Lévitan gegen Amaury. Letztlich wurde der alte Herr geschaßt, weil seine langfristigen Pläne (Globalisierung der Tour durch Starts in Übersee, Geld, Geld, Geld) das in die Kritik geratene Rennen noch mehr seinen Wurzeln entfremdet hätten.

Die Societé du Tour de France in der Ära Leblanc

Nach den Dopingskandalen um Pedro Delgado und Gert-Jan Theunisse 1988 hatte Jean-Marie Leblanc, damals «Chef de rubrique cyclisme» bei *L'Equipe*, der Societé du Tour de France und L'Equipe-Chef Jean-Pierre Courcol eine Studie vorgelegt, die es offensichtlich in sich hatte. Denn ein Jahr später wurde er zum Direktor der Societé du Tour de France bestellt; an seiner Seite der erfahrene Marketingmann Jean-Pierre Carenso als Präsident. Das Führungsduo stellte in kurzer Zeit die Weichen neu: professionelles Marketing als Dreh- und Angelpunkt der Umstrukturierung.

56 Prozent des Etats der Societé werden von den Sponsoren finanziert. ‹Weniger ist mehr – von der Quantität zur Qualität›, lautete die neue Unternehmensphilosophie für das Sponsoring. Weniger Sponsoren sollen mehr Geld einbringen und dafür im Gegenzug mehr Werbemöglichkeiten erhalten. Tummelten sich 1988 noch 52 Firmen im Sponsorenpool, ist es heute nur noch ein gutes Dutzend. Die vier mit langfristigen Verträgen ausgestatteten Hauptsponsoren, der Crédit Lyonnais, Coca-Cola, die Supermarktkette Champion und Fiat (der «Club Tour de France») investieren jährlich rund 4,5 Millionen Mark in ihren Werbeauftritt im Zielbereich und den VIP-Zonen, auf Banden, Trikots und Siegertreppchen. Der Crédit Lyonnais hat schon seit 1986 das Gelbe Trikot gepachtet: Küßchen links, Küßchen rechts für den Träger des Gelben Trikots. Für Coca-Cola ist die Tour de France nach den Olympischen Spielen das wichtigste Werbeereignis des Sportjahres. Beide sind im Sponsorenteam für die Tagessieger zuständig, Champion für die Führenden in der Bergwertung. Fiat löste Ende der achtziger Jahre den Automobilhersteller Peugeot ab, der mehr als 30 Jahre die offiziellen Begleitfahrzeuge gestellt hatte. Der letzte Kilometer jeder Etappe, die «Bannmeile», ist exklusiv der Werbung der großen Vier vorbehalten.

Weitere zehn bis fünfzehn Unternehmen wie zum Beispiel Nike und Festina kommen als «technische Partner» dazu. Mehrere Millionen Francs steuern schließlich die Firmen bei, deren knallbunte Fahrzeuge die zwei Kilometer lange Werbearmada stellen, die dem Publikum und den VIPs im «Village de départ», dem Sponsorendorf, ihre Produkte schmackhaft macht: Käse aus den Vogesen, japanische Unterhaltungselektronik, Damenstrümpfe, Autos, Pferdewetten, Softdrinks, Computersoftware, Wurstwaren – alles. Über den stattlichen Reingewinn deckt die Societé den Mantel des Schweigens.

30 Prozent des Budgets werden aus dem Verkauf der Fernsehrechte finanziert. France 2 und France 3 übertragen die Tour de France mehr als 100 Stunden live. Die Fernsehrechte werden in 150 Länder weiterverkauft; dafür ist France Télevision vertraglich verpflichtet, auch andere, weniger spektakuläre Sportereignisse der Societé zu übertragen. Neben Topsellern wie Paris–Roubaix, dem

Eintagesklassiker durch die «Hölle des Nordens», vermarktet Leblancs Organisation auch prestigeträchtige, aber stark defizitäre Radklassiker wie Lüttich–Bastogne–Lüttich und den Flèche Wallone (Wallonischer Pfeil). Ohne die seit 1990 gewährten Finanzspritzen gäbe es diese Rennen heute nicht mehr. «Mir ist es egal, wie alt ein Rennen ist. Hauptsache, es ist gut organisiert und bietet guten Sport» (J.-M. Leblanc). Darum wird er auch immer wieder um Hilfe angegangen, kürzlich etwa von den Veranstaltern von Gent–Wevelgem und dem GP von Wallonien. Der Korb sei voll, keine Chance, lautete Leblancs Antwort, schließlich wolle man kein monopolistisches Unternehmen sein. Alles in allem eine gepflegte Mischkalkulation der ASO, ein geschickter Spagat zwischen Traditionspflege und Rendite.

Tour de France: Event-Marketing auf höchstem internationalen Niveau

Die restlichen **14 Prozent** des 50-Millionen-Mark-Etats decken die erklecklichen Beträge, die Städte und Gemeinden für das Privileg zu zahlen bereit sind, Start- oder Etappenort der Tour de France sein zu dürfen. Normale Etappenorte müssen bis zu 200000 Mark aufbringen, während 1997 Rouen und 1998 Dublin gleich mit zwei Millionen Mark für den Start zur Kasse gebeten werden. Zur 750-Jahr-Feier Berlins 1987 leistete sich die Stadt den Luxus, am 1. Juli den Prolog und am 2. Juli die beiden ersten Halbetappen der Tour de France auszurichten. Dafür strichen die «französischen Freunde» drei Millionen Mark ein. Für Organisation und Durchführung durften die Berliner Steuerzahler dann noch einmal mit rund einer Million DM geradestehen. «Berlinpolitisch wichtig», lautete die Begründung von Berlins Sportsenatorin Hanna-Renate Laurien für diesen finanziellen Kraftakt. «Bilder aus dieser Stadt sind um die ganze Welt gegangen, vor allem die richtigen Impressionen. Sonst wird doch nur gezeigt, wie ein paar Autonome Randale machen.»[2] Leidgeprüftes Berlin! So kamen die Tour-Asse in den Genuß der ersten Bergprüfung beim Blockhaus Nikolskoe: nicht ganz der Tourmalet, aber oho!

Rezession? Rezession unbekannt, sagt Jean-Marie Leblanc, selbst in Zeiten chronischer Finanzkrisen der Städte. Mehr als genug ehrgeizige Provinzpräfekten und Bürgermeister kleinerer Gemeinden konkurrieren um die begehrten Tickets, den Tour-Troß samt Werbekarawane für einen Tag beherbergen zu dürfen. Und auch potentielle Sponsoren stehen sich bei der Societé du Tour de France die Beine in den Bauch. «Aber wir müssen ständig am Rad drehen, um das hohe Niveau halten zu können.»[3]

FRAUEN UNTER SICH

Die Tour Cycliste Féminin

Nicht allzu vielen von denen, die sich in dem heißen Tour-de-France-Sommer 1997 am Auftritt Jan Ullrichs und seines famosen Teams Telekom berauschten, dürften die Namen Maria Canins, Jeannie Longo oder Fabiana Luperini etwas sagen. Sie sind die weiblichen Pendants zu Eddy Merckx, Bernard Hinault und Miguel Induráin – die größten Radrennfahrerinnen ihrer Zeit.

Als Tour-Direktor Félix Lévitan auf einer Pressekonferenz für 1984 eine eigene Tour de France für Frauen ankündigte, schwankten die Reaktionen der interessierten Öffentlichkeit zwischen ungläubigem Staunen und voyeuristischer Vorfreude auf ein circensisches Spektakel. Frauen im Kampf mit furchterregenden Gipfeln wie dem Tourmalet oder dem Izoard – das versprach Blut, Schweiß und vor allem Tränen. Die Herren der Schöpfung sorgten sich um die weiblichen Pedaleure und fuhren das übliche Arsenal an «wohlmeinenden Einwänden» auf, mit dem sich in den späten sechziger Jahren schon die Marathonläuferinnen herumschlagen mußten und lange vor ihnen auch die ersten Frauen, die das Fahrrad als Fortbewegungsmittel und Vehikel zur Emanzipation von männlicher Bevormundung entdeckten.

«Frauen gehören nicht aufs Velo ...»

... denn Radsport ist Männersache. So klang das Credo der verunsicherten Männlichkeit jener Jahre, «als die Frauen Räder kriegten». Unweiblich, unelegant, gesundheitsgefährdend, fortpflanzungstechnisch riskant. Männer wußten immer schon am besten, was gut für Frauen ist. Aber frei nach dem Bestseller-erprobten Motto «Gute Mädchen kommen in den Himmel, schlechte überall hin» ließen sich die sportiven Frauen von pöbelnden Zeitgenossen nicht aufhalten und eroberten – trotz rigoroser Kleiderordnung (Beinkleider, Unterröcke, Mieder, Rock) – mit dem Rad neue öffentliche Räume für sich. «Es ist», schrieb 1869 in Leipzig die *Allgemeine Illustrierte Zeitung*, «fürwahr keine leichte Sache, auf dem Velociped zu paradieren, und gar den Wettlauf zu versuchen. Darum Bewunderung den kühnen Damen, die dies Wagstück unternommen haben. Wer hätte aber auch nicht diesem Schauspiel beiwohnen mögen, wo Schönheit und Kühnheit, Kraft und Grazie in seltenem Verein sich paarten. Fürwahr, die Siegerin hatte mit ihren Füßchen eine heidenmäßige Arbeit zu verrichten ...»

Die übermäßige Belastung der «Füßchen» und anderer entzückender Partien des weiblichen Körpers durch ehrgeizig betriebenen Radsport war nur die eine Seite der Medaille. Viel bestürzender erschien die Vorstellung, Frauen könnten sich via Vélo so entschieden freistrampeln wie Ann Strong, jene junge Amerikanerin, die 1895 im *Minneapolis Tribune* die befreiende Kraft des Zweirads rühmte: «Ich sehe nicht ein, warum ein Fahrrad nicht ebenso gute Gesellschaft leisten kann wie die meisten Ehemänner nach zwei Jahren. Man vergleiche doch mal das Rad in dieser Hinsicht mit einer Familie. Man kann sein Rad abends saubermachen, und es schleudert nie in der allerletzten Minute seine Schuhe weg und schmiert sich mit Sirup voll. Wenn man fertig ist, kann man losfahren.»

Jacques Anquetil: «Radfahren ist viel zu schwierig für Frauen.»

Gut fürs Geschäft?

Zurück in die Jetztzeit. Den Organisatoren der Tour de France war angesichts der ambivalenten Reaktionen auf ihren Vorstoß so mulmig zumute, daß sie Jeannie Longo die berüchtigte Hochgebirgsetappe nach L'Alpe d'Huez als Versuchskaninchen hochjagten, was die am Berg starke Französin vor kein allzu großes Problem stellte – ein Schachzug ohne Risiko. Während der Normanne Jacques Anquetil weibliche Rasse und Klasse überall, nur nicht im Rennsattel vermutete («Radfahren ist viel zu schwierig für Frauen»), brachte der Bretone Bernard Hinault, ganz Geschäftsmann, Sinn und Zweck von Lévitans Vorstoß auf den Punkt: «Das ist eine gute Werbung für den Radsport, und außerdem geht die Show für die Zuschauer am Straßenrand länger.» Denn 1984 wurden die Radsportlerinnen auf den letzten 60 bis 70 Kilometern der jeweiligen Männeretappe ins Rennen geschickt – kurz vor der Werbekarawane, die sich wiederum eine Stunde vor den Herren der Schöpfung über Berg und Tal, über Stock und Stein durch Frankreich wälzte.

Weniger und kürzere Etappen werden bei der Tour Cycliste Féminin gefahren, wie die Tour de France der Frauen heute offiziell heißt. 1984 waren es 18 Etappen über knapp 1000 Kilometer, die von sechs Frauschaften mit insgesamt 36 Fahrerinnen zu bewältigen waren – und nur ein Sponsor, der an den Werbewert radelnder Frauen glaubte. «Salut les nanas!» titelte *L'Equipe* gutgelaunt, «willkommen, Mädels!» Noch 1985 stand die *Große Schleife* für Frauen vor dem Aus. Schwache Zuschauerresonanz und, was schlimmer war, Behinderung der «wirklichen» Tour durch Nachzüglerinnen aus Kolumbien und China, die schlecht vorbereitet und ohne eigene Räder angereist waren, ließen den gestrengen Tour-Chef Lévitan für ein rasches Einschläfern des halbherzigen Experiments plädieren.

Aber es kam ganz anders. Es war der

altgediente Directeur selbst, der gehen mußte – wegen Verdachts auf Veruntreuung.

1987 hatten die *Tour*istinnen endlich den Durchbruch geschafft: 15 Etappen über 950 Kilometer auf der Route der Männer-Tour, mit Distanzen zwischen 34 und 105 Kilometern; 85 Fahrerinnen in zwei französischen und elf ausländischen Nationalequipen; 29 Sponsoren (u. a. Coca-Cola, BNP, adidas, Michelin, Peugeot); Zieleinfahrt auf den Champs-Élysées in Paris.

Die großen Drei: Mama Canins, La Longo, Fabiana Luperini

«Ein bißchen schäme ich mich für den Kinnhaken»

Es war Jeannie Longo, von der Radsportpresse gern als «Eddy Merckx féminin» apostrophiert, die sich ein bißchen schämte. Auf der 87,5 Kilometer langen zweiten Etappe nach Futuroscope war ihr im Schlußsprint Monique Knol in die Quere gekommen. Die Holländerin, Goldmedaillen-Gewinnerin bei den Olympischen Spielen von Seoul 1988, galt als ein Naturtalent des Sprints: gewitzt, antrittsschnell und mit genialem Gespür für jede sich auftuende Lücke. «Ich hatte eine fabelhafte Ausgangsposition. Doch da fuhr diese dicke Holländerin quer über die ganze Bahn», wütete Jeannie Longo. Die exzentrische Französin machte mit der «dicken Holländerin» kurzen Prozeß: als Monique Knol das Siegertreppchen verließ, verpaßte ihr «La Longo» einen Kinnhaken. Das Gelbe Trikot holte sie sich dann später.

Die «kleinen Königinnen» *(L'Equipe)* fahren – weshalb auch? – nicht weniger rabiat als ihre männlichen Kollegen. Stürze nach Massensprints sind auch bei ihnen keine Seltenheit, und die Bulletins der Tour-Ärzte verzeichnen die gleichen typischen Verletzungen: Schlüsselbeinbrüche, Schädelfrakturen, Schleudertraumata, Knöchelbrüche, Nierenkoliken nach Abfahrten in eisigem Fahrtwind.

Als Bernard Hinault 1985 seinen fünften Tour de France-Sieg herausfuhr, stand Frankreich vor Begeisterung kopf, auch wenn dieser Triumph ein halbes Geschenk seines Hauptkonkurrenten Greg LeMond war. Im selben Jahr fuhr die bereits sechsunddreißigjährige Südtirolerin Maria Canins die *Grande Boucle* in couragierter Manier und brachte der Frauen-Tour zum ersten Mal den Respekt der Experten ein. Die hagere Italienerin, von der Presse ihres Heimatlandes gern «Mama Canins» tituliert, brachte Kondition und Härte vom Skisport mit: Zehn nationale Titel und ein Sieg in der Damenwertung beim 85,8 Kilometer langen Wasa-Skimarathon waren ihre «weißen Visitenkarten», als sie zum Radsport überlief. Bevor sie sich vierzigjährig endgültig vom Rennzirkus zurückzog, war sie die einzige, die der Französin Jeannie Longo halbwegs Paroli bieten konnte.

Bezaubernde Jeannie ...

Jeannie Longo (auf dem Auftaktfoto zusammen mit ihrem Mann und Trainer Patrice Ciprelli) ist die Ausnahmeerscheinung im Profiradsport der Frauen. Unbestritten in ihrer fahrerischen Klasse, polarisierte die vielfache Weltmeisterin, Weltrekordlerin und Tour-de-France-Siegerin durch ihren Ehrgeiz und Eigensinn. Die Ähnlichkeit mit Eddy Merckx ist auffallend.

Jeannie Longo: Weltmeisterin, Olympiasiegerin, Ritter der Ehrenlegion

1989 war *ihr* Jahr. Ihr gelang der dritte Sieg in Folge bei der Tour, sie wurde dreifache Weltmeisterin (3000 Meter Einzelverfolgung, Sprint, Straße) und holte sich fünf Bahnweltrekorde. Der phänomenale neue Stundenweltrekord von 45,016 Kilometern vom 29. Oktober 1989 sollte *eigentlich* ihr letztes Rennen sein. Bei der Wahl zur Weltsportlerin des Jahres lag nur Steffi Graf vor ihr. In Frankreich war sie jedoch nicht einmal vom Formel-1-Idol Alain Prost zu schlagen. Bereits 1987 hatte sie Premierminister Chriac zum Ritter der Ehrenlegion geschlagen, Zeichen der großen Wertschätzung, die die unbequeme, exzentrische Sportlerin in ihrer Heimat genoß.

«La Longo», in ihrem bürgerlichen Leben Gymnasiallehrerin für Sport und Informatik, hatte zum Zeitpunkt ihres Rücktritts alles gewonnen, was es zu gewinnen gab, bis auf den heißersehnten Sieg bei Olympia. So kam denn auch der Rücktritt vom Rücktritt bei ihr nicht überraschend. Ihre Bilanz bei Olympischen Spielen: 1984 in Los Angeles sechster Platz. 1988: verletzt. 1992 in Barcelona wurde sie kurz vor dem Ziel von der Australierin Kathryn Watt nach einem geschickten Manöver ausgetrickst: Platz zwei. Erst bei den Coca-Cola-Games von Atlanta war sie endlich am Ziel ihrer olympischen Träume: Mit Gold und Silber kehrte sie nach Frankreich zurück.

Eigensinnig, taktisch begabt und von einem unbändigen Kampfgeist beseelt – das ist *ein* Bild, das die Öffentlichkeit von Jeannie Longo hat. Andere halten sie, die Tochter eines Bauunternehmers und einer Lehrerin, für unkollegial, egoistisch und maßlos ehrgeizig. Vor allem *L'Equipe* hatte sich zeitweilig auf sie regelrecht eingeschossen: männliche Härte, teamunfähig, unberechenbar in ihren Allüren ... Die mit ihrem Mann und Trainer, dem ehemaligen Skirennläufer Patrice Ciprelli, zurückgezogen in einem Chalet hoch über Grenoble lebende Französin war nie in ihrer Karriere ein Star zum Anfassen. Die Küßchen-hier-Küßchen-da-Posen waren ihr stets ein Greuel, die Pariser Sportschickeria mied sie, viele Sportfunktionäre hat sie schonungslos kritisiert, und in ihrer Trainingsmethodik, Ernährung und Renntaktik versucht sie stets, ihren eigenen Kopf durchzusetzen.

Wir können gespannt sein. Bei der Olympiade 2000 in Sydney ist die *Grande Dame* des Radsports noch nicht einmal 42 Jahre alt. Eigentlich kein Alter für eine austrainierte Jeannie Longo-Ciprelli, um ein letztes Mal ganz oben auf dem Treppchen zu stehen. Denn nur in ihrem Kräuter- und Blumengärtchen ackern und Gymnasiasten sportlich und rechnerisch aufs Leben vorzubereiten – das kann's ja wohl noch nicht gewesen sein: «Schließlich trat Maria Canins auch erst im Alter von 43 Jahren ab, nachdem sie vorher noch einige bewundernswerte Leistungen auf dem Rad erbracht hatte. Da habe ich noch einige Jahre vor mir.»

Der kleine Unterschied: Tour de France zweiter Klasse?

Die Zukunft der Tour Cycliste Féminin

1997 zeigte sich, wie in den beiden Jahren zuvor, daß die Zukunft der «weiblichen Tour de France» auf einen italienischen Namen hört: Fabiana Luperini. Wie sie steilste Anstiege bewältigte, erinnert ein wenig an den Stil Marco Pantanis und ist doch einzigartig. Mit ihrem unruhigen, aber höchst effizienten Wiegetritt und zermürbenden plötzlichen Tempowechseln schaffte sie es spielend, das Feld auseinanderzureißen. 1995 ließ sie auf der Königsetappe über den Col de la Madeleine, den Glandon und hinauf nach Vaujany Jeannie Longo bereits am ersten Gipfel förmlich stehen. Satte acht Minuten Vorsprung schlugen im Ziel zu Buche, ein Zeitpolster, das sie gegenüber der Französin und der Schweizerin Luzia Zberg sicher auf dem Weg zu ihrem ersten Tour de France-Sieg verteidigte.

1996 und 1997 lehrte die nur 40 Kilo schwere Fabiana Luperini ihre Konkurrentinnen erneut das Fürchten. Sie ist in diesen Jahren das Maß aller Dinge: absolut dominierend als Bergfahrerin, beim Zeitfahren stark verbessert. Das mußte 1996 auch Jeannie Longo beim Schlußanstieg nach Valberg in den Seealpen schmerzlich erfahren, wo sie erneut sechs Minuten auf die Italienerin verlor und, was schlimmer war, noch vierzehn weitere Fahrerinnen vorbeiziehen lassen mußte. «Fabiana magnifique!» jubelte *L'Equipe.*

Trotz großartiger Leistungen und großer Namen wie Luperini, Cappellotto, Heeb, Kupfernagel, Longo oder der talentierten Polikiavichute-Zwillinge aus Litauen wird mit der Tour de France für Frauen so umgesprungen, als habe man es mit einem drittklassigen «Kirmesrennen» zu tun. Kurzfristig veränderte Streckenverläufe, Chaos bei der Vergabe der Hotelzimmer, schlechte Pressearbeit, vor allem aber endlose Autotransfers vom Zielort der einen zum Startort der nächsten Etappe werden den Fahrerinnen zugemutet. 1995 zum Beispiel betrug die Renndistanz gut 1400 Kilometer; mehr als das Doppelte mußten die Fahrerinnen der 18 Teams auf vier Rädern zurücklegen. «Ich habe wirklich das Gefühl», schimpfte Fabiana Luperini, «daß wir nur als Zwischenprogramm engagiert wurden.»

Es sieht ganz danach aus, als müßten «die Füßchen» der Heldinnen der Landstraße auch weiterhin «eine heidenmäßige Arbeit verrichten» bis sie endlich dort sind, wo sie hingehören und wo Merckx, Induráin oder Jalabert immer schon waren und fahren: im Licht der Öffentlichkeit.

DIE UNERKLÄRLICHE LEICHTIGKEIT DES SEINS

Miguel Induráin, «der Außerirdische»

Niemand nahm groß Notiz von dem hoch aufgeschossenen Spanier, der am 26. Juli 1987 auf Rang 97 die Tour de France beendete. Weshalb auch? Exakt vier Jahre später war derselbe Mann, immer noch 1,88 Meter groß, aber um einige Kilogramm leichter, die unbestrittene Nr. 1 im internationalen Radsport. Er gewann überlegen die Tour 1991 und dann noch viermal in Folge, was vor ihm noch keinem gelungen war. Sein Name: Miguel Induráin Larraya.

Erstaunlich war nicht, daß dieser «Modellathlet, dessen Körper und Proportionen aus dem Atelier eines antiken Bildhauers stammen könnten» *(Sport)*, die erste Hälfte der neunziger Jahre nach Belieben dominierte, sondern daß seine Regentschaft nicht schon früher begann. Lange, zu lange, war er bei Banesto, dem Team der gleichnamigen spanischen Großbank, der treue Helfer seines Mannschaftskapitäns Pedro Delgado. Induráin, in Villava, einem nahe bei Pamplona in der Provinz Navarra gelegenen Bauerndorf, zu Hause, war bereits 1990 seinem Herrn und Lehrmeister über den Kopf gewachsen. Nur er selbst, bescheiden und loyal bis zur Selbstaufgabe, stand sich noch im Weg. «Ich glaube nicht, daß ich jetzt schon eine Tour gewinnen könnte. Aber ich kann viel lernen, und wenn sich die Gelegenheit bietet, kann ich auch meine eigenen Chancen nützen.» Beim Radsportexperten der *F. A. Z.* fiel die Beurteilung des jungen Basken eigenartig ambivalent aus. Potential: überragend. Ambitionen: verhalten. «Tatsächlich ist der 1,88 Meter lange Beau bärenstark in der Ebene, mutig und sicher in der Abfahrt, am Berg nahezu unerreichbar und dazu elegant wie kein zweiter. Doch ein Leader, ein Anführer, ist er ganz und gar nicht. Treu Delgado ergeben, verbraucht er seine Kraft als Lokomotive des Mannschaftskameraden, opfert sich und seine Chancen für eine Handvoll Sekunden, die Delgado im Kampf mit Greg LeMond und Erik Breuking Vorrang bringen sollen ... Ein begnadeter Spanier, der bei der Umformung zum perfekten Radprofi möglicherweise sein Rückgrat verloren hat ...» [1]

Wer Induráin bei der täglichen Arbeit zusah, beim Training mit seinem Bruder Prudencio oder im Rennen, im Flachland oder im Hochgebirge, geriet angesichts der perfekten Synthese von Kraft und Eleganz, Ökonomie und taktischer Intelligenz leicht ins Schwärmen. Dominique Arnaud, sein Banesto-Kollege, hegte keinen Zweifel, daß das Team mit

Induráin ein Traumlos gezogen hatte: «Nennen Sie ihn nicht einen Mannschaftshelfer, er ist ein großer Leader, wie es ihn in Frankreich nicht mehr gibt. Um ihn könnte man die Mannschaft der Zukunft aufbauen.»

Verglichen mit dem stillen, freundlichen Bauernsohn aus Navarra, waren Anquetil, Merckx und Hinault, die anderen «Fünfmaligen», geradezu Exzentriker. Journalisten galt er als harter Brocken («aufreizend unergiebig»). Stundenlang, hieß es, könne man mit dem Basken über Gott und die Welt, das Rad und den Platten, die Liebe und das Leben parlieren, ohne daß auch nur *irgend etwas* Aufregendes über seine Lippen gehe. «Im Zeitalter des Grellen ist solche Zurückhaltung ein Anachronismus», freute sich die *Neue Zürcher Zeitung.* Für die Paparazzi der Balkenpresse dagegen war er der personifizierte Horror: keine Drogen, keine Exzesse, keine Frauengeschichten. Im November 1992 heiratete er seine langjährige Freundin Marisa Lopez de Goikoetxea. Mit ihr und dem Sohn Miguelito bezog er ein renoviertes Bauernhaus in Olaz, nur einen Steinwurf vom Hof seiner Eltern entfernt. Pedro Delgado, der bei den großen Rundfahrten mit seinem Edeldomestiken oft das Zimmer teilte, verdanken wir eine der schönsten Episoden über den introvertierten Basken: «Er braucht nicht viel, um abschalten zu können. Er hat beispielsweise ein ganz kleines, dünnes Taschenbuch bei sich. Aber das ist nun schon die dritte Tour de France, in der er es dabeihat. Es ist ein Buch mit Action, wahrscheinlich spannend und geeignet für Leute, die wenig lesen. Aber er liest jeweils nur eine Seite, und dann schläft er schon.» Einfach (und) unfaßbar.

Anquetil, Merckx, Hinault, Induráin: die «Fünfmaligen»

«Kraftwerk Induráin»

Eigentlich ist Miguel Induráin nie wirklich über Villava, Olaz und die Provinz Navarra im Baskenland hinausgekommen. Entdeckt wurde er 1979 von José Miguel Echávarri und Eusebio Unzue, die den Radrennclub von Pamplona leiteten und einen großen Traum hatten: ein Profiteam aufzubauen. Mit 15 schon trainierte Induráin in Pamplona unter den kritischen Augen seiner Mentoren – jener beiden Männer, die ihn vom ersten bis zum letzten Tag seiner Karriere begleiten sollten. Spätestens nach seinem Sieg bei der Tour de l'Avenir begriffen sie, daß ihnen ein Rohdiamant in die Hände gefallen war. «Miguel ist ein absolut methodischer Mensch. Er ernährt sich, fährt, ruht sich aus – ein Kreislauf wie bei einem Tier», beschrieb Echávarri seinen Schüler, dessen Phlegma einen Teil seiner Stärke ausmachte.

Mit 18 war Induráin bereits spanischer Amateurmeister. Er brach seine Lehre als Werkzeugmacher ab und unterschrieb mit 20 seinen ersten Profivertrag bei Reynolds – das Team, aus dem später Banesto hervorging. Zwölf Jahre Profi, zwölf Jahre bei einem einzigen Team (Reynolds/Banesto): auch das kennzeichnete ihn. Induráin profitierte von der dort herrschenden familiären

Infrastruktur. Echávarri, der Sportliche Leiter, und Unzue, sein Technischer Direktor, kamen aus Nachbardörfern von Villava, der Arzt Dr. Sabino Padilla aus dem nahen Vitoria, und Manager Francis Lafargue, ein Franzose aus Bayonne, verdankte sein Engagement der Tatsache, daß sein Onkel ein Freund Echávarris war. Anderen Fahrern hätte die familiäre Enge bei Banesto die Luft zum Atmen geraubt; für Induráin war sein Team wie eine zweite Familie.

«An Induráin ist alles groß, langsam – und unaufhaltsam.»

Das größte Kapital des Rennfahrers Induráin war sein ungewöhnlich leistungsfähiger Körper: ein wahres Kraftwerk aus Herz, Lunge, Muskulatur. «Ein Durchschnittsmensch kann bei körperlicher Schwerarbeit oder dem hochgradigen Erregungszustand eines Liebesgeständnisses die normale Pumpleistung seines Herzens vervierfachen; wenn die Angebetete besonders kapriziös ist, vielleicht verfünffachen. Induráin verachtfachte sie. Das beweist die Leidenschaftlichkeit in einem schweren Gemüt. Alles ist groß, langsam – und unaufhaltsam.»[2]

Schon als Zwanzigjähriger gewann er 1984 bei der Tour de Porvenir sein erstes Rennen contre la montre, gegen die Uhr. Aber in den Bergen schleppte er schwer an den 90 Kilo, die er damals auf die Waage brachte. In burschikosem Ton soll Induráin senior damals Induráin junior abgefertigt haben: «Mit diesem Arsch kommst du nie einen Berg hoch.» Als Profi lag sein optimales Wettkampfgewicht bei 78 bis 80 Kilo. Seine Vorteile gegenüber Fahrern wie Bugno und Chiappucci lagen in dem «hohen aerobischen Potential und dem extrem günstigen Verhältnis zwischen Gewicht und der dem Wind ausgesetzten Oberfläche, der Position also» (Banesto-Arzt Dr. Sabino Padillo). Andererseits mußte er in den Anstiegen ungleich mehr ackern als die «Bergflöhe». Um in den Bergen auf gleicher Höhe z. B. mit Claudio Chiappucci (1,75 Meter, 68 Kilo) zu sein, mußte er 8,5 Prozent mehr Arbeit leisten. Das bedeutete, auf die Länge des Giro d'Italia und der Tour de France umgelegt, daß er 33 bzw. 27 Kilometer *mehr* zurücklegen mußte als sein italienischer Konkurrent.

Wenn die Lunge brennt

Luxemburg, 14. Juli 1992. «Tre minuti quaranta» (drei Minuten vierzig), murmelte Weltmeister Gianni Bugno entgeistert, als er die 9. Etappe der Tour, das Einzelzeitfahren über 65 Kilometer, endlich hinter sich gebracht hatte. Induráin, der Mann mit dem makellosen Stil, hatte seine illustren Gegner düpiert. Zwischen ihm und dem Rest lagen kleine Welten, Zeitabstände, wie es sie seit Eddy Merckx nicht mehr gegeben hatte (und an die erst Jan Ullrich 1996 und 1997 wieder anknüpfen sollte). Nach exakt 1:19:31 Stunden und 740 Tausendstelsekunden war für Induráin das Ende seiner Dienstfahrt gekommen. Armand de las Cuevas – 3:00 Minuten, Bugno – 3:41 Minuten, Greg LeMond («Ich begreife es nicht»)

– 4:04 Minuten zurück. Chiappucci schlich fünfeinhalb Minuten nach «Big Mig» ins Ziel. Laurent Fignon, sechs Minuten vor dem Spanier ins Rennen gegangen, wurde auf dem letzten Kilometer noch geschluckt: eine Demütigung. Ruhiger Oberkörper, runder Tritt bei höchster Frequenz, die Arme entspannt auf dem Lenker ruhend – so machte er «es», mit Grazie, Kraft und einer perfekten Renneinteilung. Chenz, der für seinen derben Witz bekannte Karikaturist der *L'Equipe*, illustrierte das «Massaker von Luxemburg» auf seine Weise: Induráin walzt, in einem Formel-1-Boliden sitzend, Rennräder samt Fahrern platt. «Macht meine Reifen nicht dreckig», ruft er ihnen zu und drückt aufs Gaspedal ... Aber auch Induráin mußte sich schinden; das bewegungslose Gesicht täuschte oft darüber hinweg, daß auch er sich bis zur totalen Erschöpfung quälte. Gegen die Uhr fahren ist eine viehische Plackerei, ein Exzeß in Einsamkeit, allein gegen Sturm oder Regen, gegen Kälte oder sengende Sonne. Allein gegen die Uhr. Allein gegen sich selbst. Contre la montre: Diese brutalste Disziplin des Radsports war Induráins *amour fou.* Hier holte er sich bei den großen Rundfahrten die Minutenvorsprünge, von denen er in den Bergen zehrte: je wärmer, desto besser.

«Ich bin sehr zurückhaltend, eher kühl, wie die Leute in Navarra.»

Berg und Tal

«Weg zu den Gipfeln» bedeutet der Name Induráin in Euskera, der Sprache des Baskenlandes. Trotz seiner 80 Kilo Lebendgewicht galt der Spanier auch als starker Bergfahrer, selbst wenn er es nie mit *grimpeurs* von der Klasse eines Bahamontès, van Impe oder Pantani hätte aufnehmen können.

1991 hatte «El Silencioso», der große Schweiger, auf der 17. Etappe hoch nach L'Alpe d'Huez nur Gianni Bugno und Luc Leblanc ziehen lassen müssen; es reichte ihm, den Kontakt nicht abreißen zu lassen. Auch auf dem Joux-Plane, mit 1713 Metern der letzte Berg der höchsten Kategorie auf der Alpenetappe nach Morzine, kontrollierte er das Feld souverän von der Spitze aus. Nicht der knappe Vorsprung von nur einer Minute auf den Etappensieger Thierry Chaveyrolat beeindruckte seine Gegner, sondern die beinahe aufreizend lockere Art, in der er die Rampen hochflog. «Und während sein Teamgefährte Jean-François Bernard japsend für Tempo sorgte, mit aufgerissenen Augen, aufgerissenem Mund und aufgerissenem Trikot die Attacken von Bugno konterte, rollte hinter ihm Induráin, die Kappe locker auf dem schwarzen Haar, mit gelassenem Gesichtsausdruck und hochgeschlossenem Kragen. Miguel Induráin signalisierte in voller Größe, in aller Gelassenheit und mit majestätischer Fahrt, daß ihn auf dem Weg zum Gipfel seiner Karriere nichts und niemand würde stoppen können.»[4]

Oder 1994 am Mont Ventoux, als er, von seinen Banestos längst verlassen, den Ausreißern Ugrumov und Virenque in unnachahmlichem Stil hinterherstieg. «Also fährt er los. Nicht hektisch, keine

Tempowechsel – nur einfach immer schneller. Im Sitzen, die Hände entspannt am Lenker, die Schultern ganz ruhig. In Sekundenschnelle wird aus der Gruppe eine lange Schlange, einer nach dem anderen platzt hinten weg. Sie kämpfen im Wiegetritt, den Mund weit aufgerissen, die Hände zerren am Lenker. Induráin fährt einfach weiter. 25, 28, teilweise 30 Stundenkilometer, vorbei am Simpson-Memorial bei über zehn Prozent Steigung. Die Konkurrenz leidet Höllenqualen, der Tourminator kurbelt – so als müsse er nur eben mal den dicken Gang über irgendein Hügelchen drücken.»[5] Nur einfach immer schneller!

Für Basken, Kastilier, Katalanen und Aragoneser ist Miguel «el rey».

Vor der Tour hatten spanische Journalisten die Vorbereitungen ihres Radidols kritisiert. Sie warfen ihm vor, den Anschluß an die (Trainings-)Moderne verpaßt zu haben. Hier sei Tony Rominger mit seinem extrem verwissenschaftlichten Training das Maß aller Dinge. Jahr für Jahr spule Induráin mit seinem Bruder Prudencio ein stupides Programm rund um Pamplona ab, während der Schweizer von Dr. Michele Ferrari in den Rocky Mountains auf Höchstleistung getunt werde. Aber Rominger mußte am eigenen Leib die bittere Erfahrung machen, daß die Anzahl der roten Blutkörperchen allein nicht über Sieg oder Niederlage beim härtesten Radrennen der Welt entscheidet. Am Schluß ihrer Karrieren fiel der Vergleich zwischen den beiden größten Fahrern der frühen neunziger Jahre so aus: Rominger – Vuelta 3, Giro 1, Tour 0. Induráin – Vuelta 0, Giro 2, Tour 5.

Der baskische Spanier bzw. spanische Baske erwies sich stets als absolut immun gegen politische und regionalistische Vereinnahmungen. Wie Walter Haubrich in der *F. A. Z.* darlegte, wirbeln in Induráins Familie das Spanische und das Baskische munter durcheinander, was daran liegen mag, daß in Navarra Menschen baskischer, kastilischer und aragonischer Herkunft zusammenleben. «Miguel Induráin ist vom Familiennamen her Baske. Seine Muttersprache ist aber Spanisch, und so legt er Wert darauf, Miguel und nicht in der baskischen Form Mikel gerufen zu werden. Eine seiner Schwestern trägt den baskischen Vornamen Nekane, eine andere den der spanischen Königinnen Isabel, die dritte heißt Asunción, ein im Baskenland besonders häufiger spanischer Name. Induráin sagt, er sei Spanier, doch genausogut könne er sich auch vorstellen, etwa Franzose oder Italiener zu sein. Als er der französischen Sportzeitung *L'Equipe* sagte, von Patriotismus und von Landesgrenzen halte er nicht viel, und die Zeitung das in verschärfter Form und anti-spanischer Akzentuierung wiedergab, erregten sich einige nationalbewußte Spanier.»[6] Mochten auch viele von Induráins Vuelta-Abstinenz enttäuscht sein: Im Juli war er *ihr* Mann in Frankreich, verehrt über alle politischen Frontlinien von Opus-Dei-Katholiken und antiklerikalen Kommunisten, baskischen Separatisten und unbelehrbaren Franco-Getreuen, González- und Aznar-Anhängern hinweg.

(Daß es wenig einbrachte, «el rey» gegen seinen erklärten Willen bei der Spanien-Rundfahrt einzusetzen, zeigt sich 1996, wenige Monate vor seinem Rücktritt. Mit mehr als sanftem Druck von Echávarri und Banesto zur vaterländischen Pflicht verdonnert, fuhr er schlecht – und stieg nach zwei Wochen aus.)

Gelassen reagierte Induráin auf die nimmermüden Vorwürfe, sich ausschließlich auf die Tour de France zu konzentrieren und die gesamte Frühjahrssaison als reines Aufbautraining zu nutzen. Übersetzt lautete der Vorwurf: Wieso bist Du nicht wie Eddy Merckx? Ähnliches mußte sich vor ihm Greg LeMond anhören, und einiges spricht dafür, daß auch Jan Ullrich von dieser Kritik nicht verschont bleiben wird. «Ich gehöre nicht zu jenen, die Rennen nur so fressen und glauben, sich nur durch möglichst viele Wettkämpfe oben halten zu können. Ich richte meine ganze Arbeit und Energie auf die Tour de France aus; sie ist, auch mit neuen Kalendern und allen Vorwürfen zum Trotz, nach wie vor jenes Rennen, das weitaus am meisten gilt. Es gibt keinen anderen Wettkampf, den ein Profi so gern gewinnen würde wie die Tour. Und ich empfinde es nicht als Schande, wenn einer nach erreichtem Ziel zugibt, für die restlichen Rennen der Saison nicht mehr besonders motiviert zu sein … Ich weiß, daß man mir meine Einstellung vorwirft, mich als Juli-Fahrer abzustempeln versucht. Schade; aber die Tour fasziniert mich halt doch mehr, als das Geschwätz mich aufregt.»[7]

Adios, Miguel!

Die Streckentüftler der Societé du Tour de France hatten sich **1996** wieder einmal redlich Mühe gegeben, Induráin das Siegen so schwer wie möglich zu machen. Seine Spezialdisziplin, der Kampf Mann gegen Uhr, war rigoros zurechtgestutzt worden. Dem Basken standen im Einzelzeitfahren, Prolog inklusive, nur noch 99 Kilometer zur Verfügung (davon 30 steile Kilometer hinauf in den Wintersportort Val d'Isère), um sich ein Zeitpolster für die ausgedehnten Bergexkursionen durch die Pyrenäen, Alpen und das Zentralmassiv zuzulegen. Vor der Tour waren die Szene-Auguren über die Form von «Big Mig» ins Grübeln geraten. Erst attestierten sie ihm mangelnde Fitneß wegen Übergewicht, dann, einige Siege später, eine alarmierende Frühform. Nach seiner bestechenden Präsentation bei der Dauphiné Libéré fragte die *Süddeutsche Zeitung* rhetorisch: «Wer soll ihn hindern am Triumph für die Ewigkeit?» Bjarne Riis wollte, und Bjarne Riis sollte. Aber das ist eine andere Geschichte.

«Wer soll ihn hindern am sechsten Triumph für die Ewigkeit?»

Ein Bernard Hinault wäre vermutlich ein Jahr später noch einmal in den Ring gestiegen: perfekt vorbereitet, hungrig vor Ehrgeiz, bereit für einen letzten großen Kampf. Aber Induráin war nicht wie Hinault. Manche vermuten, daß der unerwartete Schwächeanfall am 3. Juli 1996, drei Kilometer vor Les Arcs, als er von der Spitze aus nach hinten durchgereicht wurde, Induráins Moral und Motivation gebrochen hat. Aber mehr

«Du willst mit, aber der schaltet einfach einen Gang hoch und bringt dich um.»
(Richard Virenque)

EIN STÄNDCHEN FÜR MIGUEL

Vorgetragen von Freunden, Gegnern & Begleitern des «Außerirdischen»

Du willst mit, aber der schaltet einfach einen Gang hoch und bringt dich um. ***(Richard Virenque)*** **Induráin ist von allen der größte Tour-Champion, größer als Anquetil, Merckx und Hinault.** ***(Pierre Chany, als Journalist seit 1947 bei der Tour de France dabei)*** **Sein physisches Potential ist enorm, ganz im Gegensatz zu seiner Persönlichkeit.** ***(Spanischer Journalist)*** **Du fährst, daß dir die Lungen platzen, und siehst dich um, und er fährt hinter dir und lacht. Was ist das bloß für ein Mensch?** ***(Claudio Chiappucci)*** **Er ist einer, der sich hervorragend auf sein Metier konzentrieren kann, den alles Drumherum aber wenig kümmert. Deshalb prallt auch der Rummel an ihm ab. Diese Ruhe ist außergewöhnlich, sie macht ihn auf eine Art unfaßbar. Er hat ein immenses Talent, technisch, aber auch taktisch, seine aufs Metier bezogene Intelligenz ist beeindruckend.** ***(Eusebio Unzue, Banesto)*** **Mit Miguel habe ich den Himmel berührt.** ***(Banesto-Teamchef José-Miguel Echávarri)*** **Induráin ist der Chef. Solange er die Tour fährt, kann kein anderer gewinnen.** ***(Alex Zülle)*** **Miguel attackiert nicht, er fährt einfach davon.** ***(Thomas Davy)*** **Er hat alles, Kraft und Kopf. Im Juli ist er der stärkste, der konzentrierteste und der entschlossenste aller Fahrer.** ***(Tony Rominger)*** **Für mich hat er sich in einen Mythos verwandelt, auch wenn ich weiß, daß er aus Fleisch und Knochen besteht.** ***(Gianni Bugno)*** **Induráin stürzt nie, hat nie einen Platten, wird nicht krank. Da hält jemand schützend die Hand über ihn. Wenn ich die Tour nicht gewinne, wünsche ich nur ihm den Sieg. Ich bewundere Induráin.** ***(Tony Rominger)*** **Was mir am meisten leid tut, ist, daß wir gleich alt sind. Gott hätte es ja auch so richten können, daß ich nur gegen seinen Bruder fahren muß.** ***(Gianni Bugno)***

als eine Saison hätte er auf keinen Fall mehr drangehängt. Das Siegen fiel ihm, der die «unerklärliche Leichtigkeit des Seins» zu einer Kunstform im Radsport entwickelt hatte, immer schwerer: «Auch ich merke, wie ich älter werde. Ich höre auf, wenn ich sehe, daß es abwärts gehen könnte. Aber ich will, daß es am Ende einer großen Saison ist.»

Am 3. August 1996 krönte er seine überragende Karriere mit dem Gewinn der Goldmedaille im Zeitfahren (52,2 Kilometer) bei den Olympischen Spielen von Atlanta. Mit einem Schnitt von fast 49 km/h auf der sechsspurigen Peachtree Road durch Atlantas Prominentenviertel Buckhead unterwegs, ließ er Abraham Olano und Chris Boardman keine

Chance. «Das olympische Zeitfahren ist ein historisches Ereignis, weil es zum ersten Mal ausgetragen wurde», gab er bei der Siegerehrung höflich zu Protokoll. «Aber die Enttäuschung der Tour wiegt dieser Sieg nicht auf. Für einen Tour-Sieg würde ich drei Goldmedaillen herschenken.» Dieser 40. Zeitfahrsieg seiner Karriere war die große Ouvertüre zu einem kleinen Finale. Monatelang kursierten die phantastischsten Wechselgerüchte um Spaniens Sportidol Nr. 1. Die Avancen von Once, dem Team der spanischen Blindengesellschaft um die Stars Zülle und Jalabert, Kelme, La Française de Jeux und Polti wirbelten viel Staub auf. Die Gerüchteküche brodelte, von Jahresgagen in zweistelliger Millionenhöhe war die Rede. Induráin lächelte, schwieg und beriet sich mit seinen engsten Vertrauten. Am 2. Januar 1997, zwei Tage nach Ablauf seines Kontrakts mit Banesto, trat er in einem Hotel in Pamplona vor die Mikrophone und Kameras der internationalen Presse und gab seinen sofortigen Rücktritt bekannt. Ein konsequenter Schritt für einen Athleten, der am Ende seines Weges angekommen war, und ein schwerer Rückschlag für den erfolgsverwöhnten spanischen Radsport, der nach den tödlichen Unfällen seiner größten Talente Antonio Martín und Mariano Rojas nur noch auf ein Pferd setzen kann: auf Weltmeister Abraham Olano.

Und Induráin? Der hat seine Schäfchen im trockenen, könnte sich ganz dem *dolce vita* hingeben, Weltreisen unternehmen, mit seiner Frau die schönsten Einkaufsbummel in Hongkong oder Paris machen … Einkaufen? Bummeln? «Stell dir vor», erzählt Marisa entrüstet, «du bist gerade zehn Minuten in einem Laden, und er muß sich setzen. Er kann einfach nicht lange stehen. Das ist lächerlich.» Worauf Induráin nur phlegmatisch auf § 1 seines Glaubensbekenntnisses verweist: «Wenn die Beine nicht umsetzen können, was der Kopf befiehlt, bist du verloren.»

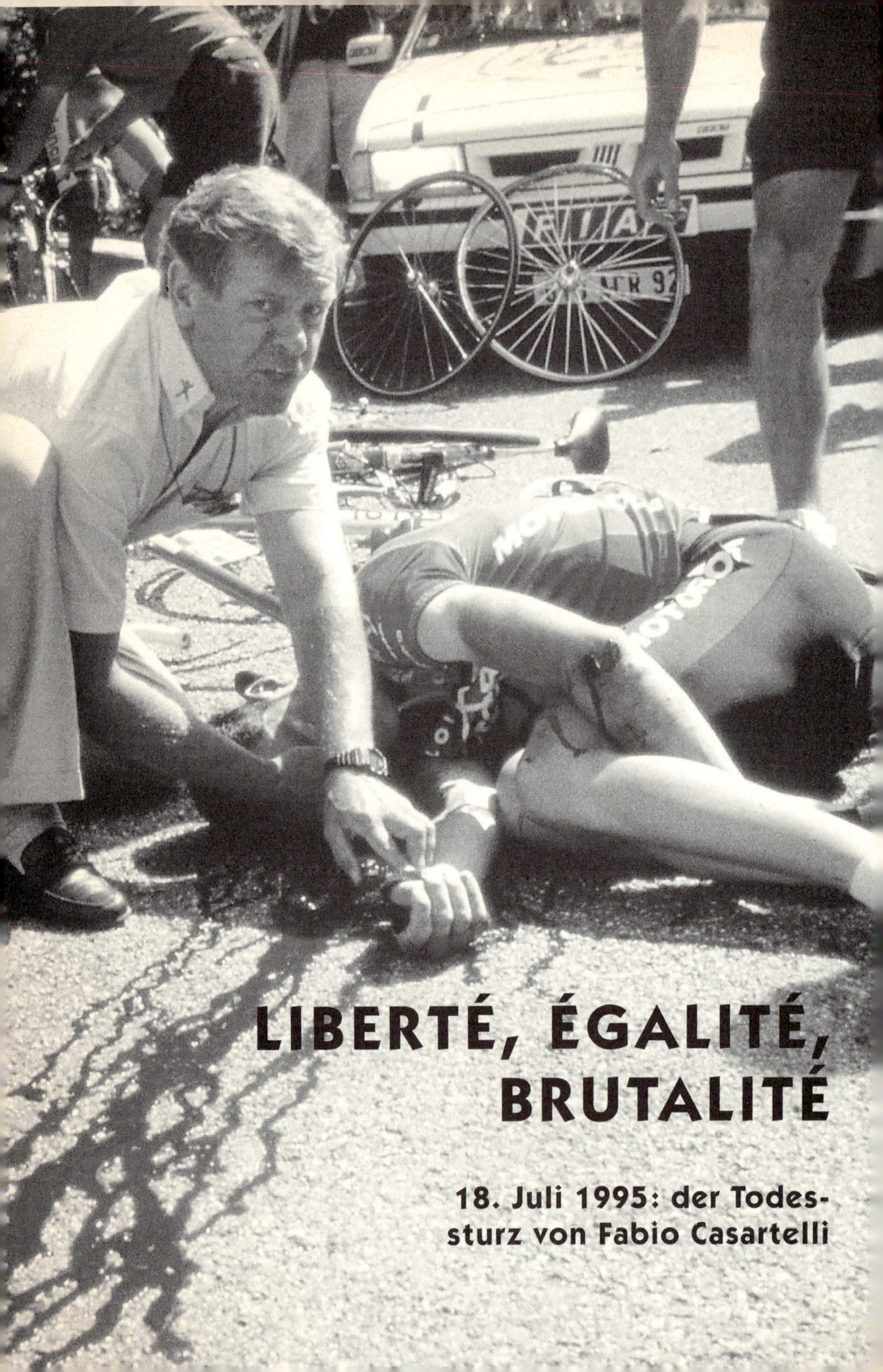

LIBERTÉ, ÉGALITÉ, BRUTALITÉ

18. Juli 1995: der Todessturz von Fabio Casartelli

Die Uhr zeigte 11.33 Uhr. Am Col de Portet d'Aspet, dem ersten Berg der 15. Etappe von Saint-Girons nach Cauterets, jagten sechs Fahrer dicht an dicht die steile Abfahrt hinab. In einer engen Kurve verloren sie bei 90 km/h die Kontrolle und stürzten: der belgische Klassikerspezialist Johan Museeuw, Dante Rezze, Erik Breuking, Giancarlo Perini, Dirk Baldinger und Fabio Casartelli. Was genau geschah, wer wen touchierte, wurde nie geklärt und ist auch belanglos. Am schlimmsten schien es zunächst Dante Rezze erwischt zu haben. Er war zwölf Meter tief in eine Schlucht gestürzt. Helfer konnten den wie durch ein Wunder nur geringfügig Verletzten schließlich mit einem Seil bergen. Baldinger mußte mit einem Beckenbruch ins Krankenhaus gebracht werden. Der wenige Sekunden nach dem Sturz eintreffende Arzt, der sich um Fabio Casartelli kümmerte, erkannte sofort den Ernst der Lage. Zusammengekrümmt und reglos lag der vierundzwanzigjährige Nachwuchsfahrer des Motorola-Teams in einer Blutlache. Mit dem Kopf war er gegen einen der 40 Zentimeter hohen Begrenzungssteine geprallt, die die Straße in dieser kurvigen Passage säumten. Für Casartelli kam jede Hilfe zu spät. Tourarzt Nicollet begleitete den Schwerverletzten zusammen mit Massimo Testa, dem Mannschaftsarzt von Motorola, im Rettungshubschrauber in die Universitätsklinik von Tarbes. Er starb gegen 14 Uhr.

Fabio Casartelli aus Albese bei Como, dessen Vater Sergio in den sechziger Jahren Berufsfahrer war, feierte seinen größten Erfolg als Amateur mit dem Gewinn der Goldmedaille im olympischen Straßenrennen 1992 in Barcelona. Sein Einstieg ins Profilager gestaltete sich unerwartet beschwerlich. Für die Tour de France hatte sich Casartelli viel vorgenommen …

Am Portet d'Aspet, fast an gleicher Stelle, waren 1972 Raymond Poulidor, Luis Ocaña und Joop Zootemelk gestürzt; schwere Verletzungen blieben ihnen aber erspart. Casartelli hatte weniger Glück. Er starb an den Folgen eines Unfalls, wie er immer wieder passieren kann: Schotter auf dem Asphalt, regennasse Straße, ein unachtsames Begleitfahrzeug, ein kleiner Fahrfehler, leichtsinnige Fans am Rande – es gibt zahllose Situationen, in denen die rasenden Pedaleure Leib und Leben aufs Spiel setzen. Daß bei der Tour de France seit 1903 erst vier Fahrer zu Tode gekommen sind – und nur zwei von ihnen in typischen Rennsituationen –, ist kaum zu fassen, ein kleines Wunder. Das Schicksal scheint es mit den oft kamikazehaft agierenden Sportlern gut zu meinen. 1910 kam der Franzose Adolphe Helière zu Tode: Er war ertrunken – am Ruhetag in Nizza. 1935 starb der Spanier Francesco Cepede, drei Tage, nachdem er sich auf der siebten Etappe von Aix-les-Bains nach Grenoble einen Schädelbruch zugezogen hatte. Und 1967 ereilte den Briten Tom Simpson am Mont Ventoux der Dopingtod.

The show must go on?

Mit versteinerter Miene fuhr Tour-Direktor Jean-Marie Leblanc im Führungswagen hinter Richard Virenque her, der auf der mit sechs Pässen schwersten Pyrenäenetappe nach einer begeisternden Alleinfahrt über 121 Kilometer mit 1:17 Minuten Vorsprung das Ziel erreichte – enthusiastisch gefeiert von den französischen Zuschauern und Journalisten. Da war Fabio Casartelli bereits mehrere Stunden tot. Über Radio Tour hatte Leblanc die Schreckensnachricht verbreiten lassen.

Was sich die Verantwortlichen an diesem Tag an Kaltherzigkeit und mitleidlosem Pragmatismus leisteten, war skandalös und fügte dem Ansehen der Societé du Tour de France schweren Schaden zu. Im ersten Pressebulletin abends war hinter dem Namen Casartelli der Vermerk «Aufgabe» zu lesen – ein Ausrutscher, aber leider nicht der einzige. Offensichtlich hatten Leblanc & Co. keine Minute den Abbruch der Etappe erwogen. Der Zynismus der Tour-Macher kannte an diesem Tag keine Grenzen. Obwohl der Leichnam Casartellis schon in Tarbes aufgebahrt war, wurde bei der Siegerehrung für Virenque noch nicht einmal auf den üblichen Jubel-Blumen-Küßchen-Rummel verzichtet. Später kondolierten dann die hohen Herren aus Paris – mit Geld. Sie verdoppelten die von den Fahrern für Casartellis Familie gespendeten Tagesprämien auf rund 150 000 Mark.

Weniger hartgesotten zeigten sich die Fahrer, die Casartellis Tod hautnah miterlebt hatten. Breuking sprach vom «Schock seines Lebens»; Johan Museeuw versprach seiner Familie, «nie mehr in meiner Karriere an einem Massensprint teilzunehmen». Und der unter dramatischen Umständen geborgene Dante Rezze konnte im Krankenhaus von St. Gaudens den Schrecken der Fernsehbilder kaum ertragen. «Ich kann nicht mehr. Immer, wenn ich das sehe, muß ich weinen. Ich muß an seine Familie denken. Vielleicht mache ich mit diesem Sport Schluß.»

The show must go on – keine Zeit für Innehalten, Nachdenken oder Trauer? Die mitleid- und pietätlose Reaktion der Tour-Direktion in Cauterets ist kein radsportspezifischer Einzelfall. 1995 rasten beim Formel-1-Grand Prix in Imola die Boliden weiter um den Kurs, obwohl im Training der Österreicher Roland Ratzenberger und dann im Rennen Weltmeister Ayrton Senna tödlich verunglückt waren. Daß es auch anders geht, hatten drei Monate zuvor die Organisatoren der Weltcup-Abfahrt von Garmisch-Partenkirchen gezeigt: Nach dem tödlichen Unfall Ulrike Maiers wurde das Rennen sofort abgesagt. «Es ist im Sport wie im wirklichen Leben ein Abstumpfungsprozeß gegenüber dem Tod im Gange», schrieb Christoph Albrecht-Heider in der *Frankfurter Rundschau*, «begründbar gewiß, aber erschreckend vor allem. Vielleicht fragt man schon übermorgen: Wie hieß er noch, der Italiener, der in den Bergen der Pyrenäen in den Tod raste? Und wenn es Rominger gewesen wäre oder Induráin, wäre uns dann der Spaß an der Tour fürs erste vergangen? Alle Begründungen, warum die Fortsetzung eines Wettbewerbs trotz eines tragischen Falles ‹sinnvoll› sei, sind im Grunde geschenkt. Die Ratio bemühen heißt nur, verschleiern zu wollen, daß die Emotion nicht stark genug ist für eine besondere Reaktion, daß eben nicht tatsächlich ein Schatten über etwas gefallen ist.»[1]

«Wer Angst hat, kann sein Fahrrad gleich wegwerfen.» (Marco Pantani)

Mit einer «Lektion in Würde» *(L'Equipe)*, einer Etappe in memoriam Fabio Casartelli, antworteten die Fahrer auf die *business-as-usual*-Kaltschnäuzigkeit der Tour-de-France-Gewaltigen. Fast acht Stunden benötigten die 199 noch im Klassement befindlichen Fahrer für die 237 Kilometer von Tarbes nach Pau, anderthalb Stunden mehr als die üppigste Vorgabe der Marschtabelle vorsah. Keine Attacken am Aubisque, am Marie-Blanque und am Soudet; alle Zwischenwertungen wurden von Motorola-Leuten «gewonnen». In Pau fuhren die sechs Mannschaftskameraden Casartellis geschlossen vor dem in weitem Abstand folgenden Feld über die Ziellinie. Andrea Peron, Casartellis bester Freund, wurde zum Tagessieger erklärt. Als Lance Armstrong wenige Kilometer vor dem Ziel sein Rad wegen eines Defekts wechseln mußte, hielt das Feld an und wartete, bis die Motorolas wieder komplett waren. «Ein einziges Mal waren wir solidarisch. Das ist das mindeste, was wir für Fabio tun konnten» (Jean-François Bernard).

Rennräder haben keine Knautschzone, und die Fahrer begeben sich auf ihren millimeterdünnen Reifen bei den schnellen Abfahrten, wo Geschwindigkeiten bis zu 110 Stundenkilometer erreicht werden können, in tödliche Gefahr. Das war im Radsport immer so, daran wird sich nichts ändern. Vermutlich hat Marco Pantani recht: «Wer Angst hat, kann sein Fahrrad gleich wegwerfen.» Ein hohes Risiko ist Teil ihres Berufs. Aber mit ihrer bewegenden Aktion demonstrierten sie, daß sie nicht gewillt sind, einen tödlich verunglückten Kollegen sofort aus der Erinnerung zu streichen. «Die Gladiatoren haben sich geweigert, in den Kampf zu ziehen», kommentierte Michael Reinsch in der *F. A. Z.* «Mit Tränen in den Augen sind die Radprofis bei der Tour de France nach einer Schweigeminute zum Andenken an Fabio Casartelli zwar zur 16. Etappe gestartet. Doch sie nahmen sich am Tag nach dem tödlichen Sturz ihres 24 Jahre alten Kollegen und Freundes Zeit zur Trauer, die ihnen Veranstalter und Begleiter nicht hatten gönnen wollen.»[2]

Frontbericht vom «Helmkrieg»

Trotz Schädelbrüchen und anderer schwerer Kopfverletzungen läßt sich kaum ein Fahrer von der *generellen* Notwendigkeit überzeugen, einen Sturzhelm zu tragen. Nur drei Fahrer fuhren am Tag nach Casartellis Unfall mit einem Helm auf dem Kopf: die Schweizer Beat Zberg und Rolf Järmann und der Italiener Andrea Volpi. «Fabio hat nie einen Helm getragen», sagte der Trainingspartner Casartellis, «ich trage immer einen, seit ich 1986 beim Giro auf einer Abfahrt gestürzt bin. Ich muß auch an meine Familie denken.»

Über Strohköpfe, Hitzestaus und Sicherheitsbedenken

Ob der Italiener mit Kopfschutz eine Überlebenschance gehabt hätte, ist umstritten: Telekom-Arzt Dr. Andreas Schmidt ist, im Gegensatz zu Tour-Arzt Dr. Porte, davon überzeugt. Der tödliche Unfall am Col de Portet d'Aspet hat einen alten Streit wieder neu entflammt; die Debatte um die Helmpflicht ist sozusagen ein alter Hut.[3] Für Junioren und Amateure ist der Helm seit langem Pflicht. In Belgien müssen auch Profis stets einen Sturzhelm oder Sturzring tragen. Seit Ende der achtziger Jahre versuchte der Internationale Radsportverband UCI, die Profis von ihrer Oben-ohne-Haltung abzubringen, erst mit sanftem Druck, dann mit Androhung von Sanktionen. Beim Etappenrennen Paris–Nizza, der «Fahrt in den Frühling», riß der Franzose Francis Morcan bei Temperaturen um 25 Grad am Anstieg zum Mont Faron seinen Sturzhelm herunter und warf ihn in den Straßengraben: «Mir ist schwindelig geworden, speiübel, ich hatte am Kopf einen Hitzestau. Es war unerträglich.» Als Morcan disqualifiziert wurde, reagierten seine Profikollegen solidarisch. Am nächsten Morgen in Toulon standen *alle* unbehelmt am Start; in der ersten Startreihe gab sich die Prominenz ein Stelldichein, LeMond und Fignon, Duclos-Lasalle und Rominger. Erwartungsgemäß gab die UCI klein bei und rehabilitierte Morcan. Die Helmpflicht war wieder einmal vom Tisch.

Lassen wir das Pro und Contra im «Helmkrieg» einmal Revue passieren.

Das Hitzestau-Argument: Die Fahrer halten den Kopfschutz bei hohen Temperaturen für reine Quälerei und zudem für gefährlich. Zwei von zahllosen Profis, die den Helm scheuen wie der Teufel das Weihwasser, stammen vom Team Telekom. «Da steht man kurz vor der Bewußtlosigkeit. Wenn mir einer erzählt, mit Helm ist die Belüftung genausogut wie ohne, da weiß ich sofort, daß der noch nie mit so einem Dampfkessel auf dem Kopf Radrennen in den Alpen gefahren ist» (Jens Heppner). «So 'ne Schüssel nervt schrecklich bei Hitze, und am Berg ist es einfach unerträglich» (Dirk Baldinger). Dagegen hält Christian Merkl, Verbandsarzt des Bayerischen Radsportverbandes und aktiver Radmarathon-Sportler, das Problem eher für eines *im* Kopf als *auf* dem Kopf: «Der Helm bietet Sonnenschutz und durch die Beschattung sogar eine Kühlung der Kopfhaut.» Der vom Helm bedeckte Teil des Kopfes mache nur einen

Tarbes, 19. Juni 1995: Schweigeminute für den tödlich verunglückten Fabio Casartelli

kleinen Teil der gesamten Körperoberfläche aus; Hitzeempfindung sei aber ein gesamtkörperliches Phänomen. Nach Experimenten an der TH Aachen behauptet auch der streitbare Ernst von der Osten-Sacken, Deutschlands einziger auf Fahrradtechnik spezialisierter Maschinenbauprofessor, daß mit Helm die Hitzeentwicklung geringer sei als ohne. Seine sarkastische Einschränkung: «Der Versuch ist wohl nicht übertragbar auf Strohköpfe.»

Das Sicherheits-Argument: Für Dietmar Otte, Leiter der Verkehrsunfallforschung an der Universität Hannover, gilt als erwiesen, daß 83 Prozent aller Schädelbrüche und 43 Prozent der Gehirnerschütterungen verunglückter Radfahrer *mit* Helm vermeidbar gewesen wären. Vergleichbare Studien an der Universität von Adelaide stützen die Ergebnisse aus Hannover: Behelmte Fahrer haben bei Stürzen 19mal höhere Überlebenschancen. Denn moderne Fahrradhelme dämpfen die Härte des Aufschlags enorm und verteilen den Druck auf den gesamten Schädel. Den *abstrakten* Labor-Ergebnissen halten die Profis ihre *konkrete* Erfahrung entgegen. Bei einem Crash mit 90 oder 100 km/h sei man mit Helm genauso schlecht dran wie ohne. Eine geradezu masochistische Logik, findet Professor von der Osten-Sacken: «Dann müßten die bei der Formel 1 nackt am Steuer sitzen.» Aber die Stimmen der Vernunft werden zahlreicher. Alle, die schon einmal in einen folgenschweren Sturz verwickelt waren, werden gegen Kopfschutz zumindest nicht mehr polemisieren. Fabio Casartelli hätte vermutlich nur ein schwerer Motorradhelm mit Kinnschutz retten können. Auch Roger Rivière, der Tour-Favorit von 1960, wäre die Querschnittslähmung wohl nicht erspart geblieben, wenn er bei seinem Sturz in einen Abgrund eine lederne Sturzkappe getragen hätte. Ganz anders der Unfall von Olaf Ludwig 1995 kurz vor der Zielankunft der 4. Tour-Etappe in Le Havre. Der Belgier Sammy Moreels war aus einer Kurve geflogen und hatte andere Fahrer mit sich in die Absperrgitter gerissen. Dank seines Helms, der von der Wucht des Aufpralls gespalten wurde, kam der Geraer mit blauem Auge, Prellungen und einer Gehirnerschütterung davon: «Hätte ich den Helm nicht aufgehabt, wäre der Riß vielleicht in der Birne.» Auch Mauro Gianetti dürfte der Helm, den er bei seinem fürchterlichen Sturz 1995 bei der Tour de Suisse trug, das Leben gerettet haben.

Das Vergleichs-Argument: Skirennläufer, Bobfahrer und Skispringer würden helmlos wohl nicht mehr an den Start gehen. Aber sie als Vorbilder für Radrennfahrer hinzustellen wäre reine Polemik. Denn «während die Wintersportler nur wenige Minuten lang einen beschneiten Hang hinunterrutschen, müssen Radprofis mehrstündige Etappen bei brütender Hitze unter einem Helm aus Styropor bewältigen, einem Material, das in Industrie und beim Hausbau unter anderem zur Wärmedämmung eingesetzt wird.»[4] Andererseits zwingt der Triathlon-Weltverband seine Athleten seit eh und je, auf dem Rennrad einen Helm zu tragen. Selbst für die 180 Kilometer lange Tortur durch die glühende Lavalandschaft beim Ironman von Hawaii wird keine Ausnahme gemacht.

Vieles ist eine Sache der Vorschriften, manches eine Sache der Gewohnheit, wie der Schweizer Profi Beat Zberg findet: «Von klein auf fahre ich mit Helm. Mir wird darunter nicht heiß, trotzdem habe ich manchmal das Gefühl, den Helm absetzen zu müssen.» Tut er dann aber nicht, sondern fährt einfach weiter.

Gladiatorenkämpfe

Es gibt im Radsport zwei Situationen mit auffallend hoher Helmquote: die Einzelzeitfahren (Stichwort: Aerodynamik) und die Sprints. Der Kampf um Zentimeter und Sekundenbruchteile ist immer härter geworden. Cipollini, Baldato, Zabel, Moncassin, Steels, Minali oder Blijlevens («Wenn sich ein Sprint anbahnt, werde ich zum Killer») sind Matadore eines ebenso schnellen wie gefährlichen Spektakels. Sie alle zählen zu den «Verrückten der roten Flamme, der raren Spezies von Rennfahrern, die auf dem letzten Kilometer Kopf und Kragen riskieren für einen Sieg» *(L'Equipe)*. Sprints werden oft schon 30 Kilometer vor dem Ziel vorbereitet, indem die Teams mit Sprintassen das Tempo kontinuierlich hochhalten und ihre Leute mit oft abenteuerlichen Positionskämpfen in eine optimale Ausgangssituation für die finale Attacke bringen. Von Cipollinis baumlangen Helfern bei der Tour de France 1996 hieß es: «300 Meter vor dem Ziel machte diese ‹Leibgarde, die eines südamerikanischen Generalissimo würdig wäre›, wie ein amerikanischer Reporter schrieb, Dampf. Ein Helfer nach dem anderen verausgabte sich im Crescendo des letzten Kilometers und scherte aus, nicht ohne im Ausrollen noch den einen oder anderen Konkurrenten zu behindern.»[5] Ein Schlenker hier, eine Welle dort, die Schultern und Ellenbogen als Nahkampfwaffen ausgefahren, jagen die Glücksritter, ausgestattet mit 54/11-Übersetzungen, dem Ziel mit bis zu 75 km/h entgegen, «wie eine durchgeknallte Büffelherde» (Olaf Ludwig). Und wer bei dieser Stampede keinen Helm trägt, ist doppelt durchgeknallt. Nur wenige Sprinter wie Fréderic Moncassin brüsten sich mit dämlicher Männlichkeitspose ihrer Unbehelmtheit: «Angst, ich weiß nicht, was das ist». Intelligenz? Ich weiß nicht, so was wächst …

Bei Tempo 75 – «wie eine durchgeknallte Büffelherde» (Olaf Ludwig)

Helm auf? Helm ab? Kopf hoch!

Mittlerweile sind drei Jahre seit Fabio Casartellis Tod vergangen. Die UCI-Funktionäre scheinen akzeptiert zu haben, daß eine generelle Helmpflicht auf dem Verordnungsweg nicht durchzusetzen ist; selbst Helmträger aus Prinzip lehnen Zwangsmittel ab. Solange «Lebensversicherungen sogar bei Selbstmord zahlen» (Jörg Knospe vom Gesamtverband Versicherungswirtschaft), ist nicht davon auszugehen, daß sie die Zahlung bei Fahrern verweigern werden, die «oben ohne» in folgenreiche Unfälle verwickelt waren. Vielleicht gelingt den Konstrukteuren von Sturzhelmen doch noch der große Wurf, mit neuen Materialien einen funktionalen Kopfschutz zu entwickeln: leicht, bruchsicher, belüftungsintensiv und allseits akzeptiert – ein Unterfangen, das vermutlich auf die Quadratur des Kreises hinausläuft. Der momentane Forschungsstand ist wenig ermutigend. Es klingt wie ein Witz, daß – nach Auskunft des TÜV Rheinland – «billige Kinderhelme aus dem Supermarkt gelegentlich bessere Belüftungswerte erzielen als mancher Profi-Helm, für den mit ausgeklügelten Luftströmungs-Diagrammen geworben wird»[6]. Geduld ist gefragt.

TAKE THE T-TRAIN

Team Telekom: eine Erfolgsgeschichte mit Anlaufschwierigkeiten

Viele Jahre lang war der Staatsbetrieb Post ein Synonym für Langsamkeit, Ineffizienz und Kundenferne: ein Archetyp deutscher Beamtenseligkeit, ein alt und grau gewordener Anachronismus. Ehe das sogenannte freie Spiel der Kräfte den Koloß zerzausen und zerlegen konnte, beschloß die Politik, in einem Privatisierungskraftakt das Staatsmonopol von Kopf bis Fuß zu reformieren. Im Klartext: Aufteilung in funktionelle Einheiten, in Profitcenter modernen Zuschnitts. Eines davon ist die Deutsche Telekom. Die Akte Post wurde vor kurzem geschlossen: Postminister Boetsch verabschiedete sich in den Ruhestand, sein Ministerium wurde aufgelöst.

Mit ihrem spektakulären Börsengang hat die Deutsche Telekom AG 1997 den entscheidenden Schritt getan, um sich auf dem hart umkämpften Billionenmarkt der Telekommunikation als *global player* zu etablieren. Der Sommer war über die Telekom hereingebrochen, die Zukunftsaussichten rosig, und doch blieb da ein kleines Problem: Das Image des Telefonkonzerns hinkte den himmelstürmenden Zukunftsvisionen meilenweit hinterher. Marketingagenturen bastelten schon seit Anfang der neunziger Jahre an einer Imagekorrektur, die die Spötteleien von der gelben Schneckenpost endgültig vergessen machen sollte. Jürgen Kindervater, Kommunikationschef in der Bonner Konzernzentrale: «Wir wollen unsere Marke mit Sportlichkeit, Sympathie und Dynamik aufladen.» [1] 1991 wurde beschlossen, mit gezieltem Sportsponsoring im Profiradsport eine Imageprofilierung als junges, dynamisches, zukunftsorientiertes Unternehmen anzustreben. Mit der Entscheidung, das in der Zweitklassigkeit dahindümpelnde Team Stuttgart zu übernehmen und durch Millionenspritzen zum Team Telekom, zur radelnden Werbekolonne des High-Tech-Konzerns umzubauen, begann eine wahre Tour der Leiden. Gut Ding will Weile haben. Die Telekom-Verantwortlichen mußten zunächst zwei Lektionen lernen: 1. Sportlicher Erfolg läßt sich nicht immer durch Geld zusammenkaufen (das lehrt auch das Beispiel FC Bayern München). 2. Der Aufbau von Markenimage braucht viel Zeit. Nur glaubwürdiges Sponsoring entfaltet eine positive Wirkung, wie die UFA-Studie «Affinitäten – Wertigkeiten und persönliche Nähe von Marken und Sport-Events» ergab.[2] Kaum war das Marketing-Baby Team Telekom aus der Taufe gehoben, war es 1992 mit ihm schon fast wieder vorbei. Es grenzt vielleicht an ein kleines Wunder, daß überhaupt der Punkt erreicht wurde, der allgemein als Initialzündung für die sensationelle Erfolgsstory eingeschätzt wird: die Verpflichtung des Dänen Bjarne Riis als Teamleader.

Vom Team Stuttgart zum Team Telekom

Beflügelt von den Erfolgen von Rolf Gölz und Andreas Kappes und den überraschenden Plazierungen deutscher Fahrer bei den Olympischen Spielen von Seoul 1988 (Silber für Bernd Gröne, Bronze für Christian Henn und Robert Lechner), erschien der Plan, einen deutschen Rennstall ins Leben zu rufen, nicht übermäßig verwegen. Nach Seoul wechselten gleich 16 Amateure zu den Profis; darauf ließ sich aufbauen. Zwei frühere Versuche, einen deutschen Rennstall zu etablieren, waren kläglich gescheitert. 1976 liquidierte der westfälische Möbelfabrikant Robert Kahl sein *Rokado-Team*, das ihn fünf Millionen Mark kostete, ihm aber wenig Freude bereitete. Für den nächsten Versuch zeichnete der ehemalige Opernsänger und Gastronom Konrad Kotter verantwortlich. Nach zwei Jahren war Schicht im Schacht: das *Kotter Racing Team* wurde dichtgemacht, nachdem erst die Geldgeber abgesprungen waren und dann auch noch die Stuttgarter Oberfinanzdirektion auf die ausstehenden 400000 Mark Lohnsteuer nicht verzichten mochte. In die Schlagzeilen geriet Kotters radelnde Truppe ansonsten nur einmal: durch eine gerichtlich ausgefochtene Auseinandersetzung mit seinem Topfahrer Dietrich Thurau.

Unter der Regie von Winfried Holtmann, Chefredakteur der *Sindelfinger Zeitung* und Promotor der Sechstagerennen von Stuttgart und Münster, und der sportlichen Leitung von Ex-Weltmeister Hennie Kuiper formierten sich neun deutsche Ex-Amateure, zwei Holländer und ein Australier zum *Team Stuttgart*. Ein Sponsorenpool u. a. mit Daimler-Benz (vier Mannschaftsfahrzeuge, ein LKW), der Firma Eddy Merckx' (Fahrradrahmen), dem Frankfurter Versandhaus Brügelmann und der Stadt Stuttgart sorgte dafür, daß Holtmanns Crew mit dem eher bescheidenen Etat von zwei Millionen Mark in ihre erste Saison starten konnte. Das ehrgeizige Projekt stand unter keinem guten Stern, die Stuttgarter Neulinge fuhren konstant hinterher: kein Spitzenfahrer, das Team zu grün hinter den Ohren, amateurhaftes Management – ein Rennstall als Totgeburt. 1991 überraschte die Deutsche Telekom Sportsfreunde wie Gebührenzahler mit der Ankündigung, aus der Konkursmasse des *Teams Stuttgart* seinen eigenen Profirennstall hochzuziehen: das *Team Telekom*. Günter Bilgmann, der damalige Marketingdirektor der Telekom, glaubte nämlich entdeckt zu haben, daß Radrennfahrer und Telekommunikative sich den gleichen Werten verpflichtet fühlen: «Wettbewerb, Innovation, Technik.»

Allen Sonntagsreden und finanziellen Zuwendungen zum Hohn watete der Telefongigant mit seiner zweirädrigen Werbekolonne zunächst durch ein Tal

«Da läuft eine Rothaarige rum» oder: Wo kriege ich ein Team her?

der Tränen. Schon der Auftakt war ein Debakel. Zur publicity-trächtigen Tour de France wurde der Rennstall wegen Zweitklassigkeit nicht zugelassen, und bei der Weltmeisterschaft in Stuttgart, von der Telekom großzügig mit 1,5 Millionen Mark gesponsort, durfte Kapitän Urs Freuler wegen einer Dopingsperre gar nicht erst an den Start. Schon die Personalakquisition des neuen Teams hatte keinen sonderlich seriösen Eindruck gemacht. «Da läuft eine Rothaarige rum», wunderte sich der Bremer Radprofi Andreas Kappes während der Frankreich-Rundfahrt.[3] Die mysteriöse Rothaarige, die sich mal als Studentin, mal als Journalistin ausgab, war als Scout der Hamburger Agentur *Profile Sponsor Consulting* unterwegs, um die anderswo unter Vertrag stehenden deutschen Spitzenfahrer für das neue Team abzuwerben. Die allzu forsche Marketingdame wurde zwar still und leise zurückgezogen, aber auch andere Personalentscheidungen wurden revidiert: Holtmann sollte aus der Team-Verantwortung entlassen und in eine Beratertätigkeit weggelobt werden («wie ein Strippenzieher, den man in den Vorruhestand schicken will», erboste sich der Stuttgarter), und Hennie Kuiper wurde durch den Belgier Walter Godefroot ersetzt.

Detlef Thye, Telekoms neuer Sponsoringdirektor, verschärfte mit der Inthronisierung Godefroots Gangart und Erfolgsdruck: «Mittelmaß ist mir zuwider»; es müsse alles getan werden, «das Provinzimage loszuwerden»[4]. Zu beunruhigend waren die Ergebnisse der «Flächeneffizienz-Analysen» ausgefallen, die das Karlsruher Institut für Medienanalysen (IfM) ermittelt hatte. In der TV-Präsenz rangierte der Telefonkonzern auf Platz 74 aller Sportsponsoren – gemessen am Millioneneinsatz ein verheerender Wert.

Die kurze Laufzeit der Kontrakte mit den Spitzenfahrern Uwe Ampler und Andreas Kappes sowie den Profis Remig Stumpf, Etienne de Wilde und den französischen Madiot-Brüdern Marc und Yvon zeigten die extreme Erwartungshaltung, der sich der neue Teamchef ausgesetzt sah. Godefroots Einstand verlief wenig vielversprechend – die Karte Uwe Ampler stach nicht. Mit einem Honorar von 500 000 Mark war der Amateurweltmeister von 1986, Olympiasieger und dreifacher Gewinner der Friedensfahrt, der als das begnadetste Talent unter «Honeckers Schnuckelchen» *(L'Equipe)* galt, bestbezahlter Fahrer des Teams. Ihm fehlte es allerdings an professioneller Cleverness, taktischer Disziplin und Konstanz. Vor allem war er nicht bereit, sich auf das Teamspiel von Geben *und* Nehmen einzulassen: «schnell wie Thurau und genauso egoistisch» hatte ihn die *Süddeutsche Zeitung* eingeschätzt. 1990, noch in Diensten des holländischen PDM-Rennstalls, hatte er seinen Teamchef Jan Gisbers mit dem Satz «Ich bin nicht bereit, für andere zu arbeiten»[5] in Rage gebracht. Uwe Ampler meinte selbst: «Wenn es diesmal nicht klappt, hat man mich wohl überschätzt.» Es klappte nicht.

Mit Jens Heppners überraschendem zehnten Platz im Gesamtklassement der Tour de France 1993 und einem soliden Auftritt der ganzen Mannschaft 1994 zeigten sich erste Erfolge von Walter Godefroots Arbeit. Der Belgier, in seiner Profizeit Gewinner von Paris–Roubaix, Lüttich–Bastogne–Lüttich, der Flandern-Rundfahrt und zehnfacher Tour-Etappensieger, war als Teamchef niemals unumstritten. Ein ausgeprägtes Interesse an Trainingsplänen für die Wintermonate konnte ihm ebensowenig nachgesagt werden wie Verständnis für die Notwendigkeit umfassender medizinischer Betreuung – bis Bjarne Riis als neuer Kapitän ins Team geholt wurde, der mit seiner bedingungslosen Professionalität völlig neue Akzente setzte. Godefroot war zwar durch und durch Vertreter der alten Schule; aber auch er profitierte als *Directeur sportif* von der Verpflichtung Riis'. Als auch Frans van Looy und Rudy Pevenage, der bei der Tour 1980 selbst einmal elf Tage in Gelb fuhr, von Godefroot in die sportliche Verantwortung bei *Telekom* eingebunden wurden, wuchs die Autorität des Teamchefs weiter.

Team Telekom: deutscher Star, deutsches Team, deutsches Desaster?

«Deutscher Star in deutschem Team – das garantiert Schlagzeilen»[6], begrüßte *Der Spiegel* den DDR-Vorzeigefahrer mit Olaf Ludwig im Telekom-Rennstall: «Der Radler mit dem Teddybärgesicht bietet jene rare Mischung aus Fleiß, Härte, Biedersinn und Bodenständigkeit, die schon Uwe Seeler oder Fritz Walter populär machte ... Die ausgeprägte Teflonmentalität, sein blitzschnelles Entscheiden für den Nutzen hat sich stets bewährt, ob für die SED oder die Telekom.» Mit Olaf Ludwig im Rampenlicht ließ sich die Tour 1994 mit drei zweiten und einem dritten Platz bei millimeterknappen Sprintankünften gut an. Noch erstaunlicher war der couragierte Auftritt des Pfälzers Udo Bölts, der schon bei der Fahrt über die Pyrenäenriesen Peyresourde, Aspin und Tourmalet in der Spitzengruppe fuhr, am Mont Ventoux die Verfolgung von Induráin und Las Cuevas initiierte und in den Serpentinen von L'Alpe d'Huez seine Kletterqualitäten unter Beweis stellte: Mit der hohen 53/13-Übersetzung fing er den Italiener Lelli auf der Ziellinie ab und wurde Tagesdritter. Wie sagte Godefroot in seinem wundervollen Idiom über die Qualitäten seines besten Kletterers: «Die Bölts ist so stärk, die geht niemals kapütt!»[7] Als Neunter erreichte Bölts schließlich Paris, nach einer der stärksten Rundfahrten, die er bis dahin fuhr.

1995: T-Zug beinahe abgehängt

Seit jeher waren Schnelligkeit und Service der guten alten Post beliebte Zielscheibe für satirisch-spöttische Einwürfe. Im Winter 1995 kam als Thema noch der «Gebühren-GAU» (Jürgen Kindervater) hinzu. «Man kann über die Telekom sagen, was man will – auf dem Rad sind sie schnell.»[8] Als der Kölner Kabarettist Jürgen Becker 1996 sein Bonmot über die Bonner «Strippenzieher»

Der steht ihm so gut, der Pepitahut ... Rudi Altig im Kampf ums Gelbe Trikot

zum Besten gab, brachte die Öffentlichkeit den Postableger bereits mit dem Erfolg seiner radelnden Werbetruppe in Verbindung. Endlich brachte die Imagekampagne die erhofften Erfolge.

Dabei hatte es im Juni 1995 zunächst nach einer weiteren peinlichen Schlappe ausgesehen. *Team Telekom* zählte nicht zu den zwanzig zur Tour de France zugelassenen Rennställen, obwohl mit Udo Bölts, Jens Heppner und dem neu verpflichteten Wladimir Pulnikov drei Fahrer dabei waren, die sich 1993 und 1994 unter den ersten Zehn hatten plazieren können und das Team in der aktuellen Weltrangliste auf Platz 15 geführt wurde. Ein Ausschluß der Telekom-Crew, immerhin auch ein millionenschweres Investitionsobjekt, wäre ein fataler Rückschlag gewesen, auch für den deutschen Radsport insgesamt. Geharnischte Proteste bei Jean-Marie Leblanc führten zu einem unbefriedigenden Kompromiß: die Bonner durften mit sechs Fahrern antreten, die übrigen drei stellte der italienische Rennstall ZT Mobili. «Es ist und bleibt eine mysteriöse, unvorstellbare Geschichte», erregte sich Godefroot. Und doch fuhr das Schrumpfteam eine beeindruckende Rundfahrt. Rolf Aldag: sechster Rang im Prolog, dritter Platz auf der 15. Etappe nach St. Etienne; Jens Heppner in Lüttich ganz vorne dabei; und für den neuen Sprintstar Erik Zabel zwei Etappensiege, ein zweiter und ein dritter Platz. Der einzige Wermutstropfen war das Ausscheiden Olaf Ludwigs wegen Zeitüberschreitung: ein trauriger Abschied bei seiner letzten Tour de France.

1996 und 1997: Tour de France als «Tour Telekom»

Seit 1996 dominiert Walter Godefroots Mannschaft die Tour de France in beeindruckendem Stil. Mit der Verpflichtung des Dänen Bjarne Riis und der Integration des Ausnahmetalents Jan Ullrich ist Telekom an etablierten Teams wie ONCE, Banesto und Polti vorbeigezogen. Ein starker Nachwuchsfahrer an der Seite eines über viele Jahre gereiften Siegfahrers, eine perfekt zusammengestellte Gruppe von Helfern und Spezialisten (Udo Bölts, Rolf Aldag, Christian Henn, Erik Zabel, Jens Heppner, Brian Holm, Mario Kummer bzw. Georg Totschnig und Giovanni Lombardi) und die «flämische Connection» als sportliche Leitung: diese Kombination ist schwer zu schlagen.

An der Homogenität des Teams wurde sorgfältig gefeilt. Das Team hinter den Fahrern – drei sportliche Leiter, drei Mechaniker, vier Pfleger, ein Arzt, ein Akupunkteur – ist täglich 14 bis 16 Stunden auf Achse, und das im Wortsinn: Endlose Stunden fahren die Betreuer auf vier Rädern ihren Zweirad-Schützlingen voraus oder hinterher. Wer diesen Streß durchhält, muß «positiv verrückt sein», behauptet Chefmechaniker Jean-Marc Vandenberghe. Für die flämische Mehrheit bei *Team Telekom* hat der Flame Godefroot eine einfache Erklärung: «Belgien hat eine lange Radsporttradition, entsprechend groß ist die Hingabe der Angestellten in diesem Metier.» Flämisch und Deutsch sind die vorherrschenden Sprachen, mit Lombardi gibt's ein bißchen «parlare italiano», und Riis fachsimpelt mit seinem Akupunkteur John Boel gerne auf dänisch. Boel, der «Mann, der mit den Nadeln tanzt», betreut im dänischen Avlum einen internationalen Patientenstamm. Von vielen Fahrern als «Wunder-Doc» angesehen, stuft er selbst seine Leistungen nüchtern ein: «Ich bin hier so etwas wie der Caddie.»

Die Gesellschaft *Godefroot BVBA* hat sämtliche Telekom-Fahrer unter Vertrag. Damit ist der Radsport-Unternehmer Godefroot Eigentümer der Mannschaft. Den Namen des Sponsors darf er so lange führen, wie die vertragliche Zusammenarbeit mit der Deutschen Telekom AG besteht. 1998 bleibt der Kern der Truppe in jedem Fall noch zusammen: Die Doppelspitze Riis und Ullrich, die Sprinter Zabel und Lombardi, die Männer fürs Steile, Bölts und Totschnig, und die Allrounder Aldag, Henn und Heppner. Die heikelste Aufgabe der sportlichen Leiter wird der zügige personelle Umbau des Teams sein: Die biologische Karriereuhr tickt unerbittlich. Mario Kummer und Brian Holm haben bereits ausgemustert, Henn (34) und Heppner (33) dürften die nächsten sein, und auch Bjarne Riis (34) wird bereits über ein Leben nach der Rennfahrerei nachgedacht haben. Udo Bölts ist mit 31 Jahren noch im gesicherten Mittelfeld innerhalb des Teams, und wie der große, vor allem aber schwere Oggersheimer lehrt, sind Pfälzer schwer kleinzukriegen.

Jan Ullrich: die T-Aktie mit blendender Rendite

Jan Ullrich ist *die* T-Aktie, die für die Deutsche Telekom mindestens bis ins Jahr 2000 eine blendende Rendite abwerfen soll. Der Vertrag mit ihm und der *Godefroot BVBA* wurde samt Option bis ins nächste Jahrtausend verlängert und das Budget von rund zehn Millionen Mark für 1998 noch leicht erhöht.

Denn nach Jahren der Dürre ist die Deutsche Telekom AG mit der Werbewirksamkeit ihrer radelnden Jungs mehr als zufrieden. Für den Vorstandsvorsitzenden Ron Sommer könnten sie «auf immer und ewig» die Werbetrommel für den Konzern rühren. Tilmann Falt, Pressesprecher von *Team Telekom*: «Seit 1995 fährt das dreißigköpfige Team die Ernte ein. Es braucht schon etwas länger für eine Imagebildung.»[9] Die Investitionen von insgesamt fünf Prozent des globalen Werbebudgets beginnen sich zu amortisieren – shake your money maker. Die Telekom-Werbeabteilung hat den Gegenwert an kostenloser TV-Werbung in den Tour-de-France-Wochen 1997 auf mindestens 27 Millionen Mark hochgerechnet. Das Karlsruher IFM-Institut hat auf Basis der 4041 Minuten, die das Logo der Telekom auf dem Bildschirm zu sehen war, und einer Brutto-Reichweite von 980 Millionen Zuschauern einen PR-Wert von 80 Millionen Mark ermittelt.[10] Zusätzlich fließen aus dem Merchandising noch einige Millionen aufs Konto. Unter der Regie der Werbetochter DeTeMedien wurde via Hotline oder über ausgewählte T-Shops alles verkauft, worauf sich ein magentafarbenes *T* oder das Team-Logo, ein stilisiertes Rennrad, vorteilhaft plazieren läßt. Merchandisingpartner sind der italienische Kleidungshersteller Nalini und die Rennradfabrik Pinarello. Die Entscheidung, alleiniger Namenssponsor des Radteams zu sein, hat sich mit der Verpflichtung von Bjarne Riis und Jan Ullrich als Glücksgriff erwiesen.

«Die Schneckenpost fährt hinterher» – das war früher. Heute heißt es, in Anspielung auf das legendäre Duke-Ellington-Stück: «Take the T-Train – it's really fast!»

ENDE EINER DIENSTFAHRT

1996: Bjarne Riis entthront Miguel Induráin

Miguel, vamos por el sexto!» Nicht nur für die unzähligen Fans in Miguel Induráins baskischer Heimat stand außer Frage, daß «el rey», «der König», als erster der Radheroen das härteste Rennen der Welt zum sechsten Mal gewinnen würde – und das in Folge. «Wer soll ihn hindern am Triumph für die Ewigkeit?» fragte die *Süddeutsche Zeitung* vor dem Start zur 83. Tour de France 1996? Auch die wenigen Fahrer, die *L'Equipe* als mögliche Herausforderer ins Spiel gebracht hatte, zollten dem Basken fast schon devoten Respekt. «Induráin ist der Chef», konstatierte Alex Zülle vom spanischen ONCE-Konkurrenten, 1995 immerhin Zweiter hinter *Big Mig.* «Solange er die Tour fährt, kann kein anderer gewinnen.» Tony Rominger, von allen Experten und von Induráin selbst als schärfster Konkurrent angesehen, gab sich bescheiden wie immer: «Wenn's darauf ankommt, ist dieser Mann einfach da. Induráin stürzt nie, hat nie einen Platten, wird nicht krank. Da hält jemand schützend die Hand über ihn.» Und Claudio Chiappucci klagte herzerweichend: «Du fährst, daß dir die Lungen platzen, und siehst dich um, und er fährt hinter dir und lacht. Was ist das bloß für ein Mensch?»[1]

Nur einer stimmte nicht in diesen Chor der Leisetreter ein: Bjarne Riis, 1995 von Walter Godefroot als Telekom-Teamleader engagiert, visierte selbstbewußt den Tour-Sieg 1996 an. 5-3-1: den fünften und dritten Platz hatte er ja bereits in seiner Trophäensammlung. Induráins Banesto-Team hatte dem Mann mit den dünnen Beinen und der hohen Stirn einen glänzend dotierten Dreijahresvertrag als Edeldomestike des Meisters angeboten – so beeindruckend war der Däne die Tour 1995 gefahren. Nicht am Geld scheiterte der Deal, sondern an Riis' Ambitionen: «Ich will Induráins Rivale sein, nicht sein Helfer.»

Klar war, daß Riis den Aufstand gegen den spanischen «Tourminator» in den Bergen wagen mußte, in den Alpen, im Zentralmassiv und in den Pyrenäen; dafür hatte er gerackert wie nie zuvor in seiner Profilaufbahn. Drei Rundfahrten vor *der* Rundfahrt – Midi Libre, Dauphiné Libéré, Tour de Suisse – kamen auch den Verantwortlichen des Telekom-Teams recht happig vor –, aber Riis setzte sich mit seiner Saisonplanung durch. Als er in der Schweiz nach der siebten Etappe mit einer Bronchitis und entzündeten Stirnhöhlen ausstieg, zählten ihn die Auguren der Szene nicht mehr zu den aussichtsreichsten unter Induráins Gegnern. 75 Prozent der Franzosen räumten *Jaja*, ihrem vom Sprinter zum Allrounder gereiften Topfahrer Laurent Jalabert, die größten Siegchancen ein. Aber mit jenem Selbstbewußtsein und Enthusiasmus, mit dem ihre Fußballer 1992 den Europameistertitel gegen das deutsche Team gewonnen hatte («We are red, we are white, we are Danish dynamite»), waren sich dagegen 100 Prozent der Dänen einig, daß nur der «Adler von Herning» (so der Titel von Bjarne Riis' Autobiographie) den sechsten Tour-Sieg des großen Basken verhindern konnte.

Unterwegs zum ewigen Rekord?

Spannung und Unwägbarkeiten beleben das Geschäft – diesem dramaturgischen Prinzip von Henri Desgrange verpflichtet, baute die Societé du Tour de France in die Streckenführung einige Fußangeln ein, um dem einunddreißigjährigen Spanier das Siegen zu erschweren. 3835 Kilometer im Stenogramm: elf Flachetappen, vier bergige Abschnitte, vier Etappen im Hochgebirge und nur zwei Einzelzeitfahren. Induráins Spezialdisziplin wurde zurechtgestutzt auf ganze 99 Kilometer (inklusive Prolog): das 30 Kilometer lange Bergzeitfahren von Bourg-Saint-Maurice nach Val d'Isère und das Einzelzeitfahren über 63,5 Kilometer bei Bordeaux auf der vorletzten Etappe – zuwenig, um seine Gegner allein im einsamen Kampf gegen die Uhr auf Distanz zu halten. Fünf Jahre lang hatte «der Außerirdische» die Tour de France nach dem gleichen Strickmuster dominiert. Im ersten Zeitfahren auf der «Großen Schleife» fuhr er einen Vorsprung heraus, den er mehr oder minder souverän durch die Berge brachte, um dann im zweiten Kampf *contre la montre* seinen Verfolgern erneut zwei oder mehr Minuten abzunehmen. Das «System Induráin» war wenig spektakulär, aber hocheffizient. Als Hommage an den Basken war Pamplona, die Hauptstadt Navarras, als Zielort der 17. Etappe gewählt worden – ein nationales Ereignis im Baskenland. Induráin: ein Bauernsohn aus dem Dorf Villava bei Pamplona, der mit einer Gage von rund sechs Millionen Mark zum absoluten Topverdiener seines Metiers wurde.[2]

In Pamplona wollte Induráin spätestens das Gelbe Trikot überstreifen, um es bis Paris nicht mehr herzugeben. Daß schließlich alles ganz anders kam, hatte im wesentlichen drei Ursachen. 1. Der Spanier war 1996 über den Zenit seines Könnens hinaus. Nur eine erstklassige Mannschaft vom Format von Festina oder Team Telekom hätte ihm noch einmal eine dominierende Position verschaffen können. Aber just zur Saison 1996 reduzierte die Großbank Banesto Personal und Budget. Der Ausverkauf treuer Helfer rächte sich bitter. In den Jahren zuvor wußte Induráin mit Gerard Rue («Es ist eine Ehre, für Induráin zu fahren») und Jean-François Bernard immer eine energische Leibgarde in seiner Nähe. Wenn es jetzt für ihn eng wurde, fuhr er stets allein. 2. Bjarne Riis präsentierte sich in Frankreich in überragender Verfassung: physisch und taktisch stark, mit dem erklärten Willen zum Sieg und dem besten Team im Rücken. 3. Niemand hatte das Team Telekom im allgemeinen und Jan Ullrich im besonderen auf der Rechnung. Selbst ein ausgewiesener Radsportexperte wie Helmer Boelsen von der *Frankfurter Rundschau* hielt nach Ullrichs Auftreten bei der Tour de Suisse (Platz 19) einen Start des Merdingers bei der Tour für verfrüht: «Vielleicht wäre es vernünftiger gewesen, Ullrich erst einmal nach Atlanta zu schicken.»[3] Rudi Altig, der erfolgreichste deutsche Radrennfahrer aller Zeiten, hatte wenige Monate zuvor mit seiner Einschätzung des Youngsters im Team Telekom geradezu spektakulär danebengelegen: «Guck dir den Gölz, guck dir den Kappes an, der Thurau hat zwei Jahre gut gefahren. Jetzt mit Jan Ullrich geht dasselbe Theater wieder los. Man hat ihn in den Himmel gehoben, und wenn man dann von Insidern hört, was er alles macht – das kann nichts werden.»[4]

«Wenn man von Insidern hört, was Ullrich macht – das kann nichts werden ...»

1996 präsentierte sich *La Grande Boucle* auch in der Streckenführung als Ereignis von europäischer Dimension: von Holland über Belgien durch die Alpen, das Zentralmassiv und die Pyrenäen mit kleinen Abstechern nach Italien und Spanien über die Atlantikküste nach Paris. Sechzehn Jahre nach dem Tour-Sieg von Joop Zootemelk wurde der Start der Tour nach Holland vergeben, wo vor Schreck im Winter 1995 erst einmal die Deiche brachen und Chaos und Finanzengpässe hinterließen. Die Stadtväter von 's-Hertogenbosch waren stolz, von der mächtigen Societé du Tour de France für den Startschuß zur 83. Tour de France auserkoren worden zu sein. Prolog, erste Etappe und Start der zweiten: dies war der Lohn für die mutige Bewerbung der 90 000 Einwohner zählenden Stadt im Herzen Brabants, die den Zuschlag erst bekommen hatte, als Den Haag und Rotterdam wegen Finanzproblemen ausstiegen. Mehr Ungemach als die großstädtische Konkurrenz machte den geschäftstüchtigen Notabeln von 's-Hertogenbosch die 6500-Seelen-Gemeinde Kerkwijk, die vom bunten Tour-Lindwurm der Zwei- und Vierräder mehr gestreift als wirklich durchfahren werden sollte. Dieses Kerkwijk ist ein wahres Bollwerk calvinistischer Frömmigkeit im überwiegend katholischen Brabant: sieben Kirchen, drei Kneipen, hier ist die Welt unter Gottes weitem Himmel noch in Ordnung. Obwohl nur sieben Häuser vom Vorbeiziehen der Tour-Karawane in Mitleidenschaft gezogen würden, wurde argumentiert, wäre die Sonntagsruhe der religiösen Bewohner empfindlich gestört. Handgreifliche Attacken gegen die rasenden Ruhestörer schloß der calvinistische Bürgermeister aber aus, nachdem eine Klage der Gemeinde abgewiesen worden war: «Falls die Tour kommt, werden wir nicht so bösartig sein und Reißnägel auf den Weg streuen.»[5]

Alex Zülles Sieg beim Prolog in 's-Hertogenbosch über 9,4 Kilometer wurde von den Einheimischen ausgelassen bejubelt: Da Zülles Mutter Holländerin ist und der Schweizer in fließendem Holländisch mit den Reportern zu parlieren verstand, hätte der Auftakt für die Veranstalter nicht besser ausfallen können. Seit den Siegen von Jan Janssen 1968 und Joop Zootemelk 1980 und Eric Breukings Fahrt in Gelb 1989 war «man» endlich wieder wer bei der Tour de France. Die überschäumende Stimmung wich aber am nächsten Tag schmerzhafter Ernüchterung. Bei der ersten Etappe rund um 's-Hertogenbosch verursachten enge Straßen, katastrophale Absperrungen und 140 (!) Fahrbahninseln und Verkehrsteiler viele, zum Teil schwere Stürze. Schlimm erwischte es den zum Glück mit Helm fahrenden vierunddreißigjährigen Erfurter Mario Kummer vom Team Telekom, der gegen einen ungesicherten Verkehrsteiler prallte (Schlüsselbeinbruch), den Kolumbianer Hernan Buanahora (Armbruch) und den Weltmeister von 1994, Luc Leblanc, der mit Tempo 50 in ein Hindernis gerast war und, minutenlang benommen am Straßenrand liegend, von Sanitätern behandelt werden mußte. «Im vergangenen Jahr gab es einen Toten», wütete Rolf Aldag, «und in diesem Jahr schicken sie uns auf so eine Strecke.» «Das war ein Spiel mit dem Tod» (Luc Leblanc). «Wo sonst in Gottes Namen ist es möglich, daß dir eine Frau entgegenkommt, die mitten auf der Straße ein Kind auf den Schultern trägt?» (Bjarne Riis) Nicht nur Frauen mit Kindern, auch diverse Campingstühle, Kamerastative und Flaschen wurden auf dem Korridor zwischen den Schaulustigen gesichtet, der ähnlich schmal war wie der in den Serpentinen von L'Alpe d'Huez – mit dem Unterschied allerdings, daß das Peloton hier mit bis zu 50 Stundenkilometern zwischen den Menschenwällen dahinraste. Und das alles keine zwölf Monate nach Fabio Casartellis Tod am Portet d'Aspet und zwei Jahre nach dem fürchterlichen Sturz von Wilfried Nelissen und Laurent Jalabert, die beim Sprint auf der Zielgeraden in Armentières von einem fotografierenden Polizisten niedergestreckt und schwer verletzt worden waren. Tour-Chef Leblanc räumte selbstkritisch ein, «daß wir uns mit dem Parcour verschaut haben: Das war viel zu gefährlich»[6].

Während der nächsten Etappen bummelte das Feld bei ungemütlichen Temperaturen und oft starkem Gegenwind durch Belgien, wohlwissend, daß für die bevorstehende Tortur in den Alpen eine Menge Kraft und Frische gebraucht wurde. Wie immer beharkten sich die Sprinter auf den Flachetappen, die Favoriten rollten im Hauptfeld mit, Männer der zweiten Garde durften das gelbe Leibchen tragen, und Miguel Induráin nahm bei der «Operation Schnecke» gar ein Kilogramm zu: Das waren die aufregendsten Geschichten zwischen der zweiten und sechsten Etappe. Und dann kam «le week-end fou», das verrückte Wochenende mit den Alpenetappen, das alle Vorhersagen auf den Kopf stellen sollte.

Die Vorentscheidung in den Alpen

«Renngeschichte wird in den Bergen geschrieben» (Udo Bölts): Die Zeit der großen Übersetzungen war vorerst vorbei. Die 7. Etappe von Chambéry ins 1700 Meter hoch gelegene Les Arcs, 199

Kilometer durch die faszinierende Berglandschaft der Hochsavoyen mit dem Col de la Madeleine (2000 Meter) und dem Cormet de Reselend (1968 Meter), beendete mit einem Paukenschlag das gemächliche Dahinschleichen des Feldes; die Tour trat in ihre erste dramatische Phase. «Es war gewiß, daß dieser achte Tour-Tag das Rennen total verändern würde. Aber daß dieser Tag die ganze Radsport-Szene verändern würde, war nicht vorherzusehen. Es war ein einzigartiger Tag, er könnte für die Tour historische Bedeutung haben. War es der Tag, an dem die Ära Induráin zu Ende ging?»[7] Der Spanier erlebte seine bitterste Niederlage – Les Arcs war sein Waterloo. So wie an diesem Tag hatte man «el rey» vorher noch nie leiden sehen. Mit 4:19 Minuten Rückstand auf den nach seinem schweren Sturz begeisternd fahrenden Luc Leblanc und, was schwerer wog, über drei Minuten hinter seinen Herausforderern Tony Rominger, Jewgeni Berzin, Richard Virenque und Bjarne Riis schleppte er sich ins Ziel. Selbst die Youngster Jan Ullrich und Peter Luttenberger waren an dem «Außerirdischen» vorbeigezogen, als sei er ein Hobbyradler. Dehydriert und von einem Hungerast geschwächt, lautete die medizinische Erklärung aus Induráins Lager für dessen unerwarteten Einbruch. Schwer nachzuvollziehen bei einem, der als Inbegriff von Planung und Präzision galt. Und doch war ihm das gleiche Malheur schon zweimal zugestoßen: 1992 in Sestrieres und 1994 in Aprica beim Giro d'Italia. Nur waren damals die Folgen nicht so verheerend wie beim Anstieg nach Les Arcs. Verzweifelt hatte der Spanier auf den letzten Kilometern nach mineralhaltigen Getränken verlangt; zwei Colabüchsen reichte ihm, Ironie des Schicksals, Emmanuel Bombini, der Sportliche Leiter von Jewgeni Berzin, der wenig später das Gelbe Trikot tragen sollte. (Für diese unerlaubte Verpflegung in der Endphase der Etappe kassierte Induráin noch zusätzliche 20 Sekunden Zeitstrafe.)

«Le week-end fou», der Anfang vom Ende der Ära Induráin

Diese dramatischen zweihundert Kilometer durch Kälte, Regen, Nebel und zum Schluß Sonne forderten noch andere prominente Opfer. Frankreichs Liebling Laurent Jalabert verlor 13 Minuten und verabschiedete sich aus dem Favoritenkreis. «Schon in den ersten Kehren der Madeleine wollte mein Körper nicht so, wie ich wollte. Die Tour ist für mich verloren.» Am Cormet de Reselend stieg der Mann in Gelb, Stéphane Heulot, von Knieschmerzen geplagt, weinend vom Rad und gab auf. Alex Zülle stellte bei der Abfahrt vom zweiten Paß einmal mehr, genauer gesagt zweimal mehr, seinen Ruf als Bruchpilot unter Beweis. Die beiden Stürze kosteten ihn Zeit, Kraft und Selbstvertrauen. Jalaberts Einbruch und Zülles Absturz – ein bitterer Tag für das mitfavorisierte Spitzenduo von ONCE, dem «AC Mailand des Radsports» *(L'Equipe).* Unglaubliches Glück hatte der Belgier Johan Bruyneel. In einer scharfen Linkskurve verlor er die Kontrolle über sein Rad und stürzte kopfüber zehn Meter in die Tiefe. Büsche bewahrten ihn vor dem freien Fall in eine

500 Meter tiefe Schlucht. Er robbte den Hang hoch und fuhr trotz Prellungen und Hautabschürfungen noch als Zwanzigster ins Ziel. Beruhigend, daß manchmal gleich ein ganzer Trupp Schutzengel zur richtigen Zeit an der richtigen Stelle schwebt …

Jewgeni Berzin, der bei seinen Kollegen wenig gelittene, seit seinem Giro-Erfolg 1994 bei den italienischen Fans aber sehr beliebte Gewiss-Fahrer («Eviva Eugenio, forza Eugenio!»), konnte durch seinen Sieg beim Bergzeitfahren nach Val d'Isère seinen Vorsprung im Gesamtklassement noch einmal ausbauen. Dennoch traute niemand dem Russen bei dieser Tour den Griff nach den Sternen zu – zu Recht, wie sich in den nächsten Tagen zeigte.

«Zum ersten Mal ist der König nur Vasall», titelte Le Dauphiné Libéré. Die Anzeichen, daß Induráin nicht nur angeschlagen, sondern geschlagen war, verdichteten sich am kommenden Tag, an dem Bjarne Riis ein neues Kapitel in der «Schlacht um die Alpen» schrieb. Die Tour bewegte sich weiterhin von einem Schlechtwettergebiet ins nächste. Bei der vorentscheidenden 9. Etappe führte der Wettergott unerbittlich Regie. Die «Königsetappe» über den Col de l'Iseran (2770 Meter) und den Col du Galibier (2640 Meter) mußte wegen der Allianz aus Schnee, Nebel und Sturm von 189,5 Kilometern auf ganze 46 Kilometer verkürzt werden. Die Berge verweigerten sich an diesem Tag den Menschen. Der Start wurde von Val d'Isère aus gleich zweimal verlegt, zunächst hinter den Iseran, später auch hinter den Galibier. Die Hoffnung der wenigen Schlachtenbummler, die am schneebedeckten Col d'Iseran tapfer in ihren Wohnmobilen ausharrten, erfüllte sich nicht. Dafür bot sich ihnen «einer der kuriosesten Anblicke in 82 Jahren Frankreich-Rundfahrt: Rund 900 Fahrzeuge schlichen die rutschigen Serpentinen in gebotenem Abstand hinauf und wieder hinunter (die 300 Lastautos der Werbekolonne nahmen zum Glück einen Umweg) – eine bunte Karawane, die mit Sommerreifen in einen Wintereinbruch geraten war»[8]. Da auch vom Galibier Stürme mit einer Stärke von 100 Stundenkilometern gemeldet wurden, stiegen die Fahrer erst auf der anderen Seite des Berges, in Le Monetiers-Les-Bains, aufs Rad. Diese 9. Etappe war – Zeitfahren ausgenommen – die zweitkürzeste in der Tour-Geschichte nach den 38 Kilometern von Tarbes nach Pau 1988. «Es wäre ein schönes Rennen gewesen», sagte Riis bedauernd, aber auch mit seinem Solo auf der Schrumpfetappe konnte der Kapitän vom Team Telekom mehr als zufrieden sein. Mit einem beherzten Antritt an der 11,5 Kilometer langen Schlußsteigung am Col de Montgenevre (1890 Meter) hinauf in die italienische Skistation Sestrieres nahm er Berzin eine Minute und vierzig Sekunden und das Gelbe Trikot ab. Wieder hatte ein bärenstark fahrender Jan Ullrich zusammen mit Udo Bölts Riis' Glanzvorstellung perfekt abgesichert. Mal holten sie Ausreißer zurück, mal verschleppten oder verschärften sie das Tempo, je nach Bedarf.

Die Bilanz nach einer erst naßkalten und dann schneereichen Woche: Die Tour-Hierarchie war auf den Kopf ge-

«Sympathy for the devil»: Seit Jahren zählt der Velo-Designer Didi Senft mit seinem Riesenrad (6 Meter lang, 3 Meter hoch) zum Inventar der Tour

stellt; die Festung Induráin schien geschleift, das Bollwerk ONCE zerbröselt. Heiße Kandidaten auf den Tour-Sieg waren außer Bjarne Riis nur noch Berzin und das Mapei-Duo Rominger und Olano. Aber in den Pressekonferenzen zeigte sich Induráin ungewohnt kämpferisch. Er hoffte immer noch auf die Pyrenäen, hoffte auf die Hunderttausende, die ihn im Baskenland auf dem Weg nach Pamplona nach vorn peitschen würden. «Wir sind im Fegefeuer», nicht am Ende.

Die Entscheidung in den Pyrenäen

Am Sonntag vor den Pyrenäenetappen erhielt Miguel Induráin aufmunternde Post von der lebenden Tour-Legende Charly Gaul, dem luxemburgischen Sieger von 1958. Damals habe er drei Tage vor Paris mehr als eine Viertelstunde Rückstand gehabt; auf einer einzigen Etappe habe er dann Anquetil mehr als zwanzig und Bahamontès dreißig Minuten abgenommen: «Nichts ist verloren, nur Mut!»[9]

Trost und Zuspruch hatte der Baske auch bitter nötig, vor allem nach dem erneuten Debakel in seinen heimischen Bergen. Die 16. Etappe von Agen nach Lourdes-Hautacam mit einem schweren Schlußanstieg nutzte Riis zu einer Demonstration seiner Stärke. Auf den letzten 8,5 Kilometern der ruppigen Steigung ließ er sich ans Ende der Spitzengruppe zurückfallen, in der Ullrich das Tempo diktierte. Von dort konnte er in Ruhe die Verfassung seiner Gegner studieren, bevor er in kurzen Intervallen zwei-, dreimal scharf antrat, die Gruppe sprengte und ein gnadenloses Ausscheidungsrennen auslöste. Nach einem couragierten Solo hatte er im Ziel 49 Sekunden auf Rominger und 1:33 Minuten auf Virenque gewonnen. Die Vorentscheidung bei der 83. Tour de France war gefallen.

Riis gegen Induráin, «Danish dynamite» gegen Basken-Power

Dort, wo Induráin 1994 zusammen mit Luc Leblanc die Konkurrenz in Grund und Boden gefahren hatte, wurde er um zweieinhalb Minuten abgehängt. Zehnter Platz in der Gesamtwertung, 7:16 Minuten Rückstand auf die Spitze: Das Baskenland trug Trauer, als die Tour-Karawane sich Richtung Pamplona bewegte. Dort war zuvor ein Bombenattentat der separatistischen ETA nur knapp vereitelt worden. Seit Monaten hatte die Societé du Tour de France mit der ETA in Kontakt gestanden, um für die Fahrer und den Begleittroß maximale Sicherheit auszuhandeln. Aber sie konnte nur eine der beiden Forderungen der Militanten erfüllen: Baskisch als offizielle Tour-Sprache während der durch spanisches und französisches Baskenland führenden Etappen. Daß sich die spanische Zentralregierung auf die andere ETA-Forderung – Verzicht auf den Einsatz von Guardia Civil – nicht einlassen würde, lag auf der Hand. Das linksnationalistische Bündnis Herri Batasuna organisierte am 16. Juli eine Großkundgebung in Pamplona, die ETA griff Kasernen und Polizeistationen der Guardia Civil mit Granaten an, und die Guardia Civil verhaftete ihrerseits Dutzende Jugendlicher, die Parolen wie «Freiheit für das Baskenland» auf Straßen und Hauswände sprühten. Mehr passierte zum Glück nicht. Unruhige Tage für die Tour-Entourage, traurige Tage für die baskische Gefolgschaft von *Miguelón*, wie Induráin in seiner Heimat liebevoll genannt wird. Wie sich Induráin, Rominger und Olano nach Riis' frühen Tempoverschärfungen auf dem 262 Kilometer langen Teilstück von Argèles-Gazost nach Pamplona über den Col d'Aubisque und den Col de Soudet schließlich achteinhalb Minuten abnehmen ließen, «das war schon keine Niederlage mehr, das grenzte an Selbstaufgabe»[10].

In Pamplona war die «Große Schleife» bereits entschieden. Obwohl Jan Ullrich durch seinen beeindruckenden Sieg beim 63-Kilometer-Einzelzeitfahren in der Weinlandschaft zwischen Bordeaux und St. Emilion seinem Teamkapitän mit nur 1:41 Minuten Rückstand noch einmal bedrohlich nah «auf die Pelle» rückte, war Riis' Gelbes Trikot seit Lourdes-Hautacam ungefährdet. Der «Adler von Herning» begnügte sich jedoch nicht damit, wie Anquetil oder

Induráin seinen Vorsprung mit minimalistischem Aufwand zu verteidigen; er attackierte weiter, weil er sich stark wie nie fühlte. «Bjarne Riis gewinnt diese Tour de France im Stil von Eddy Merckx und Bernard Hinault: grandios auf jedem Terrain. Er ist kein kühler Taktiker und großer Rechner wie zuvor fünf Jahre lang Miguel Induráin. Sein Sieg basiert nicht allein auf den Erfolgen im Zeitfahren, sondern vor allem auf dem Schneid, im Hochgebirge, in den Alpen und den Pyrenäen, seine Stärke zu demonstrieren. Selten war das *Maillot Jaune* in den letzten zehn Jahren so angriffslustig und siegeshungrig.»[11] Nach seinen Lehr- und Domestikenjahren seit 1986 bei Moreno Argentin, Laurent Fignon und im italienischen Gewiss-Rennstall war Riis reif für den großen Sprung nach ganz vorn. Selbstsicher, willensstark, diszipliniert: «Der geht mit dem Kopf durch die Wand, eine richtige Wikingermentalität» (Udo Bölts).

Platz eins und zwei im Gesamtklassement, das Grüne Trikot des Punktbesten für Erik Zabel (zwei Etappensiege, zwei zweite und ein dritter Platz) und eine exzellente Mannschaftsleistung: Welcher Triumph für Walter Godefroots Team Telekom, das ein Jahr zuvor fast schon an der Zulassung zur Tour gescheitert wäre! Miguel Induráin, «der 342 Tage im Jahr für die 23 Tage der Tour lebt» (Banesto-Chef José-Miguel Echavarri), erreichte Paris als Elfter und zeigte auch in der Niederlage Größe. Keine Ausflüchte, keine Schuldzuweisungen: «Ich war in den entscheidenden Momenten einfach zu schwach.» In Spanien begann «the day after» die nationale Trauerarbeit über den Sturz seines Idols. «Wir müssen uns», schrieb der Essayist und Krimiautor Manuel Vázquez Montalbán, «auf die Zeit nach Miguel einstellen.»[12]

Was in Paris auf den Champs-Élysées viele ahnten und manche aussprachen: Frankreich hatte nicht nur den ersten dänischen Sieg bei der Tour de France bestaunen dürfen, sondern auch die Jungfernfahrt des nächsten Toursiegers, des Ausnahmetalents Jan Ullrich, dem *L'Equipe* zwölf Monate später zu Füßen liegen würde: «Voilà, le patron! Le nouveau géant!»

DAS GRÖSSTE AUTORENNEN DER WELT

Drei Wochen Stop-and-go bei der Tour de France

Ihre Namen werden in keiner Ruhmeschronik erwähnt. Auf ihren Schultern ruht alles, aber es gibt kein Rampenlicht, in das sie treten können. Sie haben dann gute Arbeit geleistet, wenn niemandem auffällt, daß es sie überhaupt gibt. Die Rede ist von den vielen hundert Helferinnen und Helfern, die das Mammutspektakel Tour de France organisatorisch möglich machen. Dazu kommen die Tausende von Freiwilligen und Kommunalbediensteten in den Etappenorten, die dafür sorgen, daß alles «wie geschmiert» läuft und fährt. Organisationspannen sind ärgerlich, teuer, schlecht fürs Renommée und manchmal sogar gefährlich.

Reisefeen & Roadies

Am 22. Juli 1995 stellte die *Neue Zürcher Zeitung* in einer Reportage zwei Frauen vor, ohne deren logistisches Geschick und planerische Effizienz die Tour de France zum Debakel würde. Isabelle Richard und Pascale Thomas, zwei von insgesamt 46 festangestellten Mitarbeitern der Societé du Tour de France (STF), sind mit ihrem firmeneigenen Reisebüro für die Unterbringung der Equipen und des Organisationsstabs zuständig. An jedem Etappenort werden 1100 Betten für die Offiziellen, die Fahrer und ihre Betreuer und Begleiter benötigt. Für den gesamten Tourtroß müssen ungefähr 3500 Betten aufgetrieben werden, was manchmal mehr zu sein scheint, als eine Region aufbringen kann. Zum Glück müssen die Damen und Herren von der Presse sich selbst um ein Dach überm Kopf bemühen. Ein Problem weniger.

Als im Oktober 1994 die Streckenführung für die Tour de France 1995 bekanntgegeben wurde, hatte das STF-Reisebüro bereits seit einem halben Jahr die Hotelzimmer rund um s'Hertogenbosch in Holland blockiert, wo die 83. Tour gestartet werden sollte. Aber nicht jeder, der Zimmer zur Verfügung stellen kann und möchte, übersteht die Vorauswahl. Ein 20seitiges illustriertes Handbuch listet die Anforderungen an ein Team-Hotel auf: von den Parkplätzen für den Mannschaftsbus und zwei Werkstattlaster über einen abschließbaren Einstellraum für die wertvollen Rennräder bis zu den obligatorischen Leinentüchern zum Abdecken der Massagetische. Vieles muß dasein, alles muß stimmen. Nicht zuletzt muß die Hotelküche in der Lage sein, den Transfer ungeheurer Mengen von Nahrungsmitteln aus ihren Töpfen in die Mägen der Radasse zu gewährleisten. Nicht fett, nicht schwer und vor allem reichlich: Schließlich müssen je nach Etappe bis zu 12 000 Kalorien verputzt werden, um während der langen Stunden im Rennsattel nicht von Hungerästen oder sonstigem Ungemach heimgesucht zu werden. So wird drei Stunden vor dem Start ein opulentes Frühstuck gereicht: «Mehrere Brotsorten, Butter, Konfitüre, Honig, Cornflakes, Birchermüsli, Joghurts, Früchte, Schinken, Käsetranchen, Eier sowie Kaffee, Tee, Milch, Orangensaft und Mineralwasser sind erwünscht. Dazu gehören riesige Portionen von Spaghetti, Napolitaine oder Reis.»[1] Die Nudeln al dente, versteht sich.

Aufbauen, abbauen, weiterfahren, aufbauen, abbauen, weiterfahren ...

Wahre Helden der Tour sind auch die Roadies – jene Helfer, die die materielle Infrastruktur des Mammutunternehmens aufbauen und abbauen, in riesigen Sattelschleppern Hunderte von Kilometern weiter transportieren, aufbauen, abbauen ... Die Karawane zieht weiter, drei Wochen lang, Tag für Tag. *Einen* Ruhetag wenigstens in diesen kräftezehrenden und nervenaufreibenden Wochen haben die Fahrer – die Roadies keinen. «Sie liegen bei der Zielankunft unter ihrem Truck, im Schatten angesichts der mehr als 30 Grad – und schlafen, hantieren am Grill oder sitzen schlicht an einem Tisch und dösen unterm Sonnenschirm vor sich hin. Die Ankunft der Rennfahrer ist die einzige Zeit der Ruhe für sie. Und die genießen sie, müssen sie genießen. Kaum kommt nach der Siegerehrung der Konvoi zur Ruhe, laufen sie zu Höchstleistungen auf. Räumen rund drei Kilometer Absperrgitter an der Zieleinfahrt beiseite und verladen sie auf Lastwagen. Packen Werbebanden ein. Demontieren Zieltribünen, das Podest für die Siegerehrung, zweistöckige Reporterkabinen. Bauen Richtfunkstrecken ebenso ab wie das elektronische Informationssystem, rollen Kabel zusammen, und das kilometerweise. Fahren abends noch in den nächsten Etappenort voraus, um dort wieder alles zu installieren. Sie brauchen keine Streckenkenntnis, können sich nach Tour-Hinweisschildern richten, die ein Vorauskommando an jeder Ausfahrt eines Kreisverkehrs, an jeder Kreuzung anbrachte. 250 Personen in 180 Fahrzeugen gehören der zentralen Organisation an. Hinzu kommen Tausende in allen Etappen- und Startorten, denn auch dort wird abgesperrt, gesichert, hingewiesen, informiert.»[2]

«Accéleréz, Messieurs! S'il vous plaît!»

Es ist immer wieder ein kleines Wunder, daß es im Miteinander von Zweirädern und Vierrädern bei der Tour de France nicht häufiger zu ernsthaften Kollisionen kommt. Denn schließlich müssen sie sich, bei beträchtlichem Tempo, dasselbe schmale Asphaltband für ihre Fortbewegung teilen. Bei einem Radrennen stehen die Fahrer im Mittelpunkt – eigentlich. Aber verschwindend gering ist ihre Zahl im Vergleich zu den mehr als 3000 übrigen Akkreditierten aus den Sparten Organisation, Presse und Werbung, die, auf 1500 Fahrzeuge verteilt, den Peloton begleiten. Als erste macht sich die Caravane publicitaire auf den Weg und rührt die Werbetrommeln, verteilt Gratispröbchen nützlicher wie unnützer Produkte. Vor allem aber hilft sie, die Zeit bis zum Eintreffen der sportiven Akteure zu überbrücken und das werte Publikum des Open-air-Events bei Laune zu halten. Während die Teams und Offiziellen in Autos des Generalsponsors Fiat gesteckt werden, haben Journalisten (noch) die freie Wahl. Ob Saab, BMW oder Peugeot – nobody cares. Auflage ist nur, daß sich mindestens zwei Presseleute ein Fahrzeug teilen. Unabdingbar ist ein Empfangsgerät für den Tour-Funk, mit dem der Lindwurm der Begleitfahrzeuge dirigiert wird.

Die Platzanweisungen auf den üblicherweise schmalen Landstraßen sind klar. Links fährt die schreibende Meute, rechts die Sportlichen Leiter mit ihren Begleitwagen, die «Mittelspur» bleibt für Ausreißversuche frei. Passiert zum Beispiel beim Team Telekom etwas Unvorhergesehenes, eine Reifenpanne, der Sturz eines Teammitglieds oder muß eine kurze Besprechung für die Taktik der Endspurtgestaltung stattfinden, ist es mit der Ruhe vorbei. Der Telekom-Servicewagen schert aus der Spur aus, rast Blech an Blech auf einer imaginären, eigentlich nicht existenten mittleren Spur nach vorne, aus dem sicheren Hinterland direkt an die Front.

Der Journalist Frank Gotta hatte während der Tour de France 1996 die Gelegenheit, bei einer ereignisreichen Pyrenäenetappe die fiebrige Atmosphäre im Servicewagen vom Team Telekom an der Seite des Sportlichen Leiters Walter Godefroot zu erleben.

Frank Gotta

Die große Hatz und ihr Troß

Die Begleitkarawane der Tour de France

Wer glaubt, die Tour de France sei ein Radrennen, der irrt. Sie ist ein Autorennen. Zwar geben Radfahrer vorne das Tempo an. Aber der wahre Kampf um Positionen findet dahinter statt. Im Troß der 150 Begleitfahrzeuge geht es auf Hauen und Stechen.

Pamplona. – Der Platz von Walter Godefroot, sportlicher Leiter der Telekom-Mannschaft, ist an der Spitze. Bjarne Riis fährt im Gelben Trikot. Also darf Godefroot dem Reglement entsprechend an erster Stelle fahren hinter dem roten Wagen des Rennkommissars, hinter dem weißen Cabrio des Rennarztes und hinter dem gelben Service-Wagen, der bei technischen Pannen allen Fahrern helfen muß. Aber beim Start zur 17. Etappe, der Königsetappe, von Argèles-Gazost nach Pamplona, über den Kamm der Pyrenäen, liegt er weit zurück. Das Fahrerfeld klettert bereits die erste Steigung hinauf nach Arrens, hinter sich die Karawane von etwa 150 Begleitfahrzeugen.

Godefroot setzt seinen gesponserten Fiat, sechs Räder auf dem Dach, zu dem gewohnten Parforceritt an. Den Daumen auf der Hupe, auf der linken Seite, hin-

Als Teamchef respektiert. als Autorennfahrer gefürchtet: Walter Godefroot, Telekoms Schnellster

weg über die ausgefransten Ränder der Kreisstraße rast er nach vorn. Nach etwa fünf Minuten tauchen die Trikots der Rennfahrer vor seiner Motorhaube auf. Die vorläufige Position ist erreicht. Der Rennkommissar, der mit dem Oberkörper aus dem Schiebedach ragt, nickt zustimmend. Der Troß hat sich sortiert. Weiter hinten ist Rudy Pevenage im zweiten Telekom-Wagen unterwegs. Auch er hat einen Platz direkt hinter einem der offiziellen Autos. Insgesamt sieben Kommissare sorgen für Ordnung im Feld. Der Streckenfunk, nur für die Mannschaftsbegleiter und die Presse bestimmt, meldet die erste Attacke: Ein Motorola-Fahrer hat sich vom Feld gelöst. Godefroot, selbst als Profi siebenmal bei der Tour dabeigewesen, bleibt cool: «Die schicken den los, er soll Tempo machen.» Kurze Besprechung per Funk mit Pevenage. Godefroot hat den Streckenplan auf das Lenkrad geklebt: 260 Kilometer von Ost nach West. Der Wind, so erklärt der Belgier, steht günstig. Jede Einzelheit zählt bei der Tour, der Wind, die Sonne, das optimale Finish der Räder, von der richtig gefetteten Kette bis zur Kappe der Fahrer, die eigentlich Sturzhelme tragen sollen, es aber nicht tun, weil bei 30 Grad im Schatten die Leistungsfähigkeit leidet.

Reifen an Reifen, Blech an Blech – Gefechtsstimmung im Troß

Bei der Abfahrt vom 1709 Meter hohen Col d'Aubisque beginnt die große Hatz. Mit bis zu 100 Kilometern pro Stunde rasen die Fahrer bergab. Wer mit vier Rädern dranbleiben will, muß die Qualitäten eines Rallyefahrers haben – wie Godefroot. Aber es ist nicht nur die Straße, die Aufmerksamkeit verlangt. Ununterbrochen ist die Begleitkarawane in Bewegung. Auf Zeichen des Rennkommissars ziehen andere Begleitfahrzeuge nach vorne, um mit den Fahrern Kontakt aufzunehmen. Gefahren wird auf Armlänge und Handbreit, manchmal werden die Außenspiegel eingeklappt, weil Blech an Blech kommt. Dazwischen wedeln die Motorräder der TV-Teams: Die Kameraleute stehen hinter den Fahrern und legen sich mit in die Kurve, abgebrühter geht es nicht. Das ununterbrochene Geknatter der Hubschrauber schafft zusätzliche Gefechtsstimmung. Die Motorradbesatzung eines französischen Sportsenders reicht während der wilden Jagd das Mikrophon zu Godefroot herüber für ein kurzes Interview – live aus der Mitte des Geschehens.

Vorne rasen bunte Punkte die Serpentinen hinunter. Noch sind die Wiesen grün, mit Löwenzahn gesprenkelt, fern im Dunst berührt die Bergkette des Pyrenäenhauptkamms den ungetrübten blauen Morgenhimmel. Die Gassen der schmucklosen grauen Pyrenäendörfer sind vollgestopft mit Jubelnden. Eine spanische Firma hat Poster mit dem Brustbild von Miguel Induráin verteilt. Miguel ist überall. An Felswänden künden Lobpreisungen vom Champion. Für die Telekom-Mannschaft geradezu ein Spießrutenlauf. Aber Induráin fährt vier Minuten hinter Riis in der Spitzengruppe. Walter zieht vor zu Riis: «Wenn die attackieren, fahre ich mit», setzt der Däne seinen Teamchef in Kenntnis.

«Bleib ruhig, du bist Bester», wiegelt Jorg Wohlleben, der Mechaniker im Fond des Wagens, ab. Dann überschlagen sich die Ereignisse. Autos, Motorräder, ein wirrer Menschenhaufen auf der Straße. Walter wühlt sich hupend durch das Chaos. Wo ist die Spitzengruppe? Blech an Blech versucht die Begleitkarawane, den Anschluß wiederherzustellen. Etwa 100 Meter voraus bedrängt ein Auto das Motorrad eines Fotografenteams. Die BMW kommt ins Schleudern, fällt, schlittert über den Asphalt. Entsetzte Gesichter der Gestürzten. Halb im Graben ackert Godefroot vorbei. «Pas grave», knurrt er mit Blick in den Rückspiegel auf französisch: «Nicht schlimm.» Die Hatz geht weiter.

«Seid umschlungen, Millionen»: Telekoms radelnde Werbetreppe

Die Fahrer müssen Flüssigkeit und Kalorien tanken. Kurze Regieanweisung. Induráin und Rominger sind bis auf drei Minuten heran. «Haltet die Gruppe zusammen», ermahnt Godefroot seinen Star Riis. «Fahrt voll, die müssen nervös werden.» Bjarne nickt. Der Schweiß läuft ihm in Bächen vom Gesicht hinunter. Noch etwa 120 Kilometer bis Pamplona. Riis geht vor und leistet Führungsarbeit. Einige Kilometer weiter hat sich der Abstand zur Gruppe Induráin wieder auf vier, dann auf fünf Minuten erhöht. Riis und Ullrich kontrollieren das Feld. Der Rhythmus stimmt. Godefroot grinst. «Ich glaube, wir können diese Tour gewinnen», läßt er sich entlocken. Aber Euphorie liegt ihm fern. Ständig hält er Funkkontakt mit Pevenage, ebenfalls ein gestandener Profi mit 29 Rennsiegen. Godefroot kennt die Pyrenäen. Damals mit Poulidor ist er hier davongefahren. Die Straße ist frisch geteert. Der Rollsplitt prasselt gegen die Frontscheibe wie Hagelkörner.

Riis hebt die Hand. Wie von der Tarantel gestochen gibt Walter Gas. Der Rennkommissar zuckt resigniert mit den Achseln. Godefroot wird im Zirkus der Tour unumstritten als einer der Respektabelsten anerkannt. In den hinteren Zahnkränzen des Fahrrads von Riis klemmt ein Stein. Aus dem Wagen heraus versucht Wohlleben heranzukommen. Einige Sekunden, dann verlangt Riis einen Schraubenzieher, um die Sache selbst im Fahren zu erledigen. «Zu gefährlich», brüllt Godefroot. Der Däne stoppt. «Raus, raus!» Wohlleben stürzt zum Rad. Ein Augenblick, und Riis sitzt wieder im Sattel. «Anschieben, anschieben!» In den Pedalen stehend, tritt Riis dann an.

Die Grenze nach Spanien liegt zurück. Immer mehr Männer mit Baskenmützen jubeln dem Feld entgegen. Induráin scheint geschlagen, Riis ist jetzt der König der Tour. Das verdient fairen Applaus. «Die Arbeit nicht alleine machen», ruft Godefroot Riis zu.

Der letzte leichte Anstieg. Die Achtergruppe surrt gleichmäßig dahin, wie ein Uhrwerk. Dann die letzte Biegung, das rote Ziegelmeer der Häuser von Pamplona signalisiert das Ende der Reise. Noch einmal Gedränge im Troß. Pamplona kocht. Die breiten Straßen sind ein einziges Gewimmel lachender, jubelnder Menschen.

Das Telekom-Team hat einen bravourösen Sieg herausgefahren. Noch drei Etappen, noch ein winziger Schritt bis zu den Champs-Élysées. Induráin ist geschlagen. Mitleid? «Ich kann ihm nicht helfen», sagt Riis am Abend im Hotel und lächelt zurückhaltend, wie es nordische Art ist. Und Walter? Er scheint von den Strapazen unberührt. Dieses Team muß zusammenbleiben, hofft er. So ein Erfolg sollte der milliardenschweren Telekom die paar Millionen auf alle Fälle wert sein. Besser kann sie ihr Geld nicht investieren, wenn sie das Image pflegen will.

«WIE DER ULLE DET SO MACHT»

1997: Jan Ullrich Superstar

Peter Becker rieb sich verwundert die Augen. Als langjähriger Trainer und väterlicher Freund von Jan Ullrich hat er seinem Schützling eine Menge zugetraut. Aber was «Ulle» in den Pyrenäen-Etappen mit seinen Gegnern anstellte, nachdem er endlich mit Bjarne Riis die teaminterne Vorfahrtsregelung geklärt hatte, begeisterte den alten Fuchs: «Wie der Ulle det so macht ...» In zwölf Stunden fuhr Becker mit dem Auto vom Prenzlauer Berg Richtung Pyrenäen, um vor Ort akribisch darüber zu wachen, daß sein Schützling diese historische Chance auf den ersten deutschen Sieg bei der Tour de France auch nutzte.

Das «Jahrhunderttalent» Ullrich entschied die *Große Schleife* an zwei Tagen für sich: auf der 10. Etappe von Luchon nach Andorra-Arcalis und auf der 12. Etappe, dem schweren Einzelzeitfahren in St. Etienne über 55 Kilometer. Die Sportpresse überschlug sich («A star is born»), Radsportlegenden wie Merckx, Poulidor, Hinault und Fignon zollten Respekt, alle verfügbaren Superlative waren schnell durchdekliniert. Federführend auch hier natürlich *L'Equipe*: «Voilà, le patron!», «Ullrich kolossal», «Le nouveau géant!» und andere bombastische Headlines zierten die französische Tour-Bibel. «C'est Merckx!» soll der beliebteste aller Verlierer, Raymond Poulidor, nach Ullrichs Attacke in den Pyrenäen verzückt ausgerufen haben. Merckx selbst hatte schon vor der Tour die Prognose gewagt, der junge Deutsche könne «der erfolgreichste Rennfahrer des Jahrzehnts werden und die Tour sogar öfter gewinnen als ich. Ullrich kann alles: Zeitfahren, Sprinten, Bergfahren.»

Bernard Hinault ist überzeugt, daß Jan Ullrich schon 1996 gewonnen hätte, wenn ihn Walter Godefroot von der Kette gelassen hätte – eine Ansicht, die den Directeur sportif vom Team Deutsche Telekom kaltläßt: «Das ist reine Spekulation und angesichts des grandiosen Doppelerfolgs völlig uninteressant. Niemand weiß, ob Jan auch dem Mediendruck standgehalten hätte.» Besonders beeindruckte Hinault beim frischgebackenen Toursieger die Feinabstimmung zwischen Kraft und Technik. «Er ist 23 Jahre und kann nur noch besser werden. Ullrich ist der einzige neue Champion, den wir in den nächsten zehn Jahren bei der Tour haben werden. Er hat alles, er ist komplett. Er hat ein unendliches Selbstvertrauen, er ist immer cool, in jeder Situation. Und er ist ein großer Athlet. Nicht zu schwer, nicht zu groß, ein bißchen feiner sogar als Induráin. Von der physischen Stärke kenne ich keinen, der ihm ähnlich ist. Und er hat die Fähigkeit und Bereitschaft zu leiden – und mehr als alle anderen.»

Die Vergleiche Jan Ullrichs mit Anquetil, Merckx, Hinault und Induráin hinken. Wenn überhaupt ein Vergleich Sinn macht, dann der mit Miguel Induráin. Der Fahrstil von beiden ist geschmeidig, elegant, kraftvoll und ungeheuer effizient, beide sind in ihrer Jahresplanung völlig auf *das* Topereignis im internationalen Radsportkalender konzentriert, die Tour de France. Während der Spanier aber lange Jahre als Edeldomestike Pedro Delgados dienstverpflichtet war, bevor er bei Banesto das Zepter in die Hand nahm und die Szene für ein halbes Jahrzehnt dominierte, hat Jan Ullrich bereits mit 23 Jahren den Olymp des Radsports erklommen.

1,60 Meter groß, 49 Kilo schwer. Aber sein Blick – so willensstark ...

Rostock – Berlin – Hamburg

In Papendorf, einem kleinen Ort bei Rostock, begann Jan Ullrichs sportliche Laufbahn. Er war neun Jahre alt, als er an einem Crosslauf teilnahm – und gewann. 1983 saß er zum ersten Mal bei einem Schüler-Radrennen im Sattel – und gewann. Peter Sager, Übungsleiter bei der SG Dynamo Rostock-West, schwärmte seinem Berliner Kollegen Peter Becker von dem jungen Talent vor: «Jeder war doch bestrebt, seine Pferdchen zu empfehlen.» Und Becker biß an: 1987 wurde der Dreizehnjährige an die Kinder- und Jugendsportschule (KJS) «Werner Seelenbinder» nach Berlin delegiert. Obwohl er noch ein ausgesprochen dünnes Bürschchen war, erkannte Becker gleich das außergewöhnliche Talent des Rostockers: ideale Hebelverhältnisse, flüssige Bewegungsabläufe, Willensstärke. «Er war ein Winzling! 1,60 Meter groß und wog nur 49 Kilogramm. Aber sein Blick – schon damals so willensstark!» Bei einem Crossrennen in Potsdam war Jan zwar mehrfach «auf die Schnauze» geflogen, blieb da aber nicht liegen: «Wie der vom Rad gefallen und wieder aufgestiegen ist und immer weitergemacht hat, das war toll» (Peter Becker).

Das systematische Aufbautraining in der KJS trug schnell Früchte. 1988 wurde er in Pirna überlegen DDR-Straßenmeister der B-Jugend, 1989 DDR-Juniorenmeister im Punktefahren auf der Bahn. 1990: vierter Platz bei der Bahn-WM der Junioren in Manchester und Fünfter bei der Cross-WM im holländischen Gieten. Seine im September 1991 begonnene Lehre als Industriemechaniker brach er ab, weil er nach der «Wende» ein verlockendes Angebot erhielt. Von dem Hamburger Autohändler und Radsportenthusiasten Wolfgang Strohband, Chef der Radsport-Gemeinschaft Hamburg, an die Elbe gelockt, um dort das neugegründete Panasonic-Team in die Bundesliga zu führen, «plünderte» Becker die Talentschmiede KJS und wechselte 1992 mit sieben radelnden Jungmännern nach Hamburg über. Im Susebekweg im Stadtteil Hummelsbüttel bildete sich eine Wohngemeinschaft der besonderen Art: eine WG als Fortsetzung des Sportinternats mit anderen Mitteln. Von Lotterleben keine Spur, die Zweckgemeinschaft eines Schwerstarbeiterkollektivs. Rahmen, Felgen, Schläuche, Bremszüge, Pokale und Siegerkränze stapelten sich bei ihnen bis zur Decke, es roch nach Kettenfett und Massageöl: WG-Romantik pur …

In den Hamburger Jahren macht Jan Ullrich seinen Weg. Zwischen 1992 und 1994 reifte er vom Junior zum Weltklasse-Amateur. Mit dem sensationellen Sieg bei den Straßen-Weltmeisterschaften der Amateure im August 1993 in Oslo und dem dritten Rang bei der Weltmeisterschaft im Zeitfahren 1994 auf Sizilien wußten alle Experten, welch außergewöhnliches Talent der Ex-Rostocker war. Aber Jan Ullrich mußte noch eine Menge Lehrgeld bezahlen: ein Jahr in der Warteschleife. Wer in den Farben des Weltmeisters fährt, wird gejagt – in jedem Rennen, von allen Fahrern. «Rennen, die ich früher gewonnen hätte, habe ich dieses Jahr im Mittelfeld beendet. Aber Bugno ist das zwei Jahre so gegangen, und Induráin liegen sie jeden Sommer hinten drauf. Dieses Jahr war eine gute Lehre für mich.» Trotz seiner Erfolge gingen bei der RG Hamburg langsam die Lichter aus. Der Elektronikkonzern Panasonic stellte sein Engagement ein (pro Jahr DM 200000,-), und als der Vorzeigefahrer von Strohbands Team zunächst als Rekrut zur Bundeswehr zog und dann als Profi im Team Deutsche Telekom anheuerte, standen Ende 1995 die (RG-) Räder in Hamburg endgültig still. Von Jan Ullrich, vom Glück und von den Sponsoren verlassen. In der Sportfördergruppe Todtnau durfte sich Rekrut Ullrich ein bißchen schinden (das beherrschte er seit Jahren schon glänzend), 52 Tage im Jahr: «Ein bißchen Soldat war aber auch dabei», so Kompaniechef Lutz Wangert.

Daß Ullrich bei seinem Eintritt ins Profilager Ende 1994 mit DM 300000,- rund dreimal soviel verdiente wie andere Jungprofis, unterstrich seinen Marktwert. Die Verantwortlichen des Telekom-Teams wußten, welch großer Fisch bei ihnen angebissen hatte.

Körper: optimal, Trainingsfleiß: so lala

«Wie der Ulle det so macht» – das beschäftigte bereits während der Tour de France 1996 die kleinen und großen Radsportexperten hierzulande. Was ist Talent? Was hat Jan Ullrich, was andere nicht haben? Für Bernard Hinault ist es die perfekte Kombination einer extrem athletischen Physis mit Willensstärke und Charakter. Wo andere zusammenbrechen, funktioniert der Merdinger nach wie vor ‹normal›. «Der Typ tickt einfach anders. Fassungslos erzählen seine Kollegen die Geschichte, wie er den krampfgeplagten Fahrer Norbert Heller allen Ernstes fragt: ‹Was ist das eigentlich für ein Gefühl bei einem Krampf?› Ullrich hatte noch nie einen.» Der Telekom-Vorzeigeprofi ist mit außergewöhnlichen physiologischen Werten gesegnet:

- Sein Herz ist 1300 Milliliter groß, es mobilisiert 17 Milliliter Herzvolumen pro Kilogramm Körpergewicht. Dieser Wert wird nur von wenigen Langläufern erreicht, die aber ausnahmslos deutlich leichter sind.

- Ruhepuls: 35 Schläge pro Minute, ungewöhnlich kurze Regenerationszeit.
- Der vor der Tour 1997 an der Universität Freiburg durchgeführte Ergometer-Stufentest wurde nach 63 Minuten bei über 500 Watt abgebrochen, ein Wert, wie man ihn bis dato nur von Induráin kannte. «Der beste Wert, den wir je gemessen haben», kommentierte Telekom-Teamarzt Dr. Lothar Heinrich.
- Mit seinen außergewöhnlichen Hebelverhältnissen (Unterschenkel 48 cm, Oberschenkel 52 cm) bringt Ullrich extrem viel Kraft aufs Pedal. Was seine Gegner am Berg demoralisiert – daß er die irrwitzigsten Steigungen sitzend hochfährt –, ist kein perfider Psychotrick. «Er kann auch fünf Kilometer im Stehen fahren», sagt sein Trainer. Aber im Sattel entwickelt er den meisten Druck. Und das wurde DDR-Kaderfahrern schon früh beigebracht: hoch die Gänge, runter den Hintern, rauf auf den Berg.

Herzvolumen, Lungenkapazität, Energiebilanz, Hebelverhältnisse: das sind zwar nicht die Zutaten, aus denen Mythos und Charisma erwachsen, jene Mischung aus «Metaphysischem, Medizinischem, Mechanischem» [1]. Aber nur wer außergewöhnliches körperliches Potential mitbringt, schafft den Sprung vom Talent zum Champion.

Ohne das Talentsichtungs- und Sportfördersystem der ehemaligen DDR würde es das «Kraftwerk Ullrich» nicht geben.[2] Im planerischen Zugriff auf die Talente, nicht in der wissenschaftlichen Trainingsmethodik oder gar medizinischem Geheimwissen lag der wesentliche Unterschied zwischen dem Radsport Ost und dem Radsport West. «Während die Zehnjährigen im Westen für die Kreismeisterschaft in 14 Tagen trainierten, bereiteten sich die Gleichaltrigen im Osten bereits auf die Olympischen Spiele in 13 Jahren vor. Wird im Westen häufig nicht einmal ein Saisonplan durchgehalten, konnte im Osten ein lebenslanges Trainingskonzept nicht nur entworfen, sondern auch umgesetzt und kontrolliert werden.» [3]

Das Grundlagen- und Krafttraining umfaßte Zehntausende von Trainingskilometern mit geringer Intensität, flankiert von spielerischem Betreiben anderer Sportarten (Leichtathletik, Schwimmen, Ballspiele) und Schulung der Beweglichkeit. Der Rostocker hatte das ungewöhnliche Glück, als «Hänfling», als biologischer Spätentwickler, nicht von den DDR-Sportbürokraten aussortiert zu werden. Statt Blockierung des Aufbaustoffwechsels in der Wachstumsphase durch zu frühes hochintensives Training wurde ihm durch schonenderes Bahntraining und spielerische athletische Ausbildung Zeit gelassen, bis der Wachstumskick kam.

Bei den Zehn- bis Dreizehnjährigen wurde zu DDR-Zeiten viel Wert auf das exakte Erlernen und Verinnerlichen der radspezifischen Bewegungsabläufe gelegt. «Erst einmal hundert Umdrehungen in der Minute stabil treten, dann sehen wir weiter», war die Maxime, so

Die Farben der Tour de France: Erik Zabel im grünen, Jan Ullrich im gelben und Richard Virenque im rotgepunkteten Leibchen (v. r.)

Wolfram Lindner, der ehemalige «Verbandstrainer Straße» der DDR. Den Erfolg dieses trittfrequenzorientierten Aufbaus sehe man an Jan Ullrich, der hier gelernt habe, den großen Kranz zu treten, länger als jeder andere. «Die Ersten und die Letzten der diesjährigen Tour de France hätten sich nicht durch die Übersetzung unterschieden, die sie eingesetzt haben, sondern durch die Trittfrequenz. Ullrichs Überlegenheit bestehe darin, daß er die gleiche Übersetzung ein paar Umdrehungen schneller treten könne, ohne dabei seinen lupenreinen Bewegungsablauf und seine vorbildliche Haltung zu verlieren. Während der entscheidenden Phase des Zeitfahrens von St. Etienne wurden bei Ullrich zwei Umdrehungen pro Minute mehr als bei Marco Pantani, sechs mehr als bei Richard Virenque und vierzehn mehr als bei Bjarne Riis gemessen.»[4] Das Ergebnis ist bekannt. Peter Becker ist zufrieden mit dem talentiertesten KJS-Zögling, den er je trainieren durfte: «Vom Stil her ein bißchen wie Didi Thurau, von der Kraft her wie Eddy Merckx. Eigentlich keine schlechte Mischung, oder?»[5] Eigentlich nicht.

Merdinger Spätburgunder

Vor Jahren reichte es für die in der Nähe von Freiburg am Fuß des Tunibergs gelegene 2500-Seelen-Gemeinde zu Platz zwei beim Wettbewerb «Unser Dorf soll schöner werden». Mittlerweile spielt Merdingen mit Leimen («Boris») und Kerpen («Schumi») in einer Liga: Champions League sozusagen. Schöner geht's nimmer, seit Jan Ullrich einer der ihren ist. Am 23. Juli 1997 war dann auch ein Festtag für Merdingen. Mit Mann und Maus, Kind und Kegel machten Hunderte rüber ins elsässische Colmar, wo sie ihren «Ulli» nach der 17. Etappe mit Jubel, Rotwein und Transparenten erwarteten, auf denen zu lesen war: «Jan, wir sind von dir begeistert, wie du die Tour bisher gemeistert.» Oder auch, astrein gereimt: «Wir grüßen dich, das Team und Bjarne Riis. Und freuen uns schon auf Paris.»

Merdingen: Unser Dorf soll schöner und vor allem schneller werden!

Merdingen scheint für Jan Ullrich aus vielerlei Gründen der perfekte Zufluchtsort für die Tage im Jahr zu sein, an denen er nicht in Fuerteventura oder Mallorca, Sizilien oder Frankreich seinen telekommunikativen Pflichten als Profi nachgehen muß. In dem idyllischen Weinbauörtchen lebten seine Freundin, die Winzerstochter Gaby Weiß, ebenso sein Freund und Telekom-Kollege Dirk Baldinger. Hier gibt es «das beste Wetter in Deutschland» (Jan Ullrich), und mit dem Schwarzwald und den Vogesen liegen ideale Trainingsreviere in unmittelbarer Nähe. Auch die intensive medizinische Betreuung am Klinikum der Freiburger Albert-Ludwigs-Universität ist ein Pluspunkt, wo er seit sieben Jahren auf Herz und Lunge getestet wird. Und schließlich ist auch der heimische Rotwein nicht zu verachten: Merdingen ist, laut Eigenwerbung, die «Hochburg des Spätburgunders».

Seit sein ehemaliger Chef bei der RG Hamburg, Wolfgang Strohband, sich als Manager um die Finanzen kümmert, braucht sich der neue Superstar des deutschen Radsports um Geld keine Gedanken mehr zu machen. Es ist da, und es wird immer mehr. Jan Ullrich ist *die* T-Aktie, die Rendite einfährt. Nach dem Tour-de-France-Sieg schloß Strohband wenige, aber lukrative Sponsorenverträge ab. Die Deutsche Telekom hat dem Ingolstädter Autoproduzenten Audi einen Teil seines Werbekontingents überlassen.[6] Weitere millionenschwere Verträge wurden mit Nestlé, Adidas und der Uhrenfirma TAG Heuer unter Dach und Fach gebracht. Damit dürfte Ullrich rund sechs Millionen Mark von seinen Werbepartnern kassieren. Ganz nebenbei verdiente er in 17 Tagesrennen nach der Tour eine weitere Dreiviertelmillion. Allein bei den HEW-Cyclassics am 10. August 1997 säumten fast 500 000 Menschen die Straßen und sahen, was sie sehen wollten: Jan Ullrich als Sieger auf der Mönckebergstraße.

Daß der Rostocker/Berliner/Hamburger/Merdinger eher ein schüchterner, bescheidener Typ ist und von Sport viel, von Show und Ballyhoo (noch) wenig versteht, scheint weder seinem Sympathie- noch seinem Marktwert geschadet zu haben. Kurz nach dem überraschenden zweiten Platz bei der Tour de France 1996 ortete *Der Spiegel* beim «stillen Kronprinz» ein «Problem»: Er tauge nicht zum Star. «Sobald er vom Fahrrad steigt, verbreitet dieser Held der härtesten Sportart der Welt die Strahlkraft eines Auszubildenden der Allgemeinen Ortskrankenkasse.»[7] Da ist er wieder, der gute alte *Spiegel*-Sound – ein Schuß Genialität, zwei Spritzer Unverschämtheit. Ein Jahr später haben aber auch die Hamburger Edelfedern mitbekommen, daß selbst AOK-Azubis einmal ausgelernt haben. Jan Ullrich mag nicht zum Star taugen, er ist einfach einer.

Jan Ullrich: Ein Star? Doch kein Star? Noch kein Star?

Ob allerdings der Tour-Triumph 1997 in Deutschland einen Radsportboom auslösen wird, wie vor allem Manfred Böhmer, der Präsident des Bundes Deutscher Radfahrer (BDR), nicht müde wird zu prophezeien, ist zu bezweifeln. Eine Verdoppelung der Mitgliederzahlen in den Radsportvereinen? Wohl nicht ganz. Eine Umsatzexplosion im Fahrradhandel? Wohl kaum. Viele holen ihre «alten Möhren» aus dem Keller und lassen sie aufmöbeln – immerhin. Auch durch Jan Ullrich wird Deutschland nicht in eine Radsportnation verzaubert werden. Der Boris-induzierte Tennisboom wird sich im Radsport nicht wiederholen. Denn, so der Paderborner Sportwissenschaftler Wolf-Dietrich Brettschneider, «sich wie Ullrich in den Alpen zu quälen paßt nicht in unser kulturelles Verständnis»[8].

«Wie der Ulle det so macht», wissen wir jetzt. Ganz einfach: er kriegt, wonach er sich streckt, und er findet, was er sucht: «Wie er hereinkommt und eine Banane haben will, sein Masseur Dieter Ruthenberg aber keine mehr hat und er in träger Verdrossenheit trotzdem im Zimmer herumsucht, hinter Kissen, unter Kleidungsstücken, bis er tatsächlich doch noch eine gefunden hat und sie nun selbstzufrieden zu schälen beginnt, betrachtet man ihn von Augenblick zu Augenblick irritierter. Aus der Gloriole von Straßenstaub und Felsengipfel taucht kein Heldengesicht auf, sondern das eines Jungen.»[9]

«VOILÀ, LE PATRON!»

1997: Jan Ullrich siegt als erster Deutscher bei der Tour de France

Nalini

Auf Einladung der Zeitschrift *Tour* trafen sich im Frühsommer 1996 einige der ganz Großen des deutschen Radsports, um über Gott und die Welt, also über die geliebten Zweiräder und die großen Rennen, zu sprechen: Hennes Junkermann und Rudi Altig, Rolf Wolfshohl, Klaus-Peter Thaler und Rolf Gölz. Bis auf Dietrich Thurau waren alle einträchtig versammelt, die in den sechziger und siebziger Jahren im Radsport das schwarz-rot-goldene Fähnchen hochgehalten hatten. So sehr die Meinungen über dies oder jenes auseinandergingen, in einem waren sich die Herren Experten absolut einig: Aus deutschen Landen würde so schnell kein Tour-Sieger entspringen.[1] «Telekom fährt schon gut, aber einen deutschen Tour-Sieger sehe ich nicht» (Hennes Junkermann). «Ein deutscher Sieger ist nicht in Sicht» (Rolf Wolfshohl). «Vielleicht ist er ja schon geboren, man muß ihn nur noch finden» (Rudi Altig). Der händeringend Gesuchte war zu diesem Zeitpunkt bereits 22 Jahre auf der Welt, hatte in seiner Amateurlaufbahn beachtliche Meriten zusammengestrampelt, wurde von vielen als *das* Talent des deutschen Radsports gepriesen – und doch traute Jan Ullrich in *dieser* erlauchten Runde niemand wirklich Großes zu. Das wiederum beeindruckte den Youngster vom Team Telekom keine Spur: Wenige Wochen nach dem großen Experten-Ratschlag beendete er die Tour de France 1996 sensationell als Zweiter, und zwölf Monate später war er genau der, wonach sich «die Alten» verzweifelt die Augen ausgeguckt hatten: der erste deutsche Tour-Sieger.

«Viel spricht für Riis, aber alle reden von Ullrich»

Die Aufgabenverteilung im Team Telekom für die 84. Auflage der Tour de France war klar. Bjarne Riis: Kapitän und Anwärter auf das Gelbe Trikot; Jan Ullrich: Riis' erster Helfer; Erik Zabel und Giovanni Lombardi: die Männer für die Sprintentscheidungen, vor der Tour mit 14 Siegen neben den Italienern Cipollini / Donati das erfolgreichste Sprintduo; Udo Bölts und Georg Totschnig: die Bergziegen; Rolf Aldag, Jens Heppner und Christian Henn: als klassische Allrounder die idealen *Wasserträger*. Zwei Leader aufbieten zu können, behauptete Walter Godefroot immer wieder mit Engelsgeduld, sei keine Selbstschwächung, sondern ein Luxus, um den ihn viele andere Teamchefs beneideten. Nach vielen Erfolgen im Frühjahr schienen Riis & Co. für die härteste Rundfahrt der Welt noch besser gerüstet als 1996. José Miguel Echavarri, Miguel Induráins Sportlicher Leiter, pflegte das Team Telekom gern «Team Tele-Kohl» zu nennen. Soll heißen: Bald wären die Deutschen im Radsport ähnlich dominant wie ihr schwergewichtiger Kanzler im europäischen Machtkartell. 1995 bei der Zulassung zur Tour beinahe gescheitert, avancierten die Bonner Fernmelder schnell zu geschätzten und hofierten Partnern von Leblancs Societé du Tour de France. Der letzte Doppelerfolg von Fahrern desselben Teams lag immerhin schon zehn Jahre zurück, als der Schweizer Paul Köchli mit *La Vie Claire* Greg LeMond vor Bernard Hinault zu seinem ersten Sieg führte.

Unverdrossen hielten Fahrer und Betreuer des Bonner Rennstalls an der Stall- und Hackordnung fest, gegen die enervierenden Fragen vieler Journalisten, die dem «Kronprinz» Putschgelüste gegen den Chef und Vorjahressieger unterzujubeln versuchten, worüber sich vor allem Peter Becker, Ullrichs Trainer, ärgerte: «Bjarne Riis ist der Chef, und wir sind nicht im mindesten daran interessiert, daran etwas zu ändern. Riis wird die Tour zum zweiten Mal gewinnen, und Jan wird seinen Teil dazu beitragen. Er kann von Bjarne noch menschlich viel lernen, das ist ein absoluter Edelprofi, der kennt das Geschäft aus dem Effeff. Wer versucht, Jan und Bjarne aufeinanderzuhetzen, der versündigt sich am deutschen Radsport.» [2]

«Trotz Top-Beteiligung gibt es keinen Top-Favoriten», schrieb die *Neue Zürcher Zeitung*. Neben Riis und Induráins Nachfolger bei Banesto, Abraham Olano, wurde ein knappes Dutzend weiterer Aspiranten auf einen Treppchenplatz ins Gespräch gebracht: die Franzosen, Virenque, Leblanc und Jalabert, die Schweizer Zülle, Dufaux und Camenzind, der Österreicher Peter Luttenberger, der italienische Giro-Sieger Ivan Gotti und, eher am Rande, auch Jan Ullrich. Nur *L'Equipe* kürte mit fünf Sternen den jungen Deutschen eindeutig zu ihrem Favoriten. An ihrem «Fünf-Sterne-General» hob das Tour-Zentralorgan lobend hervor, daß er «immer noch das gleiche Auto und die gleiche Freundin» habe. Kaum zu glauben, ein ganzes Jahr nicht umgestiegen: Welch starker Charakter!

Die sehr anspruchsvolle Streckenführung schien auf die Kletterkünste Richard Virenques zugeschnitten. Wie schon 1996 fehlte das Mannschaftszeitfahren. Drei Einzelzeitfahren (inkl. Prolog) mit insgesamt 125 Kilometern *contre la montre*, gegen die Uhr, waren mehr als im Vorjahr, aber deutlich weniger als zu den Glanzzeiten Induráins. Drei Bergankünfte in Andorra, L'Alpe d'Huez und Courchevel sorgten für ein aufregendes, schwieriges Profil; spätestens die Alpenetappen mit einem Dutzend Pässen an vier aufeinanderfolgenden Tagen würden diese 84. Tour de France entscheiden: dort also, wo «die Renners» bei den «hohen Cols» die «kleinen Gange schalten» müssen, wie Walter Godefroot in hinreißendem Flämisch-Deutsch seinem Begleiter im Telekom-Mannschaftswagen, dem Fraktionsvorsitzenden der Sozialdemokratischen Partei Deutscher

Radfahrer, Rudolf Scharping, erklärte, den es als Kolumnist eines meinungsbildenden Organs in die Nähe von Blut, Schweiß und Tränen trieb.

Prolog in Rouen: 1,8 Sekunden am Gelben Trikot vorbei

Die Societé du Tour de France pflegt Traditionen, und symbolträchtige Gesten sind ihr nicht fremd. Daß Rouen als Startort für die Tour 1997 ausgewählt wurde, dürfte kaum als Reminiszenz an Jeanne d'Arc, die Jungfrau von Orléans, gedacht gewesen sein, die in der Hauptstadt der Normandie vor mehr als einem halben Jahrtausend ihr Leben auf dem Scheiterhaufen ließ. Vielmehr war in der Nähe von Rouen Jacques Anquetil zu Hause, der historisch Erste der vier «Fünfmaligen», der vor zehn Jahren an Krebs starb. Zu Ehren von «Maître Jacques» gibt es seit vergangenem Juli am linken Seine-Ufer der Stadt einen Quai d'Anquetil, termingerecht eingeweiht genau 40 Jahre nach dessen erstem Etappenerfolg bei einer Tour de France. Auf dem Friedhof von Quincampoix, 20 Kilometer nördlich von Rouen, ruht unter einer schwarzen Marmorplatte «Jacques Anquetil, Radrennfahrer, 1934–1987». Zu seinem zehnten Todestag legten Jean-Marie Leblanc und der greise Jacques Goddet ein Blumenbouquet mit Tricolore und dem Aufdruck «Tour de France» nieder. Viele seiner Mitstreiter aus glorreichen Tour-Tagen waren dabei: von Raymond Poulidor, Charly Gaul, Roger Walkowiak und André Derrigade bis zu Eddy Merckx, Bernard Hinault und Miguel Induráin, den anderen «Cinquièmes».

Juli 1997: Einweihung des Quai d'Anquetil in Rouen

Der Prolog am 5. Juli war für Jan Ullrich ein Auftakt nach Maß – ganze zwei Sekunden fehlten ihm gegen den Verfolgungsweltmeister und Stundenweltrekordler Chris Boardman. Da dieser aber auf der ersten Etappe nicht zwei Trikots gleichzeitig tragen konnte, durfte der junge Merdinger für einen Tag ins Grüne Trikot schlüpfen. Während das Lotus-Rad des Briten problemlos durchging, wurden die 30000 Mark teuren aerodynamischen Carbon-Monocoque - Zeitfahrmaschinen von Pinarello nicht zugelassen, mit denen Riis, Ullrich und auch Olano starten wollten. Beanstandet wurden die beiden Minispoiler am Hinterrad: «Wir wollen wieder Fahrräder am Start sehen und keine Flugzeuge» (Hein Verbruggen, Präsident des Weltverbandes UCI). Trotz 12 Sekunden Rückstand auf Chris Boardman war Riis hochzufrieden: «Die Stimmung ist bombig.» Am nächsten Tag war sie gründlich versaut.

1.–4. Etappe: «Radsport ist stürzen und wieder aufstehen» (Walter Godefroot)

Eigentlich war die 1. Etappe nur ein simples Flachstück mit vier Hügeln (bis 200 Meter): perfektes Terrain für Sprinter. Zwölf Kilometer vor dem romantischen Badeort Forges-les Eaux waren 50 Fahrer in einen Massensturz verwickelt, unter ihnen Bjarne Riis. Knie verschrammt, Nase blutend; angesichts der vielen Brüche, mit denen die Tour noch aufwarten sollte, eher Kleinigkeiten. Schlimmer als der Schmerz war, daß er auf die Spitze eine Minute verlor und niemand von seinen Adjutanten ihm in dieser brenzligen Situation zur Seite stand. Riis' Zorn richtete sich gegen Bölts, Heppner und Totschnig, die ihm als persönliche Leibgarde zugeteilt waren: «Als es darauf ankam, haben sie mich einfach vergessen und stehengelassen. Wer nicht weiß, ob ich gestürzt bin, hat gefälligst anzuhalten. Entweder sind wir eine Mannschaft, oder jeder fährt allein durch Frankreich spazieren.» Die von ihrem Kapitän Abgestraften hatten erst fünf Kilometer später mitbekommen, daß Riis in den Sturz verwickelt war. Lange Leitung bei der Telekom: Ausgerechnet eine nicht funktionierende Funkverbindung zwischen dem *handy man* des Teams, Udo Bölts, und dem Mannschaftsauto war für den ersten handfesten Krach im favorisierten Team verantwortlich.

Mario Cipollini: schnelle Harleys, schöne Frauen, teure Anzüge

Kurz vor Forges-Les-Eaux war auch Christian Henn schmerzhaft zu Boden gegangen, als das Feld wieder einmal das große Purzeln überkam. Mit höllischen Rippenschmerzen fuhr er weiter und verlor an diesem und dem nächsten Tag eine Viertelstunde, aber er ging nicht von der Fahne.

In Vire, dem Zielort der zweiten Etappe, war der Champagner für Erik Zabel schon kalt – und eine normannische Apfeltorte bereitgestellt. Der Sprintstar aus Unna sollte an seinem Geburtstag den ersten Etappensieg einfahren, doch der «Playboy im Peloton», Mario Cipollini, hatte erneut die Nase vorn. Der italienische Beau – Vorlieben: schnelle Harley-Davidson, schöne Frauen, teure Anzüge – würde es auch 1997 wie in früheren Jahren halten: im Flachland in seinem unnachahmlichen Stil einige Etappen gewinnen, vor den Bergen aussteigen – und nach Hause in die wonnig-sonnige Toskana fahren. Bis zu seinem Ausstieg nach dem sechsten Teilstück fuhr «Il Magnifico», der Star des Saeco-Rennstalls, vier Tage im *Maillot Jaune*, gelb wie ein Zitronenfalter. Sich mit gelbem Trikot, gelber Hose, gelben Socken und gelben Handschuhen auf einem tiefblauen Siegerpodest von zwei strahlendrotgekleideten Coca-Cola-Blondinen küssen zu lassen: das hat Farbe, das hat Klasse, dafür lohnt sich die Trainingsschinderei. Für seine textilen Extravaganzen pflegte Cipollini Tag für Tag 200 oder mehr Schweizer Franken in die Tour-Kasse zu zahlen. «Er erinnert an niemanden, nur an sich selbst» *(L'Equipe).*

Auf Etappe 3 kam es zehn Kilometer vor dem Ziel in Plumelec erneut zu einer Massenkarambolage. Leidtragender war u. a. der Schweizer Tony Rominger mit einem Schlüsselbeinbruch, die gleiche Verletzung, die er sich schon 1984 als Amateur bei einem Sturz zugezogen hatte. «Ich habe meine Karriere so begonnen, und ich beende sie so.»

Von Faktoren wie unübersichtlicher Streckenführung und gefährlichen Verkehrsinseln einmal abgesehen, sieht Rolf Aldag die Ursache der vielen Crashs in der Verkettung von nachlassender Kraft und schwindender Konzentration: «Wenn das Feld dichtgeschlossen dahinjagt, reicht schon ein leichter Schlenker, eine kleine Unaufmerksamkeit, und gleich liegen zwei Dutzend Renner auf der Straße. Das ist wie eine Kettenreaktion, aus der es kein Entrinnen gibt.» «Alle wollen nach vorn, alle sind im selben Paket, es flattern zu viele Nerven», meint auch Manolo Saiz, der Sportliche Leiter von ONCE. «Ein Zeitfahren zu diesem Zeitpunkt würde viele Dinge an ihren Platz rücken.» Auch Telekom-Fahrer zählten bei Stürzen wieder zu den Betroffenen, Rolf Aldag (Schürfwunden), Udo Bölts (Oberschenkelprellung). Im Gegenzug gewann Erik Zabel seine erste Etappe bei der Tour 1997: «Es wurde endlich Zeit, die Cipollini-Show zu beenden.»

«Alex, der Bruchpilot»: mehrfach gebrochen, zigfach verschraubt

Die 4. Etappe brachte das Aus für den Schweizer Alex Zülle. Am 12. Juni erst hatte er sich bei der Tour de Suisse auf dem Weg nach Kandersteg das linke Schlüsselbein gleich fünffach gebrochen. Einen Tag später lag er bereits in Barcelona beim Spezialisten Dr. José-Maria Viarrubia unter dem Messer. Zwölf Edelstahlschrauben sollten die Metallplatte an jenem Knochen fixieren, der bei Radprofis am leichtesten in die Brüche geht. Böse Zungen lästerten schon vor der Tour, bei «Alex, dem Bruchpiloten» müßten wohl mehr als jene zwölf Schrauben locker sein. Sechzehn Stunden nach der Vollnarkose gab Zülle bereits wieder auf dem Heimtrainer Gas, um sich drei Wochen nach seiner Havarie dem härtesten Rennen der Welt auszusetzen. «Die Tour ist schon in Bestform die Hölle, in meinem Zustand ist sie die Hölle im Quadrat.»

5.–8. Etappe: Die Ein-Mann-Show von Cedric Vasseur

Schwülwarme Temperaturen und die drohende Nähe der Pyrenäen ließ das Bonner Team nach den «Krawalletappen» recht zurückhaltend agieren: Jan Ullrich fuhr mit einem Minimalrückstand von 37 Sekunden auf Cipollini als Vierter vorne mit, Riis zeigte sich nach seinem Sturzpech gut erholt, Zabel reckte und streckte die Glieder für seine Sprintsiege zwei und drei (Etappe 8 und 9), und die sturzgeschädigten Helfer leckten sich ihre Wunden und hofften, wieder fit zu sein, «wenn der Berg ruft». Diese Ruhe vor dem Sturm nutzte Cedric Vasseur, der Sieger der Rheinland-Pfalz-Rundfahrt 1994, zu einer fulminanten Alleinfahrt. Nach 114 Kilometern hatte sich der Fahrer in den Farben des GAN-Teams abgesetzt; fast 150 Kilometer fuhr er an der Spitze des Feldes mit zeitweise 16 Minuten Vorsprung. Zweieinhalb Minuten rettete er gegen die ersten Verfolger ins Ziel. Vater Alain hatte in einem ähnlichen Parforceritt 1970 eine Tour-Etappe ins saarländische Feldberg gewonnen.

Noch einmal sorgten die Sprinter bei der 6. Etappe für Aufregung: In den Nahkampfduellen flogen wieder einmal Fäuste, böse Worte und Trinkflaschen. Erik Zabel wurde der Sieg in Marennes mit der Begründung aberkannt, er sei eine riskante «Welle» gefahren und habe Cipollini und Nazon gefährdet. Der belgische Meister Tom Steels wurde disqualifiziert und von der Tour ausgeschlossen, nachdem er voller Wut seine Trinkflasche nach Fréderic Moncassin geworfen hatte, von dem er sich provoziert fühlte. «Was hier in den Sprints passiert, auch schon zehn und zwanzig Kilometer zuvor, ist kriminell. Keiner nimmt Rücksicht auf den anderen. Ich bekam den Ellenbogen von Moncassin in die Rippen und konnte bei Tempo 70 gerade noch einen Sturz verhindern. Das war lebensgefährlich, deshalb meine Überreaktion», begründete der Belgier sein mit der Höchststrafe geahndetes Revanchefoul. Und noch ein weiterer Sprinter geriet in die Schlagzeilen, vielleicht zum letzten Mal in seiner Karriere. Der dreiunddreißigjährige Usbeke Dschamulidin Abduschaparow, der bei der Tour seit 1991 neun Etappen und dreimal das Grüne Trikot des Punktbesten gewonnen hatte, wurde des wiederholten Dopings mit dem Anabolikum Clenbuterol und dem Aufputschmittel Bromantan überführt und sofort ausgeschlossen.

Doping: das Karriere-Aus für Dschamulidin Abduschaparow

Auf der «Sonnenblumenetappe» von Marennes nach Bordeaux erwischte Jens Heppner *seine* Pechsträhne. 50 Kilometer vor dem Ziel gestürzt, rappelte er sich auf und fuhr weiter, um wenig später von einem Hund erneut «gefällt» zu werden. Er lag mehrere Minuten am Straßenrand, wurde behandelt, quälte sich zurück aufs Rad und mit zwölf Minuten Rückstand irgendwie ins Ziel. Das medizinische Bulletin nach seiner Sturzserie las sich folgendermaßen: Kapselriß am Ringfinger, Gehirnerschütterung, Prellungen an der Hüfte und am Knie, Hautabschürfungen.

Die Woche der Sprinter endete für Team Telekom zabelhaft. Nach seiner umstrittenen Disqualifikation in Marennes trumpfte er in Bordeaux und Pau mit zwei Sprinterfolgen in Serie auf. Nacheinander schleppten Henn, Ullrich, Riis, Aldag und Lombardi Erik Zabel in eine günstige Position für das finale Duell. Mit einem wahren Tigersprung katapultierte er sich in Pau über die Ziellinie.

9. – 11. Etappe: «Fahr los, und schau dich nicht mehr um!»

Ohne die ungemein unterhaltenden Karambolagen im Peloton und die Crashs der «Sprintchaoten» (Jan Ullrich) könne man *La Grande Boucle* am besten gleich in den Bergen beginnen lassen, lästerten einige Hartgesottene. «So gingen jeden Tag Knochen in die Brüche, wurden einige Quadratmeter Haut auf dem Asphalt abgestreift. Massenstürze gehörten zum Täglichen. Vor diesem Hintergrund müßte der Tour-Organisator eigentlich frohlocken ob der vielen Schrunden und

Brüche in den Flachetappen. Denn allein sie zeigen, daß das Leiden nicht nur in den Steigungen lauert. Erst wenn gekrümmte Leiber und verbogene Räder den Asphalt bedecken, wird das Heroische am Radsport so richtig offenbar.»[3]

10. Etappe von Luchon nach Andorra-Arcalis: die Vorentscheidung

Ein letztes Mal gelang es dem bravourös fightenden Cedric Vasseur am französischen Nationalfeiertag, Jan Ullrichs Griff nach dem *Maillot Jaune* zu vereiteln; an den Bergen abgehängt, stürzte sich der Franzose tollkühn in die Abfahrten hinein. Nur 13 Sekunden trennten den Merdinger vom begehrten Trikot. Die insgesamt 8500 Höhenmeter auf den Etappen 9 und 10 mit den Pyrenäen-Giganten Soulor, Tourmalet, Aspin, Azet, Port d'Envalira und Arcalis sollten den unvermeidbaren Konflikt um die Position des Leaders im Team Telekom zugunsten des «kleinen Chefs» *(L'Equipe)* entscheiden. Zusammen mit Totschnig und Bölts fuhr Ullrich auf den mörderischen 182 Kilometern von Pau nach Loudenvielle-Louron ständig in der Spitzengruppe und konterte am Schluß fünf Attacken Richard Virenques mit provozierender Leichtigkeit: ohne einmal aus dem Sattel zu gehen. Dabei mußte Jan Ullrich immer ein Auge auf seinen Kapitän haben, der im Schlußanstieg unübersehbar Schwächen zeigte. «Man kann sagen», räumte Bjarne Riis ein, «Jan hat auf mich gewartet.»

15. Juli 1997, die 10. Etappe von Luchon nach Andorra-Arcalis – die Vorentscheidung. Im Anstieg zum Col de Portet d'Aspet, nach 49 Kilometern, stoppte das Feld für Minuten, dort, wo am 18. Juli 1995 der Motorola-Profi Fabio Casartelli tödlich verunglückt war.

Am Port d'Envalira, dem Dach der Tour, entbrannte ein Kampf auf Biegen und Brechen zwischen den beiden stärksten Mannschaften Festina (Virenque, Dufaux, Brochard, Herve) und Telekom (Riis, Ullrich, Bölts, Totschnig). Wie am Tag zuvor, als ihn die Stallregie an Riis kettete, hatte der Dreiundzwanzigjährige erneut «traumhafte Beine». In den steilen Rampen hoch nach Andorra, dem Firmensitz des Uhrenmagnaten Festina, bekam Ullrich endlich grünes Licht von Godefroot: «Wenn du dich stark genug fühlst, fahr los und schau dich nicht mehr um.» Und wie er losfuhr! Ein einziges Mal ging er aus dem Sattel – und die Virenques und Pantanis hinter ihm riß es förmlich weg, ein neuneinhalb Kilometer langes grandioses Solo, den Blick voraus, dem Ziel und dem Gelben Trikot entgegen. In Arcalis, in 2240 Meter Höhe, hatte er die Bergspezialisten um mehr als eine Minute abgehängt. 3:32 Minuten später als sein Ex-Kronprinz war Riis endlich im Ziel. Gilbert Duclos-Lassalle, einer der unvergeßlichen Helden von Paris-Roubaix und TV-Kommentator bei *France 2*: «Der neue Induráin! Er fährt wie eine Feder.» Überhaupt waren die Superlative schnell verbraucht, allen voran die von *L'Equipe*. Bjarne Riis bewies in der Niederlage Größe: «Jan ist außerordentlich stark in Form, er mußte einfach angreifen und alles versuchen.»

12.–14. Etappe: St. Etienne, L'Alpe d'Huez, Courchevel

Wie Jan Ullrich beim Einzelzeitfahren über 55 Kilometer von St. Etienne über den Col de la Croix (1201 Meter) zurück nach St. Etienne seine Gegner deklassierte, wird in die Annalen der Tour eingehen. Mit unbändiger Kraft überholte er den drei Minuten vor ihm gestarteten Richard Virenque; im Ziel lag er 3:04 Minuten vor dem Franzosen. Riis, Olano, Pantani und Casagrande verloren weitere Sekunden. Vergleichbares war nicht einmal Merckx oder Induráin gelungen.

In L'Alpe d'Huez fuhr sich Marco Pantani in die Herzen von Millionen Radsportfans. Nach einer Serie schlimmer Stürze war der kleine Mann aus Cesenatico in der Emila Romagna wieder obenauf, und das auf *seinem* Berg, den er 1995 so eindrucksvoll bezwungen hatte. Er ist vielleicht der letzte *Scalattore*, wie die Italiener jene überragenden Kletterer nennen, die den Berg im Sprint nehmen können. Schon aus der ersten Kurve heraus im Schlußanstieg attackierte Pantani, dessen unrhythmische, schaukelnde Fahrweise an die großen *grimpeurs* Charly Gaul, Federico Bahamontes oder Lucien van Impe erinnert.

Eine Zeit voller Schmerzen und Selbstzweifel ging für den Spitzenmann von Mercatone-Uno hier zu Ende. Am 18. Oktober 1995 war «Elefantino» beim Rennen Mailand-Turin bei Tempo 80 mit einem Jeep zusammengeprallt, der ihm bei einer Abfahrt entgegenkam. Das linke Schien- und Wadenbein wurden zertrümmert; der Heilungsprozeß des zusammengeflickten Beins, das heute acht Millimeter kürzer als das rechte ist, verzögerte sich durch Entzündungen endlos. 1996 war für ihn ein verlorenes Jahr. Endlich wieder auf den Beinen und dem Rad, kreuzte im Mai 1997 beim Giro d'Italia eine – natürlich schwarze – Katze seinen Weg: eine schwere Oberschenkelverletzung war die Folge, die seine Teilnahme an der Tour zu vereiteln drohte.

So erlebten am 19. Juli 1997 Hunderttausende Menschen, die den Weg hinauf zur grottenhäßlichen Skistation L'Alpe d'Huez säumten, die Wiedergeburt des kleinen Italieners. Eine frenetisch jubelnde, vor- und zurückwogende Menschenmenge, die den Fahrern nur einen engen Korridor ließ. Infernalisches Anfeuerungsgeschrei der sich wie außer Rand und Band gebärdenden Fans begleitete die Fahrer die berüchtigten 21 Spitzkehren hoch. 1952 bewies Fausto Coppi als erster, daß Radprofis durchaus in der Lage sind, «per Pedaltritt Steigungen zu bewältigen, für die andere Leute eine Strickleiter benötigen»[4]. Leicht erkältet und zum ersten Mal von den Strapazen gezeichnet, erreichte Jan Ullrich, «der Fahrer mit dem Gesicht eines schlechtgelaunten Kindes» *(El País)* das Ziel an der Avenue du Rif Nel, 47 Sekunden nach dem italienischen Leichtgewicht, aber beruhigende 40 Sekunden vor Virenque.

An diesem «verfluchten 6:22 Minuten»-Rückstand arbeitete sich das Festina-Team mit beeindruckender Moral ab. Auf der knochenharten 14. Etappe von Le Bourg d'Oisans nach Courchevel setzte Festina alles auf eine

Karte. 148 Kilometer, davon 64 bergauf: Tempobolzen hieß Festinas Schlachtplan. «Craquer Ullrich et gagner le Tour»: Ullrich schlagen und die Tour gewinnen. Die blau-gelbe Festina-Armada riß das Feld schon am Col du Glandon auseinander. Bei der Abfahrt versteuerte sich Jan Ullrich zweimal derart kraß, daß sogar den Fernsehzuschauern der Atem stockte. Im Tal lag er eine halbe Minute zurück. Anstatt sich zu einer kräftezehrenden Ein-Mann-Verfolgung hinreißen zu lassen, behielt Ullrich kühlen Kopf. Er wartete auf Bjarne Riis, um gemeinsam die Verfolgung zu starten. Mit seiner ganzen Erfahrung fuhr Riis den «kleinen Chef» Sekunde um Sekunde an Virenque heran, dessen ständiges Attackieren mittlerweile seine komplette Mannschaft auseinandergetrieben hatte.

Beim letzten Anstieg hoch nach Courchevel schlossen Riis, Ullrich, Dufaux und Escartin zu dem Franzosen auf. Mit einer noblen Geste überließ Ullrich Virenque den Sieg in Courchevel. «Richard ist den ganzen Tag sehr stark gefahren, er hat den Sieg verdient.» Jan Ullrich umarmte im Ziel Bjarne Riis, dessen Schwerstarbeit und taktischem Geschick er gerade an diesem Tag soviel zu verdanken hatte. «Bjarne hat nicht nur heute das zurückgezahlt, was Jan ihm im letzten Jahr an Unterstützung gegeben hat» (Walter Godefroot).

> **«Du kannst machen,**
> **was du willst,**
> **du kannst fahren,**
> **wie du willst.**
> **Wenn du dich umdrehst,**
> **wen siehst du dann?**
> **Ullrich!**
>
> (Richard Virenque)

15.–21. Etappe
Ein Merdinger in Paris

Auf der letzten Alpenetappe von Courchevel nach Morzine brachte Marco Pantani seine Markenzeichen, Glatzkopf und Segelohren, erneut als erster über die Ziellinie. Von Magenproblemen geplagt, fiel Bjarne Riis als Helfer für seinen Mannschaftskameraden aus. Auf der Etappe nach Fribourg verlor der Däne noch einmal mehr als sechs Minuten und damit die Chance auf Platz drei der Gesamtwertung. Seine Rolle übernahm Udo Bölts, der sich schon in L'Alpe d'Huez mit einem siebten Platz eindrucksvoll zurückgemeldet hatte. «Der Druck macht Jan schon zu schaffen. Er ist nicht so kühl, wie er aussieht. Ich habe schon viele Stürze in den Vogesen erlebt, und Jan ist im Frühjahr beim Midi Libre auf einer Abfahrt selbst schwer gestürzt. Das bleibt im Hinterkopf» (Rudy Pevenage). Von tausend Interviewwünschen zermürbt, von Schlafstörungen gequält und von der Begegnung mit seiner Familie eher aus dem Tritt gebracht als gestärkt, schlitterte er auf der 18. Etappe von Colmar nach Montbéliard am Ballón d'Alsace in eine mittelschwere Krise. Zum ersten Mal konnte er den Festinas nicht folgen. Der wie ein Berserker rackernde Udo Bölts mußte seinen Chef mit einem resoluten

Nach harter Leidenszeit endlich wieder obenauf: Marco Pantani, der letzte große Kletterer, der Mann mit der verwöhntesten Glatze Europas

Anschiß unter Freunden («Quäl dich, du Sau!») zur Räson rufen, auch wenn sich der so Gemaßregelte an den genauen Wortlaut nicht mehr erinnern mochte.

Beim 63 Kilometer langen Zeitfahren von Disneyland nach Paris ließ Abraham Olano zum ersten und einzigen Mal etwas von seinem großen Können aufblitzen. Jan Ullrich erreichte das Ziel 45 Sekunden hinter dem Banesto-Kapitän, aber erneut 2:47 Minuten vor Richard Virenque. In Paris siegte der neue Telekom-Star mit 9:09 Minuten vor Virenque und 14:03 Minuten vor Pantani – der deutlichste Sieg seit 1984, als Laurent Fignon seinen Landsmann Bernard Hinault um mehr als 10 Minuten distanzierte.

Nach seinen Magenproblemen ereilten Riis beim letzten Einzelzeitfahren auch noch Materialprobleme: Defekt an der Schaltung, Reifen plattgefahren, Probleme mit der Kette. Frustriert und entnervt schleuderte der Däne sein High-Tech-Geschoß in die Vegetation. In Paris hatte sich der arg Gebeutelte aber wieder gefaßt: «Ich bin ein bißchen traurig für mich, aber unheimlich stolz auf Jan und die anderen Jungs.»

Am 27. Juli 1997 um 17:40 Uhr war der Triumph perfekt: Alle Telekom-Fahrer hatten das Ziel erreicht, trotz Stürzen und Verletzungen. Jan Ullrichs Siegprämie inklusive, die nach guter alter Sitte in die Mannschaftskasse wanderte, konnten sich Fahrer, Betreuer, Techniker und Masseure rund 1,8 Millionen Mark teilen. Auch der nach Paris geeilte Vorstandsvorsitzende der Deutschen Telekom AG, Ron Sommer, rieb sich zufrieden die Hände: «Der Effekt solch großartiger sportlicher Erfolge läßt sich nicht in Mark und Pfennig ausdrücken.» Nicht nur, aber auch.

Der Beginn einer «Ära Ullrich»?

Wie Miguel Induráin ist Jan Ullrich ein perfekter Athlet: Bewegungstalent, systematischer Trainingsaufbau über viele Jahre, Willensstärke, Leidensfähigkeit. «‹Er geht weiter als alle anderen.› Wenn die Beinmuskulatur mit Schmerzen signalisiert, daß sie lockerlassen will, wenn die Lunge brennt und die Brust pocht, dann spannt sich Ullrich noch energischer über den Lenker und tritt und zieht die an seine Schuhe geschnallten Pedalkurbeln noch fester. Eine solche Energieleistung hat mit Hobby-Radfahren so wenig zu tun wie Eisenbiegen mit Spaghettiwickeln. Der erschöpfte Ullrich geht hinterher für eine Viertelstunde mit dem Trainingsrad auf die Fahrradrollen. So lockert er die Muskulatur für die zweistündige Massage. Das Eintauchen in den eigenen Körper, das Schürfen nach Leistungsreserven, wie sie der untrainierte Mensch nur in Lebensgefahr oder rasender Wut aktivieren könnte, verträgt keine Ablenkung.»[5] Auch in Interviews – minimalistischen Einlassungen von sprödem Charme – wirkt der Merdinger freundlich, aber seltsam unbeteiligt, so als gelte auch auf medialem Terrain das Gesetz rigoroser Kraftökonomie.

Jan Ullrich ist eine großartige Tour de France gefahren, und doch sollte man mit Prognosen über den «Beginn einer Ära» vorsichtig umgehen. Talent, pro-

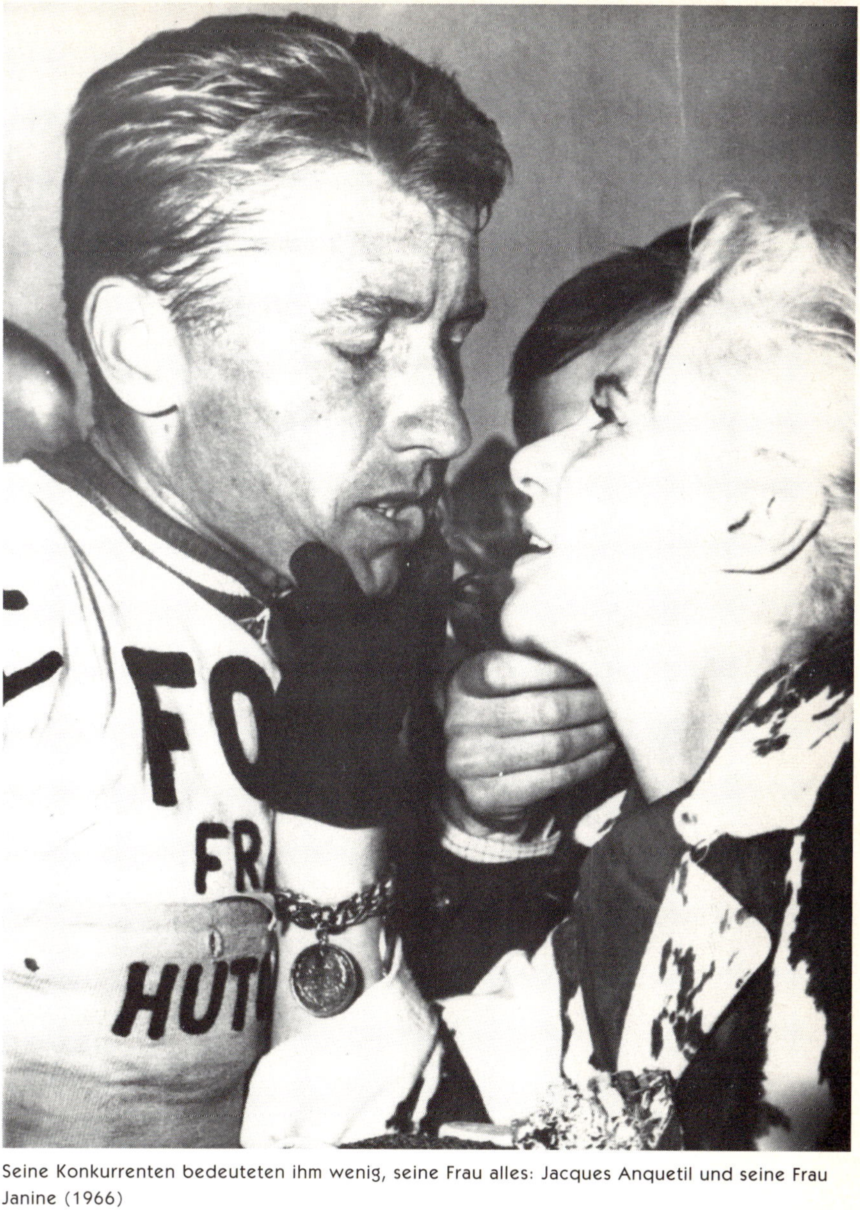

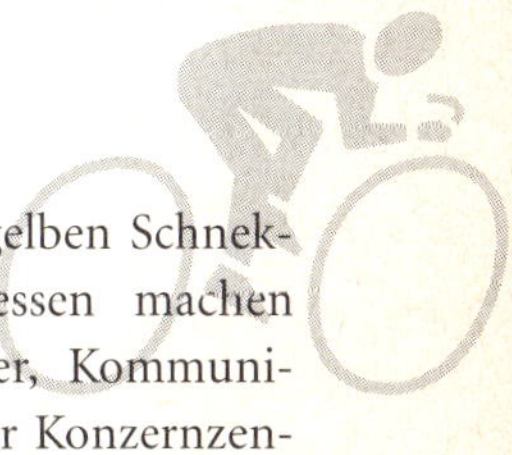

Nalini
T
LYONNAIS

Telegen und kommunikativ: Jan Ullrichs siegreiche Armada auf den Champs-Élysées in Paris

fessionelle Einstellung und die Konzentration auf die *Große Schleife* als das ein und alles seines Radsportjahres lassen es denkbar erscheinen, daß er auch in den nächsten Jahren die Tour dominiert – aber auch *nur* sie: Einen zweiten Merckx, der vom Frühjahr bis zum Herbst fast alles fuhr und fast alles gewann, kann es heute nicht mehr geben. Aber ein einziger schwerer Sturz Ullrichs würde genügen, um alle hochfliegenden Prognosen über den Haufen zu werfen.

Radboom? Erik Zabel klingt mehr als ernüchtert: «Der Erfolg von Jan hat alles andere an Radsport zerstört. Wenn ein Rennen ohne ihn stattfinden soll, ist das schon nichts. Die Sponsoren laufen den kleinen Veranstaltern und den kleinen Teams davon. Das ist ein Bumerang statt eines Booms. Die Tour erdrückt alle anderen Rennen.»

DUBLIN – MEYRIGNAC L'EGLISE – PARIS

Die Tour de France 1998: Streckenplan, Etappen, Favoriten

Als die Societé du Tour de France den Streckenplan für das Jahr Eins nach Jan Ullrichs Triumphfahrt 1997 bekanntgab, waren die Reaktionen vorhersagbar.[1] Richard Virenque hätte den Kurs gerne etwas bergiger, härter, d. h. mehr auf seine Qualitäten als Bergfahrer zugeschnitten gehabt. Dagegen fand sein deutscher Kontrahent die Strecke rhythmisch und ausgeglichen. Auch dieses Jahr werden Fahrer und Begleittroß gegen den Uhrzeigersinn durch Frankreich geschickt: erst die Pyrenäen, dann die Alpen. Geändert hat sich im wesentlichen nur zweierlei: Es gibt eine Bergankunft weniger als 1997 – und die Tour erhebt sich am 13. Juli in die Lüfte: Nach der zweiten irischen Etappe von Enniscorthy nach Cork über 200 Kilometer werden Mann und Maus, Rad und Radler vom Flughafen Cork aus Richtung Kontinentaleuropa verfrachtet, wo einen Tag später in Roscoff in der Normandie der französische Teil des Abenteuers beginnt.

Tortour de France

Die 85. Tour de France 1998 (11. Juli bis 2. August) im Detail:

- Streckenlänge: 3850 Kilometer (100 Kilometer kürzer als 1997).
- Start am 11. Juli mit dem Prolog in Dublin. Zum dreizehnten Mal seit 1945 startet die Tour im Ausland – dieses Mal auf der Grünen Insel, deren Radstars Stephen Roche (Sieger 1987) und Sean Kelly (Grünes Trikot 1982, 1983, 1985, 1989) bei der Tour de France in den 80er Jahren für Furore gesorgt haben.
- Zwei Bergankünfte – eine in den Pyrenäen (Plateau de Beille, 1747 Meter, 11. Etappe), eine in den Alpen (Les Deux Alpes, 1644 Meter, 15. Etappe).
- Sechs Bergetappen, zwei in den Pyrenäen, vier in den Alpen. Gleich die erste Pyrenäenetappe von Pau nach Luchon stellt den Fahrern fünf der gefürchteten Pässe in den Weg: Aubisque, Soulor, Tourmalet, Aspin und Peyresourde. In den Alpen hat es vor allem die Etappe von Grenoble nach Les Deux Alpes in sich: Beim Hindernisrennen mit den Klippen Croix de Fer (2067 Meter), Télégraphe (1566 Meter), Galibier (2645 Meter) und der Gipfelankunft in Les Deux Alpes könnte eine Vorentscheidung fallen. Wer zu spät kommt, den bestraft bekanntlich das Leben. Wer spät, aber heftig kommt, kann seine letzte

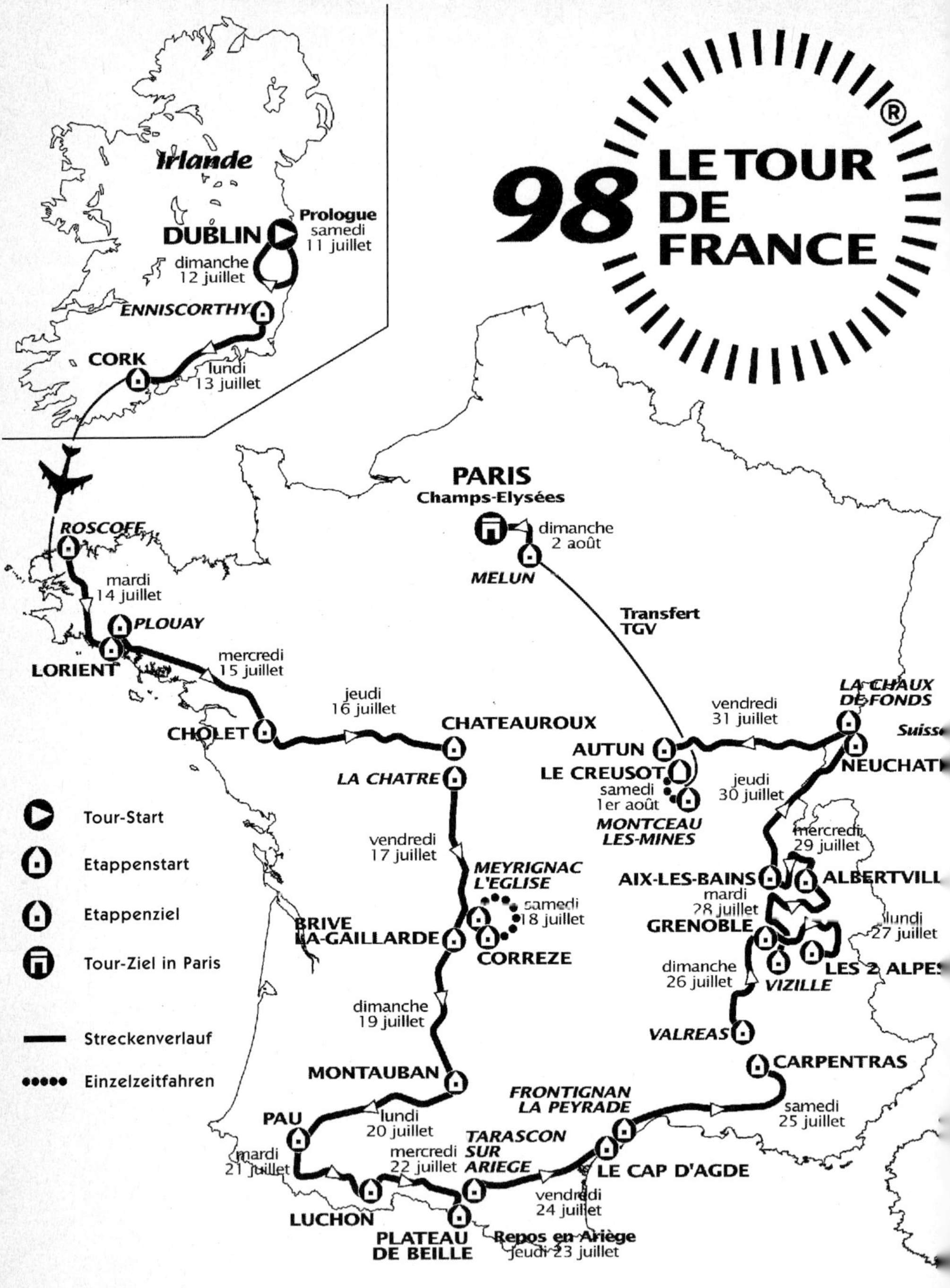
98 LE TOUR DE FRANCE®
Irlande
DUBLIN
Prologue
samedi
11 juillet
dimanche
12 juillet
ENNISCORTHY
CORK
lundi
13 juillet
ROSCOFF
mardi
14 juillet
PLOUAY
LORIENT
mercredi
15 juillet
CHOLET
jeudi
16 juillet
CHATEAUROUX
LA CHATRE
vendredi
17 juillet
MEYRIGNAC
L'EGLISE
samedi
18 juillet
BRIVE
LA-GAILLARDE
CORREZE
dimanche
19 juillet
MONTAUBAN
lundi
20 juillet
PAU
mardi
21 juillet
LUCHON
mercredi
22 juillet
PLATEAU
DE BEILLE
TARASCON
SUR
ARIEGE
Repos en Ariège
jeudi 23 juillet
vendredi
24 juillet
LE CAP D'AGDE
FRONTIGNAN
LA PEYRADE
samedi
25 juillet
CARPENTRAS
VALREAS
dimanche
26 juillet
VIZILLE
GRENOBLE
LES 2 ALPES
lundi
27 juillet
mardi
28 juillet
AIX-LES-BAINS
ALBERTVILL
mercredi
29 juillet
jeudi
30 juillet
NEUCHAT
LA CHAUX
DE FONDS
Suiss
vendredi
31 juillet
AUTUN
LE CREUSOT
samedi
1er août
MONTCEAU
LES-MINES
Transfert
TGV
MELUN
PARIS
Champs-Elysées
dimanche
2 août
Tour-Start
Etappenstart
Etappenziel
Tour-Ziel in Paris
Streckenverlauf
Einzelzeitfahren

Die Bergetappen

10. Etappe

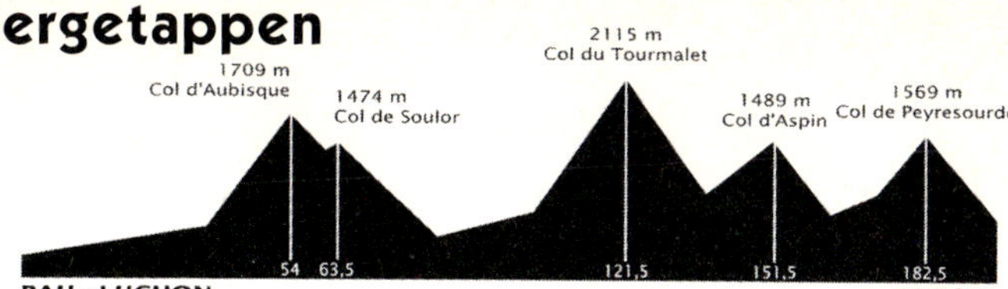

PAU - LUCHON **197 km**

11. Etappe

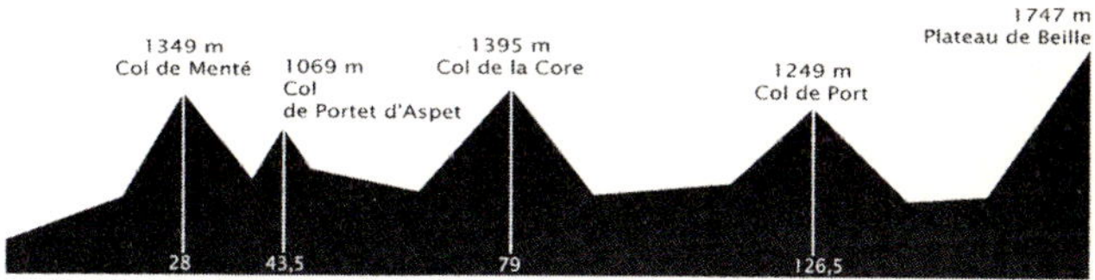

LUCHON - PLATEAU DE BEILLE **170 km**

14. Etappe

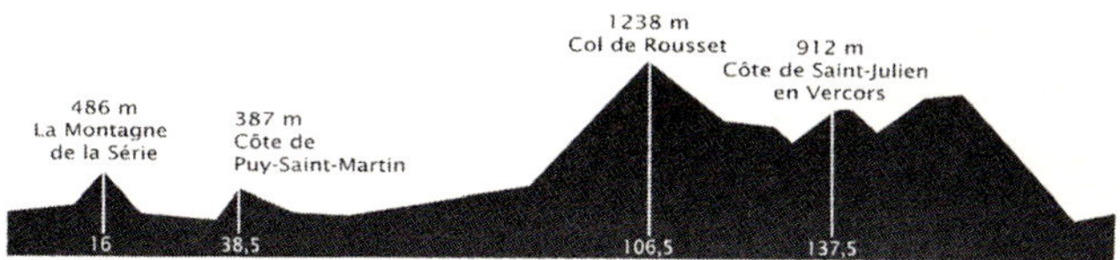

VALREAS - GRENOBLE **185 km**

15. Etappe

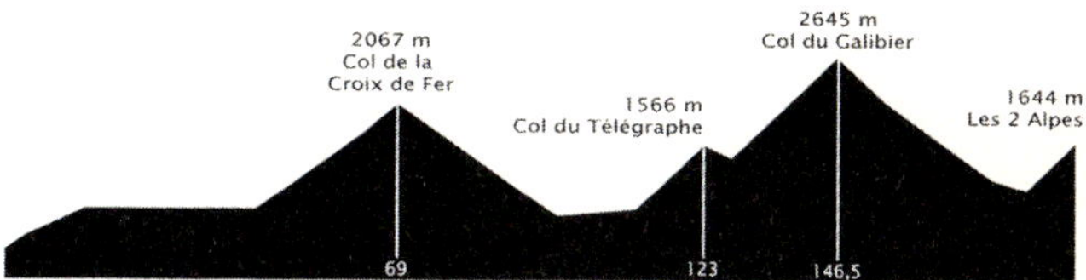

GRENOBLE - LES 2 ALPES **189 km**

16. Etappe

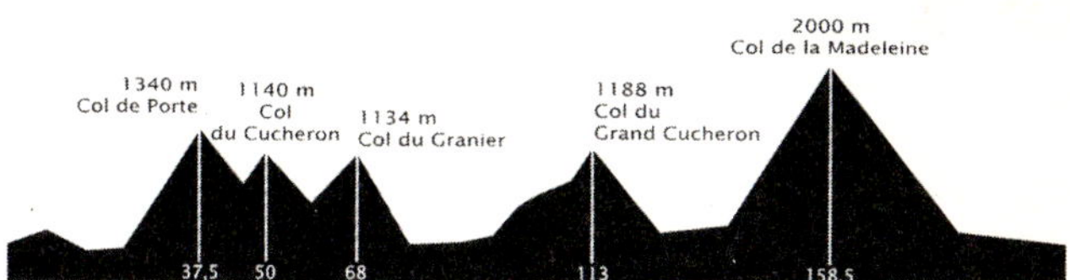

VIZILLE - ALBERTVILLE **204 km**

17. Etappe

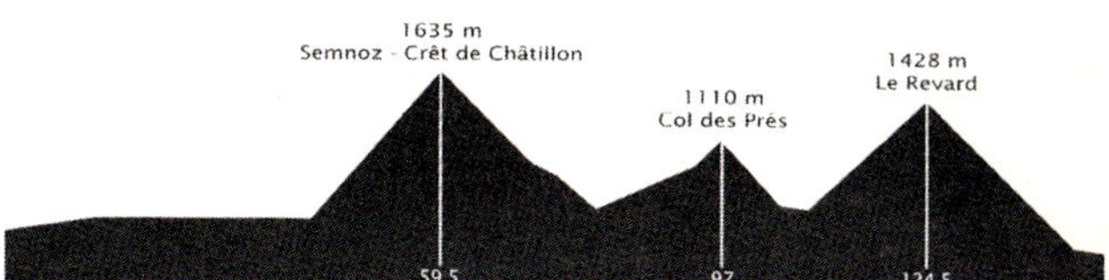

ALBERTVILLE - AIX-LES-BAINS **149 km**

Chance auf dem 18. Teilstück von Aix-les-Bains nach Neuchatel nutzen: Dort wartet mit dem Col de la Faucille (1280 Meter, 6 km à 5 Prozent) der einzige Schweizer Berg auf die Fahrer. Danach ist das Feld endgültig für Paris sortiert. Jetzt können nur noch herausragende Zeitfahrer das Klassement umstürzen.

- Ein Ruhetag nach der 11. Etappe, am 23. Juli.
- Zwei Einzelzeitfahren: von Meyrignac L'Eglise über 58 Kilometer nach Correze (7. Etappe) und am 1. August, der vorletzten Etappe, von Le Creusot über 53 Kilometer nach Montceau les Mines. Ein Etappenort wird Geschichte schreiben: Meyrignac L'Eglise, malerisch auf dem Plateau des Monédières gelegen, ist ein Dorf von 50 Einwohnern. Hier gastiert am 18. Juli für einen Tag das drittgrößte Sportspektakel der Gegenwart. Danach wird wieder Ruhe einkehren – für viele, viele Jahre.
- Ankunft auf den Champs-Élysées am 2. August 1998. Preisgeld insgesamt: 12 Mio. Francs, für den Sieger: 2,2 Mio. Sponsoren der Trikots: Crédit Lyonnais (gelb), PMU (grün), Champion (weiß-rotgepunktet).

Ran an den Speck!

Wie es Jan Ullrich geht? Besser mittlerweile. Leichter ums Herz, weil insgesamt leichter. Denn als er bei der Wahl zum Sportler des Jahres 97 ins gleißende Licht der Kameras trat, sah er schon ein bißchen moppelig aus. Christoph Siemes rückte im *Zeit-Magazin* dem Tatbestand ungeniert zu Leibe: «Ein Arsch sagt mehr als tausend Worte. Der von Jan Ullrich zum Beispiel spricht Bände. Erzählt von Wochen, die er auf keinem Fahrradsattel saß. Von üppigen Weihnachtsmenüs und Schoppen guten badischen Weins, gesüffelt auf der wohlig-warmen Kaminbank daheim in Merdingen. Der Klartext unter der schwarzen Radfahrerhose heißt: Der Tour-de-France-Sieger und Weltradsportler des vergangenen Jahres hat mindestens acht Kilo Übergewicht mitgebracht zum Training auf Mallorca.»[2] Seinem optimalen Wettkampfgewicht nähert sich der Merdinger langsam, aber sicher. Daran jedenfalls sollte die französische Mission nicht scheitern.

Der Kreis der Favoriten ist praktisch identisch mit dem von 1997: Jan Ullrich, Bjarne Riis, Abraham Olano, Laurent Jalabert, Richard Virenque. Ein dickes Fragezeichen kann man hinter den Namen Alex Zülle setzen. Der achtundzwanzigjährige Schweizer Zeitfahr-Weltmeister und Sieger der Spanien-Rundfahrt 1996 wechselte von Jalaberts Once-Team, das mittlerweile pikanterweise die Deutsche Bank als Co-Sponsor gewonnen hat, zum französisch-monegassischen Rennstall Festina, dem Team von Richard Virenque und Laurent Dufaux. Er unterschrieb einen Dreijahresvertrag mit der Traumgage von umgerechnet rund 12 Millionen Mark. Falls Zülle beim Giro d'Italia auf Sieg fährt, wird er seine Form kaum über drei harte Tour-Wochen konservieren können. Die spannendste Konstellation könnte das Aufeinanderprallen von zwei

Teams mit «Doppelspitze» sein: Team Telekom mit Riis/Ullrich und Festina mit Virenque/Zülle. Olano und Pantani werden ihr Heil wohl als Einzelkämpfer suchen müssen.

Es ist nicht unwahrscheinlich, daß es 1998 zu einer Neuauflage des beliebten kleinen Sommertheaters mit dem Titel «Wer ist wer bei Telekom?» kommen wird. Jan Ullrich jedenfalls hat seinen Mannschaftskollegen Bjarne Riis auf der Rechnung: «Bjarne ist ganz heiß auf die Tour de France in diesem Jahr. Er wird die Fehler vom vergangenen Jahr nicht wiederholen. Er war einfach zu früh in Form und hat keine Pause gemacht.»[3] Aus Angst, seine glänzende Form zu verlieren (Sieg beim Frühjahrsklassiker Amstel Gold Race), hatte Riis nicht, wie verabredet, nach Rund um den Henninger Turm eine einwöchige Pause eingelegt. Ein zweites Mal wird das einem Mann wie Riis, der als Tüftler und penibler Planer gilt, nicht passieren. The same procedure as last year? Schwer vorzustellen!

ANHANG

Anmerkungen

Ein Denkmal für Henri Desgrange 8

1 Vgl. zum Dreyfus-Komplex Vincent Duclert, Die Dreyfus-Affäre. Militärwahn, Republikfeindschaft, Judenhaß, Berlin 1994

2 W. Gronen / W. Lemke, Geschichte des Radsports und des Fahrrads von den Anfängen bis 1939, Eupen 1978, S. 203

3 Zur Frühgeschichte der Tour de France vgl. die umfangreiche Studie des offiziellen Tour Chronisten Pierre Chany: La fabuleuse histoire du Tour de France, Paris 1990 (Éditions Nathan)

Als in den Pyrenäen noch der Bär los war 14

1 Michael Reinsch, in: F. A. Z. 6. 7. 96

2 Vgl. Hans Blickensdörfer, Tour de France, Künzelsau 1997, S. 60 ff.

3 Ders., Tour de France, Stuttgart 1963, S. 77 f.

4 Hans Blickensdörfer, Tour de France, Künzelsau 1997, S. 131 / 134

5 Ders., Tour de France, Stuttgart 1963, S. 185

Magical Mystery Tour 30

In der Reihenfolge des Auftretens:

- Andreas Platthaus, Jan d'Arc, in: F. A. Z. 23. 7. 97
- Roland Barthes, Die Tour de France als Epos, in: Gert Hortleder, Gunter Gebauer (Hg.), Sport – Eros – Tod, Frankfurt / M. 1986, S. 28
- Jürg Altwegg, Herz und Stahl, in: F. A. Z. 26. 7. 97
- Franz Josef Wetzn, Gegen den Absolutismus der Wirklichkeit, in: Neue Rundschau 1 / 1998
- Der Spiegel 29 / 1993
- Uwe Prieser, Existenzkampf im Sattel, in: Die Zeit 4. 7. 97
- Jacques Goddet, zitiert nach Hans Blickensdörfer, Rund sind Ball und Baskenmütze, Stuttgart 1997, S. 198 ff.
- Fredy Gsteiger, Huhn in Ei, in: Die Zeit 2. 2. 96
- F. A. Z. 28. 2. 96
- Zitiert nach F. A. Z. 1. 11. 97
- Roland Barthes, ebda.
- Wolfram Schütte, Der Letzteste, in: Frankfurter Rundschau 29. 7. 97

Hätte, wäre, wenn ... 42

1 Kurt Stöpel: Tour de France. Ein Erlebnisbericht, Berlin 1952, S. 34

2 Hans Blickensdörfer, a. a. O., S. 76

3 Die folgenden Zitate entstammen alle Kurt Stöpels Bericht. In der Reihenfolge ihres Auftretens: S. 6, 17 f., 22, 28, 40, 42, 161, 228, 239

Die im Schatten sieht man nicht ... 50

1 F. A. Z. 27. 7. 87

2 Die Zeit 3. 8. 81

3 Süddeutsche Zeitung 6. 7. 95

Duell der Giganten 58

1 Der Spiegel 9 / 1949

2 Hans Blickensdörfer: Tour de France, Künzelsau 1997, S. 108

3 Zitiert nach Willy Kutschbach: Coppi, der größte Rennfahrer aller Zeiten, Berlin 1954, S. 69

4 Hans Blickensdörfer: Rund sind Ball und Baskenmütze, Stuttgart 1997, S. 205

5 Ebda., S. 212 f.

6 Willy Kutschbach, a. a. O., S. 95

7 Revue 2. 10. 54

8 Vgl. Der Spiegel 38 / 1954

9 Corvus: Armer Campionissimo, in: Deutsche Zeitung 7. 11. 54

Maître Jacques 72

1 Helmer Boelsen, in: RadMarkt 9 / 1993

2 Die Welt 29. 9. 67

3 Hans Blickensdörfer, Tour de France, Künzelsau 1997, S. 140

4 Deutsche Zeitung 11. 6. 60

5 Josef Renggli, in: Die Weltwoche 21. 7. 61

6 Ebda.

7 Deutsche Zeitung 16. 8. 61
8 Die Welt 15. 7. 61
9 Vgl. Hans Blickensdörfer, Tour de France, a. a. O., S. 167 ff.
10 Hans Blickensdörfer, in: sports 7/88
11 Josef Renggli, a. a. O.

Die Legende vom ewigen Zweiten 86

1 Hans Blickensdörfer, Tour de France, Künzelsau 1997, S. 10
2 Josef Renggli, in: Die Weltwoche 19. 3. 75
3 Zitiert ebda.
4 Jürg Altwegg, in: Die Zeit 18. 7. 75
5 Walter Rottiers, Die großen Radsport-Stars, München 1991, S. 128
6 Vgl. tour 3/88

Das große Fressen 94

1 Vgl. F. A. Z. Magazin 26. 8. 94; tour 6/96
2 Vgl. Der Tagesspiegel 20. 7. 97; F. A. Z. 24. 12. 97
3 F. A. Z. 24. 12. 97
4 die tageszeitung 20. 7. 94
5 Neue Zürcher Zeitung 19. 6. 97
6 Sport 3. 10. 95

Tod am Mont Ventoux 98

1 Neue Zürcher Zeitung 9. 7. 94
2 Francesco Petrarca, Die Besteigung des Mont Ventoux, Frankfurt/M. und Leipzig 1996, S. 30
3 Roland Barthes, Die Tour de France als Epos, zitiert nach: Gert Hortleder/Gunther Gebauer, Sport – Eros – Tod, Frankfurt/M. 1986, S. 27 f.
4 tour 9/97
5 F. A. Z. 14. 7. 67
6 Hans Blickensdörfer, Tour de France, Künzelsau 1997, S. 172 ff.
7 F. A. Z. 15. 7. 67

Schnelle Pille, schnelle Pulle 106

1 Süddeutsche Zeitung 31. 12. 92
2 Tour 11/97
3 Vgl. Süddeutsche Zeitung 18. 7. 90
4 Der Spiegel 31/1967
5 Der Spiegel 29/1978
6 Helmer Boelsen, in: RadMarkt 6/82
7 Hans Blickensdörfer, Salz im Kaffee, Stuttgart 1993 (Neuausgabe), S. 141 f. und 172 ff.
8 Vgl. Der Spiegel 28/1980 und F. A. Z. 1. 7. 80
9 Der Spiegel 27/1980
10 Vgl. Tour 9/88
11 Ebda.
12 Süddeutsche Zeitung 31. 12. 92
13 Vgl. F. A. Z. 25. 7. 94
14 Der Spiegel 14/1997
15 Zum «Fall Jens Heppner» vgl. F. A. Z. 23. 7. 97
16 Tour 4/98

«Eddy Merckx – das ist Attila!» 120

1 Hans Blickensdörfer, Tour de France. Mythos und Geschichte eines Radrennens, Künzelsau 1997, S. 178
2 F. A. Z. v. 20. 7. 70
3 Neue Zürcher Zeitung v. 20. 5. 78

15 Tage Gelbfieber 130

1 Zit. nach: Die Welt v. 5. 7. 1977
2 F. A. Z. v. 11. 7. 1977
3 Zit. nach: ebda.
4 Zit. nach Hans Blickensdörfer, Tour de France, a. a. O., S. 192
5 F. A. Z. v. 8. 7. 1980
6 Tour 7/97, S. 79

Das Herzschlagfinale 148

1 F. A. Z. 13. 1. 98
2 F. A. Z. 25. 7. 83
3 Süddeutsche Zeitung 28. 6. 91
4 Die Welt 23. 7. 84
5 Der Spiegel 48/1980
6 F. A. Z. 20. 7. 85
7 Ebda.
8 Welt am Sonntag 21. 7. 85
9 Hans Blickensdörfer: Tour de France, Künzelsau 1994, S. 204
10 Der Spiegel 14/1990
11 Der Spiegel 29/1989
12 Der Spiegel 37/1989
13 Vgl. Süddeutsche Zeitung 19. 7. 90

Die Tour de Francs – eine rollende Geldmaschine? 164

1 Die Weltwoche v. 21. 6. 85
2 Zit. nach: Hamburger Abendblatt v. 4. 7. 87
3 Zit. nach: Hamburger Abendblatt v. 26. 7. 97

Die unerklärliche Leichtigkeit des Seins 176

1 F. A. Z. 17. 7. 90
2 sports 7/93
3 Vgl. Sport 25. 5. 93
4 F. A. Z. 25. 7. 91
5 tour 3/97

6 F. A. Z. 29. 7. 91
7 Vgl. das Induráin-Interview in: Sport 14. 3. 95

Liberté, égalité, brutalité 186

1 Frankfurter Rundschau 21. 7. 95
2 F. A. Z. 21. 7. 95
3 Die folgenden Zitate über das Für und Wider einer Helmpflicht stammen aus: tour 10/95, Frankfurter Rundschau 20. 7. 95, Die Zeit 28. 7. 95. Vgl. zur Diskussion auch Helmer Boelsens Artikel in RadMarkt 5/91.
4 tour 10/95
5 F. A. Z. 4. 7. 96
6 tour 10/95

Take the T-Train 194

1 w + v 30/1997
2 w + v 9/1997
3 Der Spiegel 36/1991
4 Vgl. sports 4/1992
5 Vgl. Der Spiegel 29/1990
6 Der Spiegel 13/1993
7 Der Spiegel 30/1997
8 Der Spiegel 30/1996
9 Süddeutsche Zeitung 15. 7. 97
10 Vgl. w + v 38/1997

Ende einer Dienstfahrt 202

1 Zitiert aus: Die Welt 13. 7. 95 und F. A. Z. 1. 7. 95
2 Süddeutsche Zeitung 28. 6. 96
3 Frankfurter Rundschau 28. 6. 96
4 tour-Extraheft Tour de France 1995
5 Vgl. Frankfurter Rundschau 15. 11. 95
6 Vgl. Süddeutsche Zeitung und F. A. Z. 2. 7. 96
7 Frankfurter Rundschau 8. 7. 96
8 Süddeutsche Zeitung 9. 7. 96
9 Vgl. Süddeutsche Zeitung 16. 7. 96
10 tour 8/96
11 Hannoversche Allgemeine Zeitung 20. 7. 96
12 Süddeutsche Zeitung 19. 7. 96

Das größte Autorennen der Welt 212

1 *Neue Zürcher Zeitung* 22. 7. 97
2 *Die Welt* v. 15. 7. 97
Frank Gotta: Die große Hatz und ihr Troß, © *Die Welt* 1996

«Wie der Ulle det so macht» 220

1 Die Zeit v. 1. 8. 97
2 Vgl. hierzu Sebastian Molls detaillierten Aufsatz «Planwirtschaft» in: Tour 10/97
3 Ebda.
4 Ebda.
5 Focus 30/1997
6 Vgl. w + v 49/1997
7 Der Spiegel 27/1997
8 Der Spiegel 41/1997
9 Die Zeit v. 1. 8. 97

«Voilà, le patron!» 228

1 tour 6/96
2 Süddeutsche Zeitung 5./6. 7. 97
3 Neue Zürcher Zeitung 14. 7. 97
4 taz 21. 7. 97
5 F. A. Z. 26. 7. 97

Dublin – Meyrignac L'Eglise – Paris 242

1 Vgl. Tour 1/98
2 ZEITmagazin 12/1998
3 F. A. Z. 13. 1. 98

Fotonachweis

dpa: 19, 21, 26, 36, 54, 69, 81, 86, 90, 98, 106, 117, 120/121, 130, 135, 148, 155, 160, 167, 170, 176, 183, 191, 194, 199, 202, 209, 216, 220, 228/229, 239, 241, 242

Süddeutscher: 8/9, 14, 28, 39, 49, 58

Olaf Fippinger: 138, 146

Bongarts: 225

Sportimage: 29, 34, 50/51, 72/73, 94, 127, 164, 186, 212

AFP: 30

Die Siegerliste der Tour de France

1903	Maurice Garin	Louis Pothier	Fernard Augereau
1904	Henri Cornet	Jean-Bernard Dortignacq	Alois Catteau
1905	Louis Trousselier	Hyppolite Aucouturier	Jean-Bernard Dortignacq
1906	René Pottier	George Passerieu	Louis Trousselier
1907	Lucien Petit-Breton	Gustave Garrigou	Emile Georget
1908	Lucien Petit-Breton	François Faber	Passerieu
1909	François Faber	Gustave Garrigou	Jean Alavoine
1910	Octave Lapize	Françoise Faber	Gustave Garrigou
1911	Gustave Garrigou	Pierre Duboc	Emile Georget
1912	Odile Defraye	Eugène Christophe	Gustave Garrigou
1913	Philippe Thys	Gustave Garrigou	Marcel Buysse
1914	Philippe Thys	Henri Pélissier	Jean Alavoine
1919	Firmin Lambot	Jean Alavoine	Eugène Christophe
1920	Philippe Thys	Hector Heusghem	Firmin Lambot
1921	Léon Scieur	Hector Heusghem	Honoré Barthélémy
1922	Firmin Lambot	Jean Alavoine	Félix Sellier
1923	Henri Pélissier	Ottavio Bottecchia	Romain Bellenger
1924	Ottavio Bottecchia	Nicolas Frantz	Lucien Buysse
1925	Ottavio Bottecchia	Lucien Buysse	Bartolomeo Aymo
1926	Lucien Buysse	Nicolas Frantz	Bartolomeo Aymo
1927	Nicolas Frantz	Maurice Dewaele	Julien Verwaecke
1928	Nicolas Frantz	André Leducq	Maurice Dewaele
1929	Maurice Dewaele	Giuseppe Pancera	Jef Demuysère
1930	André Leducq	Learco Guerra	Antonin Magne
1931	Antonin Magne	Jef Demuysère	Antonio Pesenti
1932	André Leducq	Kurt Stöpel	Francesco Camusso
1933	Georges Speicher	Learco Guerra	Giuseppe Martano
1934	Antonin Magne	Giuseppe Martano	Roger Lapébie
1935	Romain Maes	Ambrosio Morelli	Félicien Verwaecke
1936	Sylvère Maes	Antonin Magne	Félicien Verwaecke
1937	Roger Lapébie	Mario Vicini	Leo Amberg
1938	Gino Bartali	Félicien Verwaecke	Victor Cosson
1939	Sylvère Maes	René Vietto	Lucien Vlaemynck
1947	Jean Robic	Edouard Fachleitner	Pierre Brambilla
1948	Gino Bartali	Briek Schotte	Guy Lapébie
1949	Fausto Coppi	Gino Bartali	Jacques Marinelli
1950	Ferdi Kübler	Stan Ockers	Louison Bobet
1951	Hugo Koblet	Raphael Géminiani	Lucien Lazarides
1952	Fausto Coppi	Stan Ockers	Bernardo Ruiz
1953	Louison Bobet	Jean Mallejac	Giancarlo Astrua
1954	Louison Bobet	Ferdi Kübler	Fritz Schär
1955	Louison Bobet	Jan Brankart	Charly Gaul
1956	Roger Walkowiak	Gilbert Bauvin	Jean Adriaensens
1957	Jacques Anquetil	Marcel Janssens	Adolf Christian
1958	Charly Gaul	Vito Favero	Raphael Géminiani
1959	Federico Bahamontès	Henry Anglade	Jacques Anquetil
1960	Gastone Nencini	Graziano Battistini	Jean Adriaensens
1961	Jacques Anquetil	Guido Carlesi	Charly Gaul
1962	Jacques Anquetil	Jos Planckaert	Raymond Poulidor
1963	Jacques Anquetil	Federico Bahamontès	José Perez-Frances

1964	Jacques Anquetil	Raymond Poulidor	Federico Bahamontès
1965	Felice Gimondi	Raymond Poulidor	Gianni Motta
1966	Lucien Aimar	Jan Janssen	Raymond Poulidor
1967	Roger Pingeon	Julio Jimenez	F. Balmamion
1968	Jan Janssen	Hermann van Springel	Ferdinand Bracke
1969	Eddy Merckx	Roger Pingeon	Raymond Poulidor
1970	Eddy Merckx	Joop Zootemelk	Gosta Petterson
1971	Eddy Merckx	Joop Zootemelk	Lucien van Impe
1972	Eddy Merckx	Felice Gimondi	Raymond Poulidor
1973	Luis Ocaña	Bernard Thévenet	Manuel Fuente
1974	Eddy Merckx	Raymond Poulidor	Vicente Lopez-Carril
1975	Bernard Thévenet	Eddy Merckx	Lucien van Impe
1976	Lucien van Impe	Joop Zootemelk	Raymond Poulidor
1977	Bernard Thévenet	Hennie Kuiper	Lucien van Impe
1978	Bernard Hinault	Joop Zootemelk	Joaquim Agostinho
1979	Bernard Hinault	Joop Zootemelk	Joaquim Agostinho
1980	Joop Zootemelk	Hennie Kuiper	Raymond Martin
1981	Bernard Hinault	Lucien van Impe	Robert Alban
1982	Bernard Hinault	Joop Zootemelk	Johan Van de Welde
1983	Laurent Fignon	Angel Arroyo	Peter Winnen
1984	Laurent Fignon	Bernard Hinault	Greg LeMond
1985	Bernard Hinault	Greg LeMond	Stephen Roche
1986	Greg LeMond	Bernard Hinault	Urs Zimmermann
1987	Stephen Roche	Pedro Delgado	Jean-François Bernard
1988	Pedro Delgado	Steven Rooks	Fabio Parra
1989	Greg LeMond	Laurent Fignon	Pedro Delgado
1990	Greg LeMond	Claudio Chiappucci	Erik Breuking
1991	Miguel Induráin	Gianni Bugno	Claudio Chiappucci
1992	Miguel Induráin	Claudio Chiappucci	Gianni Bugno
1993	Miguel Induráin	Tony Rominger	Zenon Jaskula
1994	Miguel Induráin	Pjotr Ugrumov	Marco Pantani
1995	Miguel Induráin	Alex Zülle	Bjarne Riis
1996	Bjarne Riis	Jan Ullrich	Richard Virenque
1997	Jan Ullrich	Richard Virenque	Marco Pantani

Schneller, höher, weiter
Die Top Ten der Tour de France

1 Bergwertung

6 Siege Federico Bahamontès (1954, 1958, 1959, 1962, 1963, 1964)
6 Siege Lucien van Impe (1971, 1972, 1975, 1977, 1981, 1983)
4 Siege Richard Virenque (1994–1997)

2 Punktewertung (Grünes Trikot)

4 Siege Sean Kelly (1982, 1983, 1985, 1989)
3 Siege Jan Janssen (1964, 1965, 1967)
Eddy Merckx (1969, 1971, 1972)
Freddy Maertens (1976, 1978, 1981)
Dschamuladin Abdoujaparov (1991, 1993, 1994)

3 Gelbes Trikot

96 Tage Eddy Merckx
78 Tage Bernard Hinault
60 Tage Miguel Induráin
51 Tage Jacques Anquetil

4 Größte Vorsprünge (seit 1947)

28:27 min Fausto Coppi (1952: vor Stan Ockers)
26:16 min Gino Bartali (1948: vor Briek Schotte)
22:00 min Hugo Koblet (1951: vor Raphael Géminiani)
17:54 min Eddy Merckx (1969: vor Roger Pingeon)
15:51 min Luis Ocaña (1973: vor Bernard Thévenet)

5 Kleinste Vorsprünge

8 sec Greg LeMond (1989: vor Laurent Fignon)
38 sec Jan Janssen (1968: vor Herman van Springel)
40 sec Stephen Roche (1987: vor Pedro Delgado)
48 sec Bernard Thévenet (1977: vor Hennie Kuiper)
55 sec Jacques Anquetil (1964: vor Raymond Poulidor)

6 Podiumsplätze

8 x Raymond Poulidor
7 x Joop Zootemelk, Bernard Hinault
6 x Gustave Garrigou, Jacques Anquetil, Eddy Merckx
5 x Lucien van Impe, Greg LeMond, Miguel Induráin
4 x Louison Bobet

7 Etappensiege

34 Eddy Merckx
28 Bernard Hinault
25 André Leducq
22 André Darrigade
20 Nicolas Frantz

8 Teilnahmen

16 Joop Zootemelk (1970–1973, 1975–1986)
15 Lucien van Impe
Guy Nulens

14 André Darrigade, Raymond Poulidor, Sean Kelly

13 Phil Anderson, Joaquim Agostinho, Gerrie Knetemann, Henk Lubberding, Jean Dotto, Jean-Pierre Genet, François Mahe, Gilbert Duclos-Lassalle

9 Die höchsten Bergankünfte

Col du Granon	2413 Meter (1986)
Val Thorens	2275 Meter (1994)
Tourmalet	2115 Meter (1974)
Sestrières	2033 Meter (1952, 1992, 1996)

10 Berühmte Pässe

Alpen:	Galibier (2645 m), Iseran (2770 m), Allos (2250 m), Grand Saint-Bernard (2470 m), Petit Saint-Bernard (2188 m), Croix de Fer (2068 m), Vars (2110 m), Restefond / Col de la Bonnette (2802 m), Izoard (2361 m), Aravis (1498 m), L'Alpe d'Huez (1860 m), Glandon (1924 m), Madeleine (1984 m), Lautaret (2058 m), La Plagne (1970 m), Col de Porte (1326 m), Télégraphe (1670 m)
Pyrenäen:	Aspin (1489 m), Aubisque (1709 m), Port d'Envalira (2407 m), Luz-Ardiden (1720 m), Peyresourde (1569 m), Portet d'Aspet (1069 m), Soulor (1474 m), Tourmalet (2115 m), Col de Mente (1350 m), Puymorens (1915 m)
Provence:	Mont Ventoux (1912 m), Col de Braus (1002 m)
Zentralmassiv:	Puy de Dôme (1415 m), Croix de Chaubouret (1230 m), Col de la République (1161 m)
Vogesen:	Ballon d'Alsace (1178 m), Grand Ballon (1424 m), Col de la Schlucht (1139 m)
Jura:	Col de la Faucille (1323 m)

Sendeplan EUROSPORT

Samstag	11/07/1998	18:00	20:00	**LIVE**
Samstag	11/07/1998	23:00	00:00	**TAGESZUSAMMENFASSUNG**
Sonntag	12/07/1998	15:00	17:30	**LIVE**
Sonntag	12/07/1998	22:00	23:00	**TAGESZUSAMMENFASSUNG**
Montag	13/07/1998	14:00	16:30	**LIVE**
Montag	13/07/1998	22:00	00:00	**TAGESZUSAMMENFASSUNG**
Dienstag	14/07/1998	15:00	17:30	**LIVE**
Dienstag	14/07/1998	22:00	00:00	**TAGESZUSAMMENFASSUNG**
Mittwoch	15/07/1998	15:00	17:30	**LIVE**
Mittwoch	15/07/1998	22:00	00:00	**TAGESZUSAMMENFASSUNG**
Donnerstag	16/07/1998	15:00	17:30	**LIVE**
Donnerstag	16/07/1998	22:00	00:00	**TAGESZUSAMMENFASSUNG**
Freitag	17/07/1998	15:00	17:30	**LIVE**
Freitag	17/07/1998	22:00	23:00	**TAGESZUSAMMENFASSUNG**
Samstag	18/07/1998	15:00	17:30	**LIVE**
Samstag	18/07/1998	22:00	23:00	**TAGESZUSAMMENFASSUNG**
Sonntag	19/07/1998	15:15	17:30	**LIVE**
Sonntag	19/07/1998	22:00	00:00	**TAGESZUSAMMENFASSUNG**
Montag	20/07/1998	15:00	17:30	**LIVE**
Montag	20/07/1998	22:00	00:00	**TAGESZUSAMMENFASSUNG**
Dienstag	21/07/1998	10:00	17:30	**LIVE**
Dienstag	21/07/1998	22:00	00:00	**TAGESZUSAMMENFASSUNG**
Mittwoch	22/07/1998	10:30	17:30	**LIVE**
Mittwoch	22/07/1998	22:00	00:00	**TAGESZUSAMMENFASSUNG**
Donnerstag	23/07/1998	15:00	17:30	**TAGESZUSAMMENFASSUNG**
Freitag	24/07/1998	15:00	17:30	**LIVE**
Freitag	24/07/1998	22:00	00:00	**TAGESZUSAMMENFASSUNG**
Samstag	25/07/1998	15:00	17:30	**LIVE**
Samstag	25/07/1998	22:00	00:00	**TAGESZUSAMMENFASSUNG**
Sonntag	26/07/1998	13:00	17:30	**LIVE**
Sonntag	26/07/1998	22:30	00:30	**TAGESZUSAMMENFASSUNG**
Montag	27/07/1998	11:00	17:30	**LIVE**
Montag	27/07/1998	22:00	00:00	**TAGESZUSAMMENFASSUNG**
Dienstag	28/07/1998	15:00	17:30	**LIVE**
Dienstag	28/07/1998	22:00	00:00	**TAGESZUSAMMENFASSUNG**
Mittwoch	29/07/1998	15:00	17:30	**LIVE**
Mittwoch	29/07/1998	22:00	00:00	**TAGESZUSAMMENFASSUNG**
Donnerstag	30/07/1998	15:00	17:30	**LIVE**
Donnerstag	30/07/1998	22:00	00:00	**TAGESZUSAMMENFASSUNG**
Freitag	31/07/1998	15:00	17:30	**LIVE**
Freitag	31/07/1998	22:00	00:00	**TAGESZUSAMMENFASSUNG**
Samstag	01/08/1998	15:15	17:30	**LIVE**
Samstag	01/08/1998	22:00	00:00	**TAGESZUSAMMENFASSUNG**
Sonntag	02/08/1998	14:00	17:30	**LIVE**
Sonntag	02/08/1998	22:00	00:00	**TAGESZUSAMMENFASSUNG**